Die schönsten Vogelgeschichten der Welt

Die schönsten Vogelgeschichten der Welt

Herausgegeben von
Günter Pössiger

Delphin Verlag

Umschlaggestaltung: Christa Manner, München
Umschlagbild: Albrecht Dürer (1471–1528),
Das Käuzlein
Satz: IBV Lichtsatz KG, Berlin
Druck und Bindung: Spiegel, Ulm
Printed in Germany · ISBN 3.7735.5215.7

Inhalt

Statt eines Vorwortes

Märchen, Sagen und phantastische Geschichten

Große und kleine Beherrscher der Lüfte

Der Vogel als Freund des Menschen

Statt eines Nachwortes

Statt eines Vorwortes

Günter Pössiger

Der heilige Franziskus predigt den Vögeln

Als Sohn des wohlhabenden Tuchhändlers Pietro Bernadone wurde der spätere Ordensgründer Franziskus 1182 in Assisi geboren und auf den Namen Johannes getauft. Wegen seiner Vorliebe für die französische Sprache und das elegante Leben der Ritter und Hofleute wurde er jedoch bald Francesco genannt. Er arbeitete zunächst im väterlichen Geschäft und genoß das Wohlleben eines reichen Bürgersohnes. Nach schwerer Krankheit und einer demütigenden Gefangenschaft in Perugia erkannte er jedoch die Nichtigkeit seines oberflächlichen Daseins und bemühte sich fortan, ein gottesfürchtiges Leben zu führen. Zwei Jahre lang stärkte er als Einsiedler seine Seele im Gebet und flehte um die rechte Erkenntnis seines künftigen Lebensweges, bis er schließlich das Gebot des Herrn vernahm, von aller Hoffart und Eitelkeit zu lassen und sich der Armut und christlichen Nächstenliebe zu widmen. Er folgte diesem Gebot, und bald sammelten sich treue Gefährten um ihn, mit denen er predigend durch das Land zog, den Armen Beistand leistete, die Kranken pflegte und die Verzweifelten tröstete. Heiteren Gemütes, selbstlos und opferbereit lebte er in äußerster Armut, verkündete Gottes Wort in ganz Italien, Südfrankreich, Spanien, Marokko und Ägypten und strebte unermüdlich danach, die Nachfolge Christi möglichst vollkommen zu verwirklichen. Sein untadeliger christlicher Lebenswandel, seine bewegenden Predigten und die Kraft seines Glaubens verschafften ihm im ganzen Abendland Anhänger, die vor allem in der Seelsorge und Armenpflege Vorbildliches leisteten.

Verzehrt von der Fülle seiner Aufgaben, aber ungebrochen an Diesseitsliebe und Jenseitsgläubigkeit, zog er sich endlich in die Abgeschiedenheit eines kleinen Bergklosters zurück, wo er im September 1224 die Wundmale Christi empfing. Zwei Jahre später, am 3. Oktober 1226 starb er in seiner Heimatstadt Assisi.

Von allen Zeugen seines Lebens und Wirkens werden immer wieder mit ehrfürchtiger Bewunderung die Sanftmut seines Wesens und die Demut hervorgehoben, die er jeglicher Kreatur gegenüber offenbarte. Von sich selbst und von seinen Anhängern forderte er vor allem Armut und Liebe. Nicht nur alle Menschen waren ihm Brüder und Schwestern, sondern auch die Tiere und Pflanzen. Der ganzen belebten und unbelebten Natur, jedem kleinsten und scheinbar unbedeutendsten Teil der unendlich vielfältigen göttlichen Schöpfung fühlte er sich in Liebe verwandt. Deshalb mußte er in einer Welt des sozialen Unrechts, der Habgier und Gewalt wie ein erlösender Apostel allumfassender Liebe und göttlichen Friedens erscheinen. Auch in den zahlreichen Franziskus-Legenden, von denen die Vogelpredigt eine der schönsten ist, spiegelt sich dieses tiefinnige Erleben göttlicher Liebe und Barmherzigkeit.

Einst übersandte ein Edelmann aus Siena dem erkrankten Franziskus einen Fasan. Der fromme Mann nahm das Geschenk dankend an, aber nicht, um den Fasan zu essen, sondern aus Freude an allen Geschöpfen Gottes.

Nach einigen Tagen sprach Franziskus zu seinen Gefährten:

»Jetzt wollen wir sehen, ob der Bruder Fasan bei uns bleiben will oder Sehnsucht nach der Freiheit hat.«

Der Fasan wurde fortgetragen, kehrte aber bald zurück. Darauf wurde er weiter und immer weiter fortgebracht, fand aber stets mit großer Beharrlichkeit den Rückweg. Schließlich beschloß Franziskus, den Vogel zu behalten. Er ließ ihn gut füttern, streichelte ihn und gab ihm viele zärtliche Worte.

Ein reicher Bauer, der Franziskus sehr ergeben war, bat darum, den Fasan pflegen zu dürfen. Seine Bitte wurde erfüllt, und sogleich brachte der Mann den Vogel auf seinen Hof. Dort verkroch sich aber der Fasan in einen dunklen Winkel und verweigerte jegliche Nahrung, bis er zu Franziskus zurückgebracht wurde. Kaum sah der Fasan den frommen Mann wieder, da war es mit seiner Scheu vorbei, und er nahm bereitwillig die ausgestreuten Körner.

Zu einer anderen Zeit hatte ein junger Mann viele Waldtauben gefangen und trug sie zum Markt. Franziskus hatte Mitleid mit den Vögeln und sprach:

»Meine Schwestern, ihr armen, unschuldigen Tauben, warum habt ihr euch fangen lassen? Ich will nicht, daß ihr von grausamen Menschen getötet werdet. Ihr sollt leben und euch nach dem Willen des Schöpfers mehren.«

Darauf schenkte der Jüngling dem frommen Mann die Waldtauben. Franziskus nahm sie, baute ihnen ein Taubenhaus und ging so liebevoll mit ihnen um, daß sie ganz zutraulich wurden und sich paarten und vermehrten, als seien sie glücklich, in seiner Nähe leben zu dürfen.

Einmal wanderte Franziskus mit seinen Gefährten über die Berge und verkündigte den Bauern Gottes Wort. In einem kleinen Gebirgsdorf störte ihn das laute Gezwitscher der Schwalben. Er gebot ihnen, bis zum Ende seiner Predigt still zu sein, und die Schwalben gehorchten ihm. Als er danach mit seinen Gefährten weiterzog, führte der von Bäumen gesäumte Weg an einem weiten Feld vorbei. Auf den Bäumen und auf dem Feld saßen kleine und große Vögel in unübersehbarer Schar. Erstaunt sah Franziskus die vielen Vögel und sprach zu seinen Begleitern:

»Wartet hier auf dem Weg, bis ich zurückkomme. Ich will auf das Feld gehen und meinen Geschwistern, den Vögeln, predigen.«

Darauf trat er mitten unter die Vögel, die ohne Scheu am Boden sitzen blieben. Als er dann zu sprechen begann, flatterten die Vögel von den Bäumen zu ihm hin, und auch die entfernter im Feld sitzenden Vögel kamen zutraulich näher. Alle verharrten ganz still, bis er seine Predigt beendet hatte, und flogen erst fort, als sie seinen Segen empfangen hatten.

Franziskus sprach zu den Vögeln:

»Meine Geschwister Vögel, alles verdankt ihr Gott, eurem Schöpfer, deshalb müßt ihr ihn allezeit loben. Ihr habt Freiheit in den Lüften und könnt fliegen, wohin ihr wollt; ihr habt Speise und Trank, wärmende Kleidung und einen lieblichen Gesang. In der Arche Noah bewahrte euch der Herr vor der Sintflut und hält noch heute seine Hand schützend über euch. Die Luft ward euch als Element zugewiesen. Ihr säet nicht, ihr erntet nicht, und Gott ernährt euch doch. Ihr könnt nicht weben und nicht nähen und habt doch ein wunderschönes buntes Kleid. Gott gab euch steile Felsen, hochragende Bäume, dichtes Gesträuch und schützende Gräser zum Nisten, und so seid ihr durch Gottes Segen eine große Schar. Also erhebt eure Stimmen in Dankbarkeit und preist den Herrn.«

Die Vögel lauschten der Predigt mit gereckten Hälsen und geöffneten Schnäbeln. Sie neigten die Köpfe zur Erde, schlugen mit den Flügeln, zwitscherten leise und bekundeten damit ihre Freude an den Worten. Und Franziskus hatte an der zutraulichen Aufmerksamkeit und an der Schönheit und Vielfalt der Vogelschar großes Wohlgefallen. Andachtsvoll dankte er Gott für das Wunder der Schöpfung, machte zum Schluß seiner Predigt das Zeichen des Kreuzes über die Vögel und hieß sie, wieder fortzufliegen.

Da stimmten alle Vögel ein jubelndes Loblied an; und obgleich jeder Vogel nach seiner Art jubilierte, ergab es doch einen herrlichen Gesang. Sodann erhoben sich alle Vögel in die Luft, um sich nach den vier Himmelsrichtungen zu zerstreuen. Sie bildeten ein großes, weithin sichtbares Kreuz am Himmel, als wollten sie damit sagen, daß Gottes Liebe und Barmherzigkeit in Ost und West, Süd und Nord jeglicher Kreatur auf Erden gehöre.

Märchen, Sagen und phantastische Geschichten

Brüder Grimm

Der Zaunkönig

In den alten Zeiten, da hatte jeder Klang noch Sinn und Bedeutung. Wenn der Hammer des Schmieds ertönte, so rief er: »Smiet mi to! Smiet mi to!« Wenn der Hobel des Tischlers schnarrte, so sprach er: »Dor häst! Dor, dor häst!« Fing das Räderwerk der Mühle an zu klappern, so sprach es: »Help, Herr Gott! Help, Herr Gott!« War der Müller ein Betrüger und ließ die Mühle an, so sprach sie hochdeutsch und fragte erst langsam: »Wer ist da? Wer ist da?« Dann antwortete sie schnell: »Der Müller! Der Müller!« und endlich ganz geschwind: »Stiehlt tapfer, stiehlt tapfer, vom Achtel drei Sechter.«

Zu dieser Zeit hatten auch die Vögel ihre eigene Sprache, die jedermann verstand. Jetzt lautet es nur wie ein Zwitschern, Kreischen und Pfeifen und bei einigen wie Musik ohne Worte. Es kam aber den Vögeln in den Sinn, sie wollten nicht länger ohne Herrn sein und einen unter sich zu ihrem König wählen. Nur einer von ihnen, der Kiebitz, war dagegen; frei hatte er gelebt, und frei wollte er sterben. Angstvoll hin und her fliegend rief er: »Wo bliew ick?« Er zog sich zurück in einsame und unbesuchte Sümpfe und zeigte sich nicht wieder unter seinesgleichen.

Die Vögel wollten sich nun über die Sache besprechen, und an einem schönen Maimorgen kamen sie alle aus Wäldern und Feldern zusammen, Adler und Buchfinke, Eule und Krähe, Lerche und Sperling. Selbst der Kuckuck kam und der Wiedehopf; auch ein ganz kleiner Vogel, der noch keinen Namen hatte, mischte sich unter die Schar. Das Huhn, das zufällig von der ganzen Sache nichts gehört hatte, verwunderte sich über die große Versammlung. »Wat, wat, wat is den dar to don?« gackerte es, aber der Hahn beruhigte seine liebe Henne und erzählte ihr, was sie vorhätten.

Es ward beschlossen, daß der König sein sollte, der am höchsten fliegen könnte. Ein Laubfrosch, der im Gebüsche saß, rief, als er das hörte, warnend: »Natt, natt, natt! Natt, natt, natt!« weil er meinte, es würden deshalb viele Tränen vergossen werden. Die Krähe aber sagte: »Quark ok!« Es sollte alles friedlich abgehen.

Es ward nun beschlossen, sie wollten gleich an diesem schönen Morgen aufsteigen, damit niemand hinterher sagen könnte: »Ich wäre wohl noch höher geflogen, aber der Abend kam, da konnte ich nicht mehr.«

Auf ein gegebenes Zeichen erhob sich also die ganze Schar in die Lüfte. Der Staub stieg da von dem Felde auf; es war ein gewaltiges Sausen und Brausen und Fittichschlagen, und es sah aus, als wenn eine schwarze Wolke dahinzöge. Die kleineren Vögel aber blieben bald zurück, konnten nicht weiter und fielen wieder auf die Erde. Die größeren hielten es länger aus, aber keiner konnte es dem Adler gleichtun. Er stieg so hoch, daß er der Sonne hätte die Augen aushacken können. Und als er sah, daß die andern nicht zu ihm herauf konnten, so dachte er: ›Was willst du noch höher fliegen, du bist doch der König‹ und fing an, sich wieder herabzulassen. Die Vögel unter ihm riefen ihm alle gleich zu: »Du mußt unser König sein, keiner ist höher geflogen als du.«

»Ausgenommen ich«, schrie der kleine Kerl ohne Namen, der sich in die Brustfedern des Adlers verkrochen hatte. Und da er nicht müde war, so stieg er auf und stieg so hoch, daß er Gott auf seinem Stuhle konnte sitzen sehen. Als er aber so weit gekommen war, legte er seine Flügel zusammen, sank herab und rief unten mit feiner, durchdringender Stimme: »König bün ick! König bün ick!«

»Du unser König?« schrien die Vögel zornig. »Durch Ränke und Listen hast du es dahin gebracht.«

Sie machten eine andere Bedingung. Der sollte ihr König sein, der am tiefsten in die Erde fallen könnte. Wie klatschte da die Gans mit ihrer breiten Brust wieder auf das Land! Wie scharrte der Hahn schnell ein Loch. Die Ente kam am schlimmsten weg, sie sprang in einen Graben, verrenkte sich aber die Beine und watschelte fort zum nahen Teiche mit dem Ausruf: »Pracherwerk! Pracherwerk!«

Der Kleine ohne Namen aber suchte ein Mäuseloch, schlüpfte hinab und rief mit seiner feinen Stimme heraus: »König bün ick! König bün ick!«

»Du unser König?« riefen die Vögel noch zorniger. »Meinst du, deine Listen sollten gelten?«

Sie beschlossen, ihn in seinem Loch gefangenzuhalten und auszuhungern. Die Eule ward als Wache davorgestellt; sie sollte den Schelm nicht herauslassen, so lieb ihr das Leben wäre. Als es aber Abend geworden war und die Vögel von der Anstrengung beim Fliegen große Müdigkeit empfanden, so gingen sie mit Weib und Kind zu Bett. Die Eule allein blieb bei dem Mäuseloch stehen und blickte mit ihren großen Augen unverwandt hinein. Indessen war sie wohl auch müde geworden und dachte: ›Ein Auge kannst du wohl zutun, du wachst ja noch mit dem andern, und der kleine Bösewicht soll nicht aus seinem Loch heraus.‹ Also tat sie das eine Auge zu und schaute mit dem andern starr auf das Mäuseloch. Der kleine Kerl guckte mit dem Kopf heraus und wollte wegwitschen, aber die Eule trat gleich davor, und er zog den Kopf wieder zurück. Dann tat die Eule das eine Auge wieder auf und das andere zu und wollte so die ganze Nacht abwechseln. Aber als sie das eine Auge wieder zumachte, vergaß sie das andere aufzutun, und sobald die beiden Augen zu waren, schlief sie ein. Der Kleine merkte das bald und schlüpfte weg.

Von der Zeit an darf sich die Eule nicht mehr am Tage sehen lassen, sonst sind die andern Vögel hinter ihr her und zerzausen ihr das Gefieder. Sie fliegt nur zur Nachtzeit aus, haßt aber und verfolgt die Mäuse, weil sie solche bösen Löcher machen. Auch der kleine Vogel läßt sich nicht gerne sehen, weil er fürchtet, es ginge ihm an den Kragen, wenn er erwischt würde. Er schlüpft in den Zäunen herum, und wenn er ganz sicher ist, ruft er wohl zuweilen: »König bün ick!« Deshalb nennen ihn die andern Vögel aus Spott Zaunkönig.

Niemand war aber froher als die Lerche, daß sie dem Zaunkönig nicht zu gehorchen brauchte. Wie sich die Sonne blicken läßt, steigt sie in die Lüfte und ruft: »Ach, wo is dat schön! Schön is dat! Schön! Schön! Ach, wo is dat schön!«

Chinesisches Volksmärchen

Der Riesengeier und die Störche

Vor langer Zeit ließen sich zwei Störche auf einem Tempeldach nieder und bauten inmitten der Dachverzierung ihr Nest. Die Menschen freuten sich über die herrlichen Vögel und glaubten, daß ihnen die Störche Glück bringen würden. Niemand wußte, daß nicht weit von dem Storchennest entfernt im düsteren, staubbedeckten Dachgebälk eine große Schlange hauste. Und so geschah dann das Unglück.

Die Schlange belauerte das Treiben der Störche, ohne sich jedoch von ihnen erblicken zu lassen. Gierig betrachtete sie die Storcheneier, die bald darauf im Nest lagen, und wartete ungeduldig auf das Schlüpfen der Jungen. Kaum waren die jungen Störche geschlüpft und die Alten davongeflogen, um Nahrung für ihre Brut zu holen, da kroch die Schlange heimlich auf das Dach und fraß die Küken. Niemand sah, wie es geschah – die Störche nicht und die Menschen nicht.

Laut klagte das heimkehrende Storchenpaar über seine verschwundenen Kinder. Auch die Menschen waren ratlos, und alles Suchen blieb vergeblich. Die jungen Störche waren spurlos verschwunden, und niemand wußte, wohin sie gekommen waren. Die Menschen befürchteten deshalb, das Storchenpaar würde im nächsten Jahr nicht wiederkehren, sondern an einem sichereren Ort ein neues Nest bauen. Um so größer war dann die Freude, als die Vögel doch wiederkamen und ihr altes Nest bezogen. Aber wieder wurden die kaum geschlüpften Küken unbemerkt von der Schlange gefressen. Und dieses grausame Geschehen wiederholte sich dann Jahr für Jahr, ohne daß irgend jemand helfen konnte. Niemand wußte einen Rat. Selbst die Priester des Tempels, die das Storchennest unausgesetzt beobachteten, konnten das rätselhafte Verschwinden der Jungen nicht erklären.

Endlich nach vielen Jahren geschah es, daß die Schlange zu ungeduldig war und zu früh nach ihrer Beute kroch. Die Küken waren noch nicht geschlüpft. Die Störchin saß noch brütend auf den Eiern, erblickte die Schlange und rief mit lautem, aufgeregten Schnabelgeklapper ihren Mann herbei.

Wütend stießen die beiden Störche nach der Schlange, konnten sie aber nicht vertreiben. Da geschah das Wunderbare, wovon die Menschen dieser Gegend noch heute erzählen.

Der Storchenmann spreizte plötzlich die Flügel, stieg hoch in den Himmel und verschwand. Die Menschen, die dem Kampf des Storchenpaares mit der Schlange zugesehen hatten, dachten, der Storch sei geflohen. Aber kurze Zeit später kam der Storchenmann mit einem Vogel zurück, der wie ein riesiger Geier aussah. Er hatte mächtige Adlerschwingen, einen langen, nackten Geierhals, einen dolchartigen Krummschnabel und Krallen an den Füßen, so groß

und scharf wie Sicheln. Ängstlich blickten die Menschen in den Himmel, denn einen solchen Riesenvogel hatten sie noch nie gesehen.

Mit dem Brausen des Sturmes und der Geschwindigkeit eines Pfeils stürzte sich der gewaltige Vogel auf das Tempeldach. Seine Sichelkrallen ergriffen die Schlange, die sich nicht schnell genug in Sicherheit bringen konnte, und mit einem einzigen Schnabelhieb spaltete er ihr den Kopf. Dann schleuderte er die tote Schlange auf den Tempelplatz, schwang sich in die Lüfte und ward nie wieder gesehen.

Nach einiger Zeit kehrten die beiden Störche, die dem Riesengeier gefolgt waren, als wollten sie ihm dankend das Geleit geben, zu ihrem Nest zurück und bebrüteten wieder ihre Eier, als sei nichts geschehen. Wenige Tage später schlüpften die Jungen und wurden von den Alten unermüdlich gefüttert und liebevoll großgezogen.

Seitdem brütet immer wieder ein Storchenpaar auf dem Tempeldach, und ihre Jungen bleiben unerklärlicherweise vor jeglichem Schaden bewahrt. Von den Menschen werden die Störche bis heute mit Ehrfurcht geachtet, als seien es heilige Tiere.

Japanisches Volksmärchen

Der Dank des Kranichs

An einem Vorfrühlingsabend stapfte ein junger Mann durch den tiefen Schnee, als er mit einem Male bemerkte, daß sich vor ihm auf dem Boden etwas bewegte. Er war gerade auf dem Heimweg zu seinen alten Eltern und trug ein Bündel von Reisig, das er für daheim gesammelt hatte. Der Schnee war noch ziemlich tief, und mit jedem Schritt sank er fast bis zu den Knien darin ein. Er hielt an und starrte durch die Dämmerung. Ringsum war alles still.

»Ist da jemand?« fragte er.

Keine Antwort.

Er stapfte langsam weiter, als sich abermals etwas bewegte. Unmittelbar vor ihm flatterte undeutlich etwas im Schnee. Er setzte sein Brennholz ab und ging zu der Stelle, wo er die Bewegung gesehen hatte. Dort sah er einen Kranich, dessen Federn so weiß waren wie der Schnee, in dem er lag. Ein Pfeil hatte einen seiner Flügel verletzt und gelähmt.

Der junge Mann kniete neben dem hilflosen Vogel nieder und redete ihm sanft zu. Der Kranich hob seinen anmutigen Hals, schaute den jungen Mann voller Trauer an und wies wehmütig mit seinem langen Schnabel auf den Pfeil, der ihm den Flügel durchbohrt hatte. »Ich weiß, ich weiß«, flüsterte der junge Mann, »da ist dir etwas Schreckliches geschehen.«

Ganz langsam und sehr behutsam hob er den Kranich vom Boden auf. Der streckte seine schlanken Beine aus, bis er schließlich aufrecht stand, dann blickte er den Jungen an und schlug mit dem einen unverletzten Flügel. Dem Jungen war es, als sage der Vogel zu ihm: »Dank dir, daß du mich aufgehoben hast! Jetzt habe ich keine Angst mehr. Ich weiß, daß du mir helfen wirst.«

Den Kranich fest an sich gedrückt, hielt der junge Mann den Pfeil in der linken Hand. »Halt schön still!« flüsterte er.

»Ich will jetzt dieses grausame Ding aus deinem Flügel lösen.«

Dann zog er mit der freien Hand sein scharfes Messer aus dem Gürtel, schnitt den Schaft des Pfeils vorsichtig durch und warf das Pfeilende in den Schnee. Rasch steckte der junge Mann das Messer in den Gürtel zurück und tastete mit beiden Händen sanft unter den Flügel, bis er, tief verborgen im weichen Brustflaum des Vogels, die Pfeilspitze fand. »Das ist nur gut«, murmelte er, während er sie herauszog. »Deine Federn haben dich beschützt.«

Die ganze Zeit hatte der Kranich sich nicht gerührt. Als der junge Mann jetzt zurücktrat, hob der Vogel langsam seine beiden schneeweißen Schwingen und neigte seinen langen Hals so tief, daß sein Schnabel den Schnee berührte.

»Du brauchst mir nicht zu danken«, sagte der junge Mann. »Du bist ein schönes und tapferes Geschöpf. Ich bin froh, daß ich dir helfen konnte.«

Da schloß der Kranich die Flügel und verneigte sich abermals. Er schaute den Jungen überaus dankbar an, während er zum zweiten Male seine Flügel ausbreitete. Danach flog er auf in die Lüfte.

Der Schnee schmolz nach und nach, und die Mandelblüte in den Wäldern kam und verging. Später im Frühling, als die Landschaft in blaßroter Kirschblüte überschäumte, kam eines Tages ein wunderschönes junges Mädchen vor dem Hause an. Beide, der junge Mann und sein Vater, waren gerade zur Arbeit aufgebrochen, als das Mädchen kam. Sie erzählte der Mutter, die allein im Hause war, daß sie eine Waise sei und völlig allein wandere, um ihren Onkel zu suchen, der sie aufnehmen sollte. Sie fragte die alte Frau, welchen Weg durch die Wälder diese ihr rate. Darüber verspürte nun die Mutter des jungen Mannes Mitleid und lud das Mädchen ein, doch in ihrem Hause die Nacht zu verbringen, bevor es die Reise fortsetzte.

Für den Rest des Tages half das Mädchen in Haushalt und Küche. Es kochte, machte sauber und ordnete die Blumen in den Vasen neu. Die alte Frau hatte noch nie vorher ihr Heim so sauber und freundlich gesehen.

Als ihr Mann und ihr Sohn am Abend von den Feldern zu-

rückkehrten, freuten sie sich, einen so schönen und nützlichen Gast in ihrem Heim anzutreffen.

Am folgenden Tage baten sie alle das Mädchen, noch für einige Zeit bei ihnen zu bleiben. Sie antwortete, daß sie gern eine Woche bleiben und der alten Frau behilflich sein wolle. Doch gegen Ende der Woche hatten sie alle das Mädchen derart liebgewonnen, daß sie darum baten, ihr Haus als ihre Heimat anzusehen und bei ihnen zu bleiben, so lange sie wolle.

Die alte Frau sagte: »Wir haben keine Tochter, und du hast keine Eltern. Bitte bleib bei uns, und wir wollen für dich sorgen und dich liebhaben, als wärst du unser eigenes Kind.«

Der alte Mann sagte: »Den Onkel, bei dem du eine neue Heimat suchst, kennst du nicht und du weißt auch nicht, ob du ihn überhaupt findest! Bitte betrachte dieses Haus als deine Heimat und lebe mit uns. Meine Frau ist alt, und deine Sorge für sie hat ihr Hilfe und Trost gebracht, und das hat mich glücklich gemacht.«

Der junge Mann sagte: »Meine Eltern lieben dich schon jetzt, und wenn du bei uns heimisch wirst, wird sich ihre Liebe zu dir noch steigern.« Der junge Mann sagte nicht, daß er sich in sie verliebt hatte, aber er hoffte sehr, daß sie, wenn sie bei seiner Familie bleiben würde, eines Tages auch einwilligen würde, seine Frau zu werden.

Das junge Mädchen lächelte dem jungen Mann zu. Sie verneigte sich anmutig vor seinen Eltern und willigte ein, da sie ja außer dem Onkel keine Verwandten besaß, bei denen sie leben konnte.

Die Kirschblüte wurde von den späten Frühlingswinden davongeblasen, die Schwertlilien kamen in ihrer purpurnen und weißen und gelben Pracht und verwelkten schließlich. Die Azaleenbüsche auf den Hügeln rings um das kleine Haus erglühten heiter und schüttelten ihre scharlach- und orangefarbenen Blüten früher ab als gewöhnlich. Die Päonien erblühten, und dann war der Sommer vorüber.

Im Herbst, als die Ahornbäume ihre goldenen und karminroten Blätter abwarfen, noch bevor der Oktober zu Ende gegangen war, heulte schon der erste Wintersturm um das Haus. Da sagte der alte Mann zu seiner Familie und zur angenommenen Tochter:

»Der Herbst ist durch den frühen Frost verdorben worden. Ihr habt das daran bemerkt, daß die Ahornbäume ihre herbstlichen Blätter früher als gewöhnlich abwarfen. Ich fürchte, wir werden in diesen kommenden Monaten Mangel leiden, es wird uns an Geld fehlen, um den Reis zu kaufen, den wir brauchen.«

Die alte Frau sagte nichts, aber sie senkte ihr graues Haupt zum Zeichen, daß sie die Meinung ihres Mannes teilte und sich in ihr Schicksal ergab.

Das junge Mädchen verneigte sich tief und sagte: »Ehrwürdiger Pflegevater, ich habe in diesen letzten Monaten all eure Gastfreundschaft angenommen. Nun werde ich freilich euer Haus verlassen müssen, damit nur drei Familienmitglieder und nicht vier in dem bevorstehenden harten Winter ernährt werden müssen.«

Die beiden Alten schüttelten die Köpfe, und der junge Mann rief: »Nein, schöne angenommene Schwester, du darfst uns nicht verlassen! Du hast durch die Pflege, die du für meine Eltern und unser Haus auf dich genommen hast, weit mehr für uns getan, als wir für dich tun konnten. Bitte, bitte bleib!«

Das junge Mädchen lächelte dem jungen Mann voller Freundlichkeit zu und willigte ein, bei ihnen zu bleiben und weiterhin dem alten Paar behilflich zu sein. Sie erzählte ihnen auch, daß sie sich neben der Pflege des Heims auch noch auf anderes nützliches Tun verstehe.

»Wohlwollende Pflegeeltern«, sagte sie, »ich kann schönen Brokat weben. Wenn ihr mir nur erlauben wollt, drei Tage allein in meinem Zimmer zu bleiben, so will ich einen Streifen Brokat anfertigen, desgleichen ihr noch nie gesehen habt. Den werdet ihr leicht verkaufen und mit dem Geld Nahrung einkaufen können für den Winter.«

»Ich werde in die Stadt gehen und euch feine Seiden kaufen, mit denen ihr den Brokat weben könnt«, bot der junge Mann sich an. Aber seine angenommene Schwester sagte, das sei nicht nötig.

»Ich habe alles Material bei mir, das ich zum Weben brauche. Ich habe sogar einen kleinen Webstuhl«, fügte sie sehr freundlich hinzu. »Alles, was ich verlange, ist, daß ich drei Tage und Nächte völlig allein gelassen werde.« »Aber was, schöne Schwester, wollt ihr essen«, fragte der junge Mann ganz betroffen, »wenn ihr euch für so lange Zeit, ohne gestört zu werden, in eurem Zimmer verborgen halten wollt?«

»Bitte, freundlicher Pflegebruder, stelle du jede Nacht eine Schale mit Reis und ein Stück Rettich draußen vor mein Zimmer! Aber öffne niemals die Schiebetür! Wenn ihr alle schlaft, will ich herauskommen und essen.«

So versprach die Familie dem jungen Mädchen, daß drei Tage lang die Gleittür ihres Zimmers nicht geöffnet werden sollte, und man sie völlig allein lassen wolle.

Drei Abende lang stellte der junge Mann das Essen, das seine Mutter bereitet hatte, auf den Boden vor das Zimmer des jungen Mädchens, das er liebte. Und an jedem Morgen brachte er die leere Reisschale zurück in die kleine Küche. Er und seine alten Eltern sorgten sich um das angenommene Familienmitglied, aber sie hielten ihr Versprechen ein und störten es nicht.

Gegen Mittag des dritten Tages schob das junge Mädchen die Tür ihres Zimmers auf und gesellte sich zur Familie, die in der Mitte des Wohnzimmers rings um das Holzkohlenbecken am Boden saß. In ihren Händen trug sie eine Rolle Brokat. Diese überreichte sie dem jungen Mann. Behutsam rollte er den Streifen auseinander, bis dieser den Raum völlig einnahm. Sie alle brachen in Rufe des Entzückens aus. Noch nie hatte einer von ihnen ein derart prächtig gewebtes Tuch gesehen. Es war aus silberner und weißer Seide verfertigt und über und über mit einer Zeichnung von Federn gemustert. Es fühlte sich sehr weich an und funkelte wie Schnee im Mondlicht.

Am Nachmittag brachte der junge Mann den Brokat zur Stadt und verkaufte ihn für zahlreiche Goldstücke an einen reichen Kaufmann. Des Abends, nachdem er zuvor Reis eingekauft hatte, kehrte er heim und übergab das noch verbleibende Geld und den Reis seinen Eltern. Die beiden Alten dankten ihrer angenommenen Tochter für ihre Kunstfertigkeit, die es ihnen ermöglicht hatte, beides zu bekommen: neue Nahrung und Geld dazu.

In der Mitte jenes Winters, als alle Bäume, außer den Föhren und Pinien, ohne Blätter waren, und der Schnee die Landschaft bedeckte, sagte die angenommene Tochter des Hauses:

»Meine gute Familie, ich werde noch ein weiteres Stück

Brokat weben. Das könnt ihr, mein edler Pflegebruder, zu unser aller Vorteil verkaufen, und das dafür erworbene Geld wird ausreichen, daß ihr und eure lieben Eltern während all der Jahre, die euch noch gegeben sind, nie Mangel zu leiden braucht.«

Erneut schloß sie sich in ihrem Zimmer ein, nachdem die Familie ihr wie zuvor versprochen hatte, sie nicht zu stören, bis drei Tage vergangen wären.

Der junge Mann stellte jeden Abend das von seiner Mutter gekochte Essen vor ihre Tür, und an jedem Morgen nahm er die leere Schale weg. Aber es betrübte ihn, das junge Mädchen, das er liebte, nicht im Hause zu sehen. Es stimmte ihn traurig, wenn er daran dachte, daß sie während der langen Zeit saß und ganz allein arbeitete für ihn und die Eltern.

Am dritten Morgen konnte er es einfach nicht länger ertragen. Er beschloß, sogleich in ihr Zimmer zu gehen, ihr zu danken für all die Arbeit, die sie auf sich nahm, und ihr endlich seine Liebe zu offenbaren. Zitternd vor Erregung schob er behutsam die Tür zum Zimmer des jungen Mädchens zur Seite. Er kniete nieder und verneigte sich tief. Mit zu Boden gerichteten Augen sagte er:

»Vergib mir, schöne Schwester, daß ich dich störe! Ich kann nicht mehr länger warten, ich muß dir zwei Dinge sagen, die mir von großer Wichtigkeit sind. Erstens...«

Er hob den Kopf, um das liebliche Mädchen anzuschauen, aber es war verschwunden. Vor ihm stand ein Kranich, umgeben von einem langen Streifen silbernen und weißen Brokates und einem Stapel weicher weißer Federn. Der Kranich blickte ihn sehr ernst an und sprach dann mit der sanften Stimme des jungen Mädchens:

»Ich bin der Kranich, den du gerettet hast. Ich nahm die Gestalt eines jungen Mädchens an, um dir und den Deinen für deine große Freundlichkeit danken zu können. Ich weiß, ihr alle liebtet mich. Hättest du nicht euer Versprechen gebrochen, hätte ich für immer auf die Kranichsgestalt verzichten und dich zum Manne nehmen dürfen, dich, den ich bislang meinen Pflegebruder genannt habe, denn ich habe während dieser letzten Monate gelernt, dich zu lieben, und ich weiß sehr wohl, du wünschtest, mich zu deiner Frau zu machen. Aber nun ist der Zauber gebrochen. Nehmt diesen Brokat; er ist fast fertig. Verkauft ihn und ihr werdet für immer reich sein. Aber du und ich, wir werden uns nie wieder begegnen.«

Der junge Mann bat den Kranich, sich wieder in das junge Mädchen zu verwandeln, das er liebte. Doch dieser konnte das nicht tun. Langsam schritt er auf die Veranda. Er blickte den jungen Mann voller Wehmut und Trauer an und sprach:

»Mein Versprechen werde ich halten: keiner von euch wird je wieder Mangel leiden. Ich danke euch, guter Pflegebruder, für alles, was ihr für mich getan habt bis zu dem Augenblick, als eure Ungeduld euch dazu bewegte, euer Versprechen zu brechen.«

Der junge Mann weinte und war nicht imstande zu antworten. Der Kranich hob seine feinen weißen Flügel und flog rasch davon, fort in den aufdämmernden Morgen.

Durch seine Tränen hindurch sah der junge Mann den Vogel im Mondlicht kreisen, höher und immer höher über den schneebedeckten Wäldern schweben, bis er verschwand. Er sah sich allein gelassen mit einem Stapel weißer Federn und einem Streifen auserlesenen Brokates.

Er verkaufte den Brokat, und das Gold, das er dafür bekam, machte ihn tatsächlich für den Rest seines Lebens zu einem vermögenden Mann. Auch seine Eltern hatten, so lange sie lebten, keinerlei Mangel mehr.

Die Federn schenkte er, zusammen mit einer ansehnlichen Menge goldener Münzen, dem Heiligenschrein des Dorfes, aus Dankbarkeit für alles, was der Kranich für ihn und seine alten Eltern getan hatte.

Russisches Volksmärchen

Die Vogelsprache

In einer kleinen Stadt nahe dem Meer lebte ein wohlhabender Kaufmann mit seiner Frau. Sie hatten einen Sohn, der nur selten mit anderen Kindern spielte, meistens für sich allein blieb und träumte. Deshalb glaubten die Eltern, er sei nicht besonders klug und würde es im Leben zu nichts bringen.

Der Sohn hieß Iwan und saß eines Tages mit den Eltern beim Abendessen. Da sang die Nachtigall, die in einem Käfig am Fenster saß, so wunderschön und pfiff und schnalzte so zarte silberne Triller, daß die Eltern ihre Mahlzeit unterbrachen und dem Gesang des Vogels lauschten. Nachdenklich meinte der Kaufmann:

»Wenn man doch die Sprache der Vögel verstehen könnte! Gäbe es einen Menschen, der mir sagen könnte, was die Nachtigall singt, ich würde ihn reich belohnen.«

Iwan, der gar wohl wußte, daß seine Eltern nicht viel von ihm hielten, ihnen aber gern eine Freude gemacht hätte, beschloß, die Sprache der Vögel zu erlernen. Fortan war es überall, wo er stand und ging, sein einziger Wunsch, die Vögel zu verstehen. Er gab sich alle Mühe, beobachtete sie, die kleinen und die großen Vögel, von früh bis spät, vermochte aber nicht, hinter ihr Geheimnis zu kommen.

Eines Tages befand sich Iwan in einem Wald unweit der Stadt. Um ungestört träumen und den Vögeln lauschen zu können, hatte er sich auf einer Waldwiese gelagert. Da überraschte ihn ein Unwetter mit Blitz und Donner und strömendem Regen. Eilig lief er tief in den Wald und suchte unter einer großen Eiche Schutz. Da sah er in der mächtigen Krone des alten Baumes ein Vogelnest. Vier junge Vögel saßen darin, die vor Kälte zitterten. Sie waren vom Regen ganz durchnäßt und piepsten kläglich. Iwan hatte Mitleid mit den jungen Vögeln, kletterte auf den Baum und deckte die Vögel mit seiner Jacke zu.

Als das Unwetter vorüber war und die Sonne wieder wärmend durch die Wolken brach, kam ein großer Vogel geflogen, setzte sich auf einen Ast der alten Eiche und sprach:

»Iwan, du hast meinen Jungen das Leben gerettet; ich bin in deiner Schuld. Hast du einen Wunsch, so will ich mich bemühen, ihn dir zu erfüllen.«

Iwan überlegte, was er sich wünschen könnte, und war deshalb gar nicht erstaunt darüber, daß er die Sprache des Vogels verstand.

»Ich weiß nicht, was ich mir wünschen soll; ich entbehre nichts, aber ich würde gern die Sprache der Vögel lernen. Kannst du mir dabei helfen?«

»Dein Wunsch ist schon erfüllt«, meinte der Vogel, »denn du verstehst mich ja. Wenn du aber nicht nur verstehen willst, was die Vögel in größter Not und bei höchster Dankbarkeit sagen, dann mußt du drei Tage und Nächte hier im Walde bleiben. Dann wirst du die Vogelsprache ganz verstehen.«

So blieb Iwan drei Tage und drei Nächte im Wald und lernte die Vogelsprache. Als er wieder nach Hause kam, verstand er nicht nur die ängstlichen Schreie und das glückliche Jubilieren der Vögel, sondern alles, was sie miteinander sprachen.

Einige Tage später saß Iwan wieder mit den Eltern beim Abendessen. Da sang die Nachtigall so traurig und klagend, daß es sogar den Eltern auffiel, und der Vater meinte: »Was hat nur das arme Tier? Ist es vielleicht krank?«

Iwan schüttelte den Kopf, gestand den Eltern, daß er inzwischen die Vogelsprache erlernt habe, und sagte:

»Die Nachtigall ist so traurig, weil sie uns Schlimmes zu melden hat.«

»Was sagt der Vogel? Was für eine schlimme Nachricht hat er für uns? So rede doch!«

Die Eltern baten den Sohn, der sich lange weigerte, ihnen doch die Wahrheit zu sagen. Schließlich gestand er:

»Die Nachtigall singt, daß ich König sein werde und der Vater mir als Knecht dienen wird.«

Der Kaufmann wollte seinem Sohn nicht glauben, doch als dieser immer wieder versicherte, so habe die Nachtigall gesprochen, wandte er sich zornig von ihm ab. Am Abend, als Iwan schlief, sagte er zu seiner Frau:

»Unser Sohn ist gewiß ein Lügner und ganz und gar mißraten. Er führt Böses gegen uns im Schilde, und wir müssen uns vorsehen. Er will uns ins Unglück stürzen und gibt nur vor, daß es ihm die Nachtigall prophezeit habe.«

Die Eltern berieten lange, was sie tun sollten, und kamen schließlich überein, ihren Sohn auszusetzen. Gleich am nächsten Abend gaben sie Iwan einen Schlaftrunk, legten ihn in einen Kahn, stießen den Kahn vom Ufer ab und ließen ihn den Fluß hinunter zum Meer treiben.

Der Kahn wurde von der Strömung fortgetragen, dem Meere zu. Als Iwan am Morgen erwachte, war er bereits auf dem offenen Meer. Ein Kaufmannsschiff entdeckte den Kahn, und die mitleidigen Schiffer nahmen Iwan an Bord. Da zogen gerade einige Kraniche über das Schiff dem Ufer zu. Sie stießen laute Schreie aus und klapperten aufgeregt mit den Schnäbeln. Iwan, der ihre Reden verstand und sich den hilfsbereiten Schiffern dankbar erweisen wollte, sagte:

»Ich verstehe die Vogelsprache. Die Kraniche meinen, es wird einen Sturm geben, der eure Masten zerbrechen und die Segel zerreißen kann. Fahrt lieber dem rettenden Ufer zu.«

Die Schiffer lachten über den Knaben und hörten nicht auf seinen Rat. Bald darauf brach jedoch ein furchtbarer Sturm los, zerbrach die Masten des Schiffes, zerriß die Segel und richtete schweren Schaden an. Nur mit großer Mühe erreichten die Schiffer den nächsten Hafen.

Als das Schiff ausgebessert und wieder seetüchtig war, fuhren die Schiffer mit Iwan erneut hinaus aufs Meer. Da kamen einige wilde Schwäne geflogen, die laut miteinander schnatterten. Wieder warnte Iwan die Schiffer:

»Hütet euch! Die Schwäne sagen, daß ganz in unserer Nähe ein Seeräuberschiff lauert. Wenn wir unseren Kurs nicht ändern, werden die Seeräuber uns fangen und ausplündern.«

Diesmal hörten die Schiffer auf Iwan. Sie änderten schnell den Kurs und sahen dann tatsächlich in sicherer Entfernung ein Seeräuberschiff, das gerade ein anderes Kauffahrerschiff enterte.

Nun hatte das Schiff mit Iwan eine glückliche Fahrt und erreichte eine am Meer gelegene große Stadt. Dort herrschte ein König, vor dessen Palast schon seit vielen Monaten drei Raben so laut krächzten und schrien, daß der König bei Tag und Nacht keine Ruhe fand. Da der König die Vögel nicht töten lassen wollte, versuchte er es mit List, die lärmenden Tiere zu vertreiben. Seine Minister und Vertrauten gaben ihm viele Ratschläge, die jedoch alle nichts halfen. Was man auch tat, die Raben ließen sich nicht vertreiben und lärmten immerzu. Deshalb hatte der König überall eine Bekanntmachung anschlagen lassen, auf der zu lesen stand: Wer uns von den lärmenden Raben befreit, ohne sie zu töten, der erhält die Prinzessin zur Frau und das halbe Königreich. Wer es aber ohne Erfolg versucht und damit die Raben nur noch mehr erzürnt, der wird geköpft.

Iwan las diese Bekanntmachung, ging sofort zum Palast, trat vor den König und versicherte, daß es ihm gelingen werde, die Raben zu vertreiben. Sogleich trat er an das Fenster, vor dem die Raben krächzend hin und her flogen, ließ es öffnen und lauschte dem Gekrächz. Sodann sagte er zum König:

»Die beiden großen Vögel sind ein männlicher Rabe und seine Frau. Der kleine Rabe ist ihr Kind. Die Rabeneltern streiten darüber, wem das Kind gehören soll und können sich nicht einigen. Deshalb fordern sie deine königliche Entscheidung. Soll der junge Rabe seinem Vater oder der Mutter gehören?«

Der König überlegte und fragte dann:

»Ist der junge Vogel ein männlicher oder ein weiblicher Rabe?«

»Ein männlicher Rabe.«

»Dann gehört er dem Vater«, entschied der König.

Kaum hatte er das gesagt, da flog das Rabenmännchen mit seinem Sohn nach Osten davon, während das Rabenweibchen nach Westen flog.

Nun erhielt Iwan die Hälfte des Königreichs und die Prinzessin zur Frau. Sie lebten viele Jahre glücklich und zufrieden miteinander, und die Raben wurden nie mehr gesehen.

Währenddessen war Iwans Mutter gestorben, und der Vater hatte alle Arbeitslust und Lebensfreude verloren. Er war arm geworden und zog bettelnd von Haus zu Haus, von Dorf zu Dorf und von Stadt zu Stadt. Schließlich kam er auch in das Land, in dem Iwan regierte. Er ging zum Palast des Königs und bettelte gerade unter dem Fenster, vor dem einst die Raben ruhelos gestritten hatten. Iwan sah den Bettler und erkannte ihn sofort. Er befahl, den alten Mann ins Schloß zu führen, ihm zu essen und zu trinken zu geben und fragte dann:

»Wie kann ich dir helfen, armer alter Mann?«

Der Vater, der als Bettler bescheiden den Blick gesenkt hatte, erkannte den Sohn nicht und flüsterte demütig:

»Wenn du mir eine Gnade erweisen willst, o König, so laß mich an deinem Hofe bleiben. Nimm mich unter deine Diener auf. Ich will dein Knecht sein und dir treu und ehrlich dienen.«

Da gab sich Iwan zu erkennen und sagte:

»Siehst du, Vater, du hast dem Gesang der Nachtigall nicht glauben wollen und mir, deinem Sohn, Böses zugetraut. Du hast mir Unrecht getan und es ist doch so gekommen, wie die Nachtigall prophezeit hat.«

Der Alte erschrak und bat seinen Sohn, den er so böse behandelt und nichts Rechtes im Leben zugetraut hatte, um Vergebung. Sie fielen einander in die Arme und weinten vor Freude über das Wiedersehen. Dann blieb der alte Mann bei seinem Sohn, aber nicht als Knecht, sondern geehrt und geliebt bis zu seinem Tode.

Hans Christian Andersen

Das häßliche junge Entlein

Draußen auf dem Lande war es herrlich! Es war Sommer! Das Korn stand gelb, der Hafer grün. Das Heu war unten auf den grünen Wiesen in Schobern aufgestellt, und da spazierte der Storch auf seinen langen roten Beinen und klapperte ägyptisch, denn diese Sprache hatte er von seiner Mutter gelernt. Um den Acker und die Wiesen zogen sich große Wälder, und mitten in denselben befanden sich tiefe Seen. Oh, es war herrlich da draußen auf dem Lande! Mitten im warmen Sonnenscheine lag da ein altes Rittergut, von tiefen Kanälen umgeben, und von der Mauer an bis zum Wasser hinunter wuchsen dort große Klettenblätter, die so hoch waren, daß unter den größten kleine Kinder aufrecht stehen konnten. Darin war es geradeso wild wie im tiefsten Walde. Hier lag eine Ente auf ihrem Neste, um ihre Jungen auszubrüten, aber jetzt war sie dessen fast überdrüssig, weil es doch gar zu lange dauerte und sie dabei so selten Besuch bekam. Die anderen Enten zogen es vor, auf den Kanälen herumzuschwimmen, anstatt sie zu besuchen und unter einem Klettenblatte zu sitzen, um mit ihr zu plaudern.

Endlich platzte ein Ei nach dem anderen. »Piep, piep!« sagte es; alle Eidotter waren lebendig geworden und steckten den Kopf heraus.

»Rap, rap! Eilt, eilt!« rief sie, und da rappelten und beeilten sie sich nach Kräften und guckten unter den grünen Blättern nach allen Seiten umher. Die Mutter ließ sie sich auch umschauen, soviel sie wollten, denn das Grüne ist gut für die Augen.

»Wie groß ist doch die Welt!« sagten alle Jungen, denn freilich hatten sie jetzt ganz anders Platz als zu der Zeit, da sie noch drinnen im Ei lagen.

»Haltet ihr das schon für die ganze Welt?« sagte die Mutter. »Die erstreckt sich noch weit über die andere Seite des Gartens hinaus bis in das Feld des Pfarrers; da bin ich indes noch nie gewesen! – Ihr seid doch alle hübsch beisammen!« setzte sie hinzu und erhob sich. »Nein, ich habe noch nicht alle! Das größte Ei liegt immer noch da! Wie lange soll denn das noch dauern? Nun habe ich es wirklich bald satt!« Und dann legte sie sich wieder.

»Nun, wie geht es?« fragte eine alte Ente, die auf Besuch gekommen war.

»Es dauert mit dem einen Ei so lange!« sagte die Ente, welche brütete. »Es zeigt sich noch kein Loch in demselben. Aber nun sollst du die anderen sehen. Es sind die hübschesten jungen Enten, die ich je gesehen habe. Sie sind sämtlich ihrem Vater wie aus dem Gesicht geschnitten! Der Bösewicht, er besucht mich nicht einmal!«

»Laß mich doch das Ei sehen, das nicht platzen will«, erwiderte die Alte. »Verlaß dich darauf, es ist ein Putenei! So bin ich auch einmal angeführt worden, und ich hatte meine liebe Not mit den Jungen, denn sie fürchten sich vor dem Wasser, kann ich dir sagen. Laß mich doch das Ei sehen! Ja, das ist ein Putenei! Laß es liegen und lehre lieber deine anderen Kinder schwimmen!«

»Ich will doch noch ein wenig darauf liegenbleiben!« entgegnete die Ente. »Habe ich nun so lange gelegen, kommt es auf etwas länger auch nicht mehr an!«

»Jeder nach seinem Geschmack!« sagte die alte Ente und nahm Abschied.

Endlich platzte das große Ei. »Piep, piep!« sagte das Junge und kroch heraus. Es war sehr groß und auffallend häßlich. Die Ente besah es sich. »Das ist ja ein entsetzlich großes Entlein!« sagte sie. »Keines von den anderen sieht so aus. Sollte es wirklich eine junge Pute sein? Nun, da wollen wir bald dahinterkommen! In das Wasser muß es, und sollte ich es selbst hineinstoßen!«

Am nächsten Tag war prächtiges, herrliches Wetter! Die Sonne schien brennend heiß hernieder. Die Entleinmutter erschien mit ihrer ganzen Familie am Kanale. Platsch! sprang sie in das Wasser. »Rap, rap!« rief sie, und ein Entlein nach dem anderen plumpste hinein. Das Wasser schlug ihnen über dem Kopf zusammen, aber sie tauchten gleich wieder empor und schwammen stolz dahin. Die Beine bewegten sich von selbst, und alle waren sie in dem nassen Elemente, selbst das häßliche, graue Junge schwamm mit.

»Nein, das ist keine Pute!« sagte sie. »Sieh nur einer, wie hübsch es die Beine gebraucht, wie gerade es sich hält! Es ist mein eigenes Kind. Im Grunde ist es ganz niedlich, wenn man es nur genauer betrachtet. Rap, rap! Kommt nun mit, jetzt sollt ihr die Welt kennenlernen. Ich werde euch im Entenhofe vorstellen, aber haltet euch immer in meiner Nähe, damit euch niemand trete, und nehmt euch vor der Katze in acht!«

Und so kamen sie in den Entenhof hinein. Ein erschrecklicher Lärm herrschte drinnen, denn zwei Familien kämpften um einen Aalkopf und trotzdem bekam ihn die Katze.

»Seht, so geht es in der Welt zu!« sagte die Entleinmutter und schnappte mit dem Schnabel, denn sie wollte auch den Aalkopf haben. »Gebraucht nun eure Beine«, sagte sie, »seht zu, daß ihr euch etwas beeilt und neigt den Hals vor der alten Ente dort. Sie ist die vornehmste von allen hier. Rappelt euch! Sputet euch! Nicht die Beine einwärts! Ein wohlgezogenes Entlein setzt die Beine weit auseinander, gerade wie Vater und Mutter! Seht so! Neigt nun euren Hals und sagt: ›Rap!‹ «

Und das taten sie. Aber die anderen Enten ringsumher betrachteten sie und sprachen: »Seht nur einmal! Nun sollen wir die Sippschaft auch noch bekommen, als ob wir nicht schon genug wären! Pfui, wie das eine Entlein aussieht! Das wollen wir nicht unter uns dulden!« Und sogleich flog eine Ente hin und biß es in den Nacken.

»Laß es zufrieden!« sagte die Mutter, »es tut ja niemandem etwas!«

»Ja, aber es ist so groß und sonderbar!« sagte die Ente, welche es gebissen hatte, »und deshalb muß es weggejagt werden!«

»Laß es in Ruhe«, sagte die Entleinmutter. »Es ist nicht hübsch, aber es hat ein sehr gutes Gemüt und schwimmt ebenso vortrefflich wie eines der anderen, ja, ich darf sagen, fast noch etwas besser. Ich denke, es wird sich auswachsen oder mit der Zeit kleiner werden. Es hat zu lange im Ei gelegen und deshalb nicht die rechte Gestalt bekommen!« Darauf zupfte sie es im Nacken und fing an, es zu glätten. »Außerdem«, fuhr sie fort, »ist es ein Enterich, und da schadet es nicht soviel. Ich bilde mir ein, er wird tüchtige Kräfte bekommen, da schlägt er sich schon durch!«

Aber das arme Entlein, das zuletzt aus dem Ei gekrochen und so häßlich war, wurde gebissen, gepufft und gehänselt von den Enten wie von den Hühnern. »Es ist zu groß«, sagten sie allesamt, und der Puterhahn, der mit Sporen geboren war, und deshalb in dem Wahne stand, daß er Kaiser wäre, blies sich wie ein Schiff mit vollen Segeln auf, ging gerade auf dasselbe zu, kollerte und wurde ganz rot am Kopfe. Das arme Entlein wußte weder, wie es stehen, noch wie es gehen sollte. Es war betrübt, daß es so häßlich aussah und dem ganzen Entenhofe zum Gespötte diente.

So ging es den ersten Tag, und später wurde es schlimmer und schlimmer. Das arme Entlein wurde von allen gejagt, selbst seine Geschwister waren recht unartig gegen dasselbe und sagten immer: »Wenn dich nur die Katze holen wollte, du garstiges Ding!« und die Mutter seufzte: »Wärest du nur weit fort!«

Die Enten bissen es, die Hühner hackten auf dasselbe los, und die Futtermagd stieß es mit dem Fuße. Da lief und flog es über den Zaun; die Vöglein in den Büschen erhoben sich erschrocken in der Luft. ›Daran ist meine Häßlichkeit schuld‹, dachte das Entlein und schloß die Augen, lief aber trotzdem weiter. So gelangte es bis zu dem großen Moore, in dem die wilden Enten wohnten. Hier lag es die ganze Nacht, denn es war sehr müde und traurig.

Am Morgen flogen die wilden Enten auf und erblickten den neuen Kameraden. »Was bist du denn für ein Landsmann?« fragten sie, und das Entlein drehte sich nach allen Seiten und grüßte, so gut es konnte.

»Du bist abschreckend häßlich!« sagten die wilden Enten, »aber das kann uns einerlei sein, wenn du nur nicht in unsere Familie hineinheiratest!«

Das Arme, es dachte wahrlich nicht ans Heiraten. Ihm war nur daran gelegen, die Erlaubnis zu erhalten, im Schilfe zu liegen und Moorwasser zu trinken.

Zwei ganze Tage lang hatte es dagelegen, als zwei wilde Gänse oder vielmehr Gänseriche dorthin kamen. Sie waren noch nicht lange aus dem Ei gekrochen und deshalb auch etwas vorschnell.

»Höre, Kamerad, du bist so häßlich, daß du förmlich hübsch bist und wir dich gut leiden können. Willst du zu uns halten und Zugvogel sein? Dicht nebenbei in einem anderen Moore wohnen einige süße, liebliche wilde Gänschen, lauter Fräuleins, die das Rap, rap! köstlich zu plaudern verstehen, du bist imstande dazu, dein Glück zu machen, so häßlich du auch bist!«

Piff, paff! knallte es da plötzlich, und beide wilden Gänseriche fielen tot in das Schilf hinab, und das Wasser wurde blutrot. Piff, paff! knallte es abermals, und ganze Scharen wilder Gänse flogen aus dem Schilfe auf, und dann knallte es wieder. Es war große Jagd; die Jäger lagen rings um das Moor herum, ja, einige saßen oben in den Baumzweigen, die sich weit über das Röhricht hinstreckten. Der blaue Pulverdampf zog wie Wolken durch die dunklen Bäume hindurch und ruhte weit über dem Wasser. In den Sumpf drangen die Jagdhunde hinein. Platsch, platsch! Schilf und Rohr neigten

sich nach allen Seiten. Was war das für ein Schreck für das arme Entlein! Es drehte den Kopf, um ihn unter die Flügel zu stecken, als in demselben Augenblicke ein fürchterlich großer Hund dicht vor ihm stand; die Zunge hing dem Tiere aus dem Hals und die Augen funkelten gräßlich. Er berührte das Entlein fast mit der Schnauze, wies die scharfen Zähne und – platsch, zog er sich zurück, ohne es zu packen.

»Gott sei Dank!« seufzte das Entlein, »ich bin so häßlich, daß mich selbst der Hund nicht beißen mag!«

So lag es denn ganz still, während die Schrotkörner in das Schilf sausten und Schuß auf Schuß knallte.

Erst am späten Nachmittage wurde es still, aber das arme Junge wagte noch nicht, sich zu erheben. Es wartete noch mehrere Stunden, ehe es sich umschaute, und dann eilte es, so schnell es konnte, aus dem Moore weiter: Es lief über Feld und Wiesen, und dabei war ein Sturm, daß es nur mit großer Mühe vorwärtskommen konnte.

Gegen Abend erreichte es ein erbärmliches Bauernhäuschen, das in so traurigem Zustande war, daß es selbst nicht wußte, nach welcher Seite es fallen sollte, und so blieb es stehen. Der Sturm brauste dermaßen um das wilde Entlein, daß es sich setzen mußte. Und es wurde immer schlimmer und schlimmer. Da bemerkte es, daß sich die Tür aus der einen Angel gehoben hatte und so schief hing, daß es durch die Spalte in die Stube hineinschlüpfen konnte, und das tat es.

Hier wohnte eine alte Frau mit ihrer Katze und ihrem Huhne; die Katze, welche sie Söhnchen nannte, konnte einen Buckel machen. Selbst Funken konnte man ihr entlokken, wenn man sie im Dunkeln gegen die Haare strich. Das Huhn hatte sehr kleine niedrige Beine und wurde deshalb Kurzbeinchen genannt. Es legte goldene Eier, und die Frau liebte es wie ihr eigenes Kind.

Am Morgen bemerkte man sogleich das fremde Entlein, und die Katze begann einen Buckel zu machen und das Huhn zu klucken.

»Was ist das?« rief die Frau und schaute sich um; da sie aber nicht so gut sah, hielt sie das Entlein für eine fette Ente. »Das ist ja ein sonderbarer Fang!« sagte sie, »nun kann ich

Enteneier bekommen. Wenn es nur kein Enterich ist! Das müssen wir erproben.«

So wurde denn das Entlein für drei Wochen auf Probe angenommen, aber Eier kamen nicht.

Nun war die Katze der Herr im Hause und das Huhn war die Frau, und immer sagten sie: »Wir und die Welt!« denn sie glaubten, daß sie die eine Hälfte wären, und zwar der allerbeste Teil. Das Entlein dachte, daß man auch wohl anderer Meinung sein könnte, aber das duldete das Huhn nicht.

»Kannst du Eier legen?« fragte es.

»Nein!«

»Nun gut, dann halte auch deinen Mund!«

Und die Katze sagte: »Kannst du einen Buckel machen, kannst du Funken sprühen?«

»Nein!«

»Dann darfst du auch keine Meinung haben, wenn vernünftige Leute reden!«

Und das Entlein saß im Winkel und war schlechter Laune. Da dachte es unwillkürlich an die frische Luft und den Sonnenschein und bekam eine so eigentümliche Lust, auf dem Wasser zu schwimmen, daß es sich endlich dem Huhn anvertraute.

»Was sprichst du da?« fragte dasselbe. »Du hast nichts zu tun, deshalb plagen dich so seltsame Launen. Lege Eier, dann gehen sie vorüber!«

»Aber es ist köstlich, auf dem Wasser zu schwimmen!« entgegnete das Entlein, »köstlich, sich den Kopf in den Fluten zu kühlen oder auf den Grund niederzutauchen!«

»Ja, das muß wirklich ein prächtiges Vergnügen sein!« sagte das Huhn spöttisch. »Bist du denn närrisch geworden! Frage einmal die Katze, sie ist die Klügste, die ich kenne, ob es ihr so angenehm vorkommt, auf dem Wasser zu schwimmen oder unterzutauchen! Ich will von mir gar nicht reden. Frage selbst unsere Herrschaft, die alte Frau, klüger als sie ist niemand in der Welt. Meinst du, sie hätte Lust zu schwimmen oder sich das Wasser über dem Kopf zusammenschlagen zu lassen?«

»Ihr versteht mich nicht!« sagte das Entlein.

»Wenn wir dich nicht verstehen, wer sollte dich dann wohl

verstehen? Du wirst doch wohl nicht klüger sein wollen als die Katze und die Frau, um meiner gar nicht zu erwähnen. Zier dich nicht, Kind, und setze dir keine Grillen in den Kopf! Danke deinem Schöpfer für all das Gute, das man dir erwiesen hat! Hat man dich nicht in eine warme Stube und in einen Umgangskreis aufgenommen, von dem du etwas lernen kannst? Aber du bist ein Faselhans, und es ist keineswegs erfreulich, mit dir umzugehen! Sieh jetzt nur zu, daß du Eier legst und Funken sprühen lernst!«

»Ich glaube, ich gehe in die weite Welt hinaus!« sagte das Entlein.

»Ja, tue das!« entgegnete das Huhn.

Da ging denn das Entlein. Es schwamm auf dem Wasser, es tauchte unter, aber von allen Tieren wurde es um seiner Häßlichkeit willen übersehen.

Jetzt erschien der Herbst; die Blätter im Walde wurden gelb und braun, der Sturm entführte sie und wirbelte sie umher, und oben in der Luft machte sich die Kälte bemerkbar. Die Wolken hingen schwer von Hagel und Schneeflocken, und auf dem Zaune stand ein Rabe und schrie: »Au, au!« vor lauter Kälte. Ja, man konnte schon ordentlich frieren, wenn man nur daran dachte. Das arme Entlein hatte es wahrlich nicht gut.

Eines Abends, die Sonne ging gerade unter, kam ein ganzer Schwarm prächtiger, großer Vögel aus dem Gebüsch hervor, wie sie das Entlein noch nie so schön gesehen hatte. Sie waren blendend weiß und hatten lange, geschmeidige Hälse. Es waren Schwäne. Sie stießen einen merkwürdigen Ton aus, breiteten ihre prächtigen, großen Schwingen aus und flogen aus den kalten Gegenden fort nach wärmeren Ländern, nach offenen Seen. Sie stiegen so hoch, daß dem häßlichen jungen Entlein ganz seltsam zumute wurde. Es drehte sich im Wasser wie ein Rad herum, streckte den Hals hoch nach ihnen aus und stieß einen so lauten und sonderbaren Schrei aus, daß es sich ordentlich vor sich selber fürchtete. Es konnte die prächtigen, die glücklichen Vögel nicht vergessen, und sobald es sie nicht mehr wahrnahm, tauchte es bis auf den Grund unter, und geriet, als es wieder emporkam, förmlich außer sich. Es wußte nicht, wie die Vögel hießen, noch wohin sie zogen, aber doch hatte es dieselben lieb wie nie jemand zuvor. Neid kam gleichwohl nicht in sein Herz. Wie hätte ihm auch nur in den Sinn kommen können, sich eine solche Schönheit zu wünschen. Es wäre schon froh gewesen, wenn nur die Enten es hätten unter sich dulden wollen – das arme, häßliche Tier.

Und der Winter wurde so kalt, so kalt! Das Entlein mußte unermüdlich umherschwimmen, um das Zufrieren zu verhindern. Aber jede Nacht wurde das Loch, in dem es schwamm, schmäler und schmäler. Es war eine Kälte, daß die Eisdecke krachte. Das Entlein mußte fortwährend die Beine gebrauchen, damit sich das Loch nicht völlig schloß. Endlich wurde es matt, lag ganz still und fror so im Eise fest.

In der Frühe des folgenden Morgens kam ein Bauer, der das arme Tier gewahrte. Er ging hin, zerschlug das Eis mit seinem Holzschuh, rettete es und trug es heim zu seiner Frau. Da lebte es wieder auf.

Die Kinder wollten mit demselben spielen. Da aber das Entlein glaubte, sie wollten ihm wehe tun, fuhr es in der Angst gerade in eine Milchschüssel, so daß die Milch in der Stube umherspritzte. Die Frau schlug entsetzt die Hände zusammen. Dann flog das Entlein auf das Gestell, auf dem die Butter aufbewahrt wurde, und von hier in die Mehltonne hinein und dann wieder in die Höhe. Da könnt ihr euch denken, wie es aussah! Die Frau schrie und schlug mit der Feuerzange nach demselben, die Kinder liefen einander über den Haufen und lachten und lärmten. Gut war es, daß die Tür offenstand, so konnte sich das Entlein zwischen die Sträucher in den frischgefallenen Schnee hinausretten, und da lag es nun bis auf den Tod erschöpft.

Allein es würde wahrlich zu traurig sein, all die Not und das Elend zu erzählen, welche das Entlein in dem harten Winter auszustehen hatte. – Es lag zwischen dem Röhricht im Moor, als die Sonne wieder warm zu scheinen begann; die Lerchen sangen, es war ein herrlicher Lenz.

Da entfaltete es mit einem Male seine Schwingen, stärker sausten sie als zuvor und trugen es kräftig vorwärts in einen großen Garten, wo die Apfelbäume in voller Blüte standen, wo die Fliedersträucher dufteten und ihre langen, grünen

Zweige zu den sich sanft dahinschlängelnden Bächen und Kanälen herniedersenkten. Oh, wie war es hier so köstlich, so frühlingsfrisch! Und gerade vor ihm kamen aus dem Dikkicht drei schöne, weiße Schwäne angeschwommen. Mit gekräuseltem Gefieder glitten sie leicht und majestätisch über das Wasser dahin. Das Entlein erkannte die prächtigen Tiere und wurde von einer eigentümlichen Schwermut ergriffen.

»Ich will hinfliegen zu ihnen, den königlichen Vögeln, und sie werden mich totbeißen, weil ich, der ich so häßlich bin, mich ihnen zu nähern wage. Aber meinetwegen! Besser von ihnen getötet, als von den Enten gezwackt, von den Hühnern gepickt, von der Hühnermagd gestoßen zu werden und im Winter alles mögliche Weh über sich ergehen zu lassen!« Und es flog auf das Wasser und schwamm den prächtigen Schwänen entgegen, die mit gesträubten Federn auf dasselbe losschossen. »Tötet mich nur!« sagte das arme Tier und neigte sein Haupt gegen den Wasserspiegel und erwartete den Tod – aber was sah es in dem klaren Wasser? Es sah unter sich sein eigenes Bild, aber es war nicht mehr ein plumper, schwarzgrauer Vogel, häßlich und Abscheu erweckend, es war selbst ein Schwan.

Es tut nichts, in einem Entenhofe geboren zu sein, wenn man nur in einem Schwanenei gelegen hat!

Nun fühlte es sich förmlich glücklich über alle die Not und Widerwärtigkeit, die es ausgestanden hatte. Nun verstand es erst sein Glück, erst die Herrlichkeit recht zu würdigen, die es überall begrüßte. – Und die großen Schwäne umschwammen es und streichelten es mit ihrem Schnabel.

Da traten einige kleine Kinder in den Garten hinein! Sie warfen Brot und Korn in das Wasser, und das kleinste rief: »Da ist ein neuer!« Und die anderen Kinder jubelten mit: »Ja, es ist ein neuer angekommen!« Sie klatschten in die Hände, tanzten umher, holten Vater und Mutter herbei, und es wurde Brot und Kuchen in das Wasser geworfen, und sie sagten alle: »Der neue ist der schönste, so jung und majestätisch!« Und die alten Schwäne verneigten sich vor ihm.

Da überschlich ihn Schüchternheit und Verschämtheit, und er verbarg den Kopf unter den Flügeln; es war ihm so eigen zumute, er wußte fast selbst nicht wie. Er war allzu glücklich, aber durchaus nicht stolz, denn ein gutes Herz wird niemals stolz. Er dachte daran, wie er verfolgt und verhöhnt worden, und hörte nun alle sagen, er wäre der schönste von allen schönen Vögeln. Die Fliedersträuche neigten sich mit den Zweigen zu ihm in das Wasser hinunter, und die Sonne schien warm und erquickend. Da sträubte sich sein Gefieder, der schlanke Hals erhob sich, und aus Herzensgrunde jubelte er: »So viel Glück habe ich mir nicht träumen lassen, als ich noch das garstige Entlein war!«

Oscar Wilde

Die Nachtigall und die Rose

»Sie sagte, sie würde mit mir tanzen, wenn ich ihr rote Rosen brächte«, rief der junge Student, »aber in meinem ganzen Garten ist keine rote Rose.« In ihrem Nest auf dem Eichbaum hörte ihn eine Nachtigall, guckte durch das Laub und wunderte sich.

»Keine rote Rose in meinem ganzen Garten!« rief er, und seine schönen Augen waren voll Tränen. »Ach, an was für kleinen Dingen das Glück hängt. Alles habe ich gelesen, was weise Männer geschrieben haben, und wegen einer roten Rose ist mein Leben unglücklich und elend.«

»Das ist endlich einmal ein treuer Liebhaber«, sagte die Nachtigall. »Nacht für Nacht habe ich von ihm gesungen, obgleich ich ihn nicht kannte; Nacht für Nacht habe ich seine Geschichte den Sternen erzählt, und nun seh' ich ihn. Sein Haar ist dunkel, sein Mund ist rot wie die Rose seiner Sehnsucht; aber Leidenschaft hat sein Gesicht bleich wie Elfenbein gemacht.«

»Der Prinz gibt morgen nacht einen Ball«, sprach der junge Student leise, »und meine Geliebte wird da sein. Wenn ich ihr eine rote Rose bringe, wird sie mit mir tanzen bis zum Morgen, wird sie ihren Kopf an meine Schulter lehnen, und ihre Hand wird in der meinen liegen. Aber in meinem Garten ist keine rote Rose, so werde ich einsam sitzen, und sie wird meiner nicht achten, und mir wird das Herz brechen.«

»Das ist wirklich der treue Liebhaber«, sagte die Nachtigall. »Was ich singe, um das leidet er; was mir Freude ist, das ist ihm Schmerz. Wahrhaftig, die Liebe ist etwas Wundervolles! Kostbarer ist sie als Smaragde, und auf den Märkten wird sie nicht feilgeboten.«

»Die Musikanten werden auf ihrer Galerie sitzen«, sagte

der junge Student, »und meine Geliebte wird zum Klang der Harfe und der Geige tanzen. Die Höflinge in ihren bunten Gewändern werden sich um sie scharen. Aber mit mir wird sie nicht tanzen, denn ich habe keine rote Rose für sie«, und er warf sich ins Gras, barg sein Gesicht in den Händen und weinte.

»Weshalb weint er?« fragte ein kleiner grüner Eidechs, während er an ihm vorbeilief.

»Ja, warum?« fragte ein Schmetterling, der einem Sonnenstrahl nachjagte.

»Er weint um eine rote Rose«, sagte die Nachtigall.

»Um eine rote Rose?« riefen alle, »wie lächerlich!«

Aber die Nachtigall wußte um des Studenten Kummer und saß schweigend in dem Eichbaum und sann über das Geheimnis der Liebe. Plötzlich breitete sie ihre braunen Flügel aus und flog auf. Wie ein Schatten huschte sie durch das Gehölz, und wie ein Schatten flog sie über den Garten. Da stand mitten auf dem Rasen ein wundervoller Rosenstock, und als sie ihn sah, flog sie auf ihn zu und setzte sich auf einen Zweig.

»Gib mir eine rote Rose«, rief sie, »und ich will dir dafür mein süßestes Lied singen.«

Aber der Strauch schüttelte seinen Kopf. »Meine Rosen sind weiß«, antwortete er. »Geh zu meinem Bruder, der sich um die alte Sonnenuhr rankt, der gibt dir vielleicht, was du verlangst.«

So flog die Nachtigall zu dem Rosenstrauch bei der alten Sonnenuhr.

»Gib mir eine rote Rose«, rief sie, »und ich will dir dafür mein süßestes Lied singen.«

Aber der Strauch schüttelte seinen Kopf. »Meine Rosen sind gelb«, antwortete er. »Geh zu meinem Bruder, der unter des Studenten Fenster blüht, vielleicht gibt er dir, was du verlangst.«

So flog die Nachtigall zum Rosenstrauch unter des Studenten Fenster.

»Gib mir eine rote Rose«, rief sie, »und ich will dir dafür mein süßestes Lied singen.«

Aber der Rosenstrauch schüttelte den Kopf. »Meine Rosen sind rot«, antwortete er, »aber der Frost hat meine Knospen zerbissen und der Sturm meine Zweige gebrochen, und so habe ich keine Rosen dies ganze Jahr.«

»Nur eine einzige rote Rose brauche ich«, rief die Nachtigall. »Gibt es denn nichts, daß ich eine rote Rose bekomme?«

»Ein Mittel gibt es«, antwortete der Baum, »aber es ist so schrecklich, daß ich es nicht zu sagen traue.«

»Sag es mir«, sprach die Nachtigall, »ich fürchte mich nicht.«

»Wenn du eine rote Rose haben willst, dann mußt du sie beim Mondlicht aus Liedern machen und sie färben mit deinem eignen Herzblut. Du mußt für mich singen und deine Brust an einen Dorn pressen. Die ganze Nacht mußt du singen, und der Dorn muß dein Herz durchbohren, und dein Lebensblut muß in meine Adern fließen und mein werden.«

»Der Tod ist ein hoher Preis für eine rote Rose«, sagte die Nachtigall. »Es ist lustig, im grünen Wald zu sitzen und die Sonne zu sehen und den Mond. Süß ist der Duft des Weißdorns, und süß sind die Glockenblumen im Tale. Aber die Liebe ist besser als das Leben, und was ist ein Vogelherz gegen ein Menschenherz?«

So breitete sie ihre braunen Flügel und flog auf. Wie ein Schatten schwebte sie über den Garten, und wie ein Schatten huschte sie durch das Gehölz. Da lag noch der junge Student im Grase, wie sie ihn verlassen hatte, und die Tränen seiner schönen Augen waren noch nicht getrocknet.

»Freu dich«, rief die Nachtigall, »du sollst deine rote Rose haben. Ich will sie beim Mondlicht bilden aus Liedern und färben mit meinem eigenen Herzblut. Alles, was ich von dir dafür verlange, ist, daß du deiner Liebe treu bleiben sollst.«

Der Student blickte aus dem Grase auf und horchte, aber er konnte nicht verstehen, was die Nachtigall zu ihm sprach, und so ging er auf sein Zimmer und legte sich auf sein schmales Feldbett und fing an, an seine Liebe zu denken; bald war er eingeschlafen.

Als der Mond schien, flog die Nachtigall zu dem Rosenstrauch und preßte ihre Brust gegen den Dorn. Die ganze Nacht sang sie, und der Dorn drang tiefer und tiefer in ihre Brust, und ihr Lebensblut versickerte.

Zuerst sang sie von dem Werden der Liebe in dem Herzen eines Knaben und eines Mädchens. Und an der Spitze des Rosenstrauchs erblühte eine herrliche Rose. Erst war sie bleich wie der Nebel, der über dem Fluß hängt. Wie das Schattenbild einer Rose in einem Silberspiegel, so war die Rose, die aufblühte an der Spitze des Rosenstocks. Der aber rief der Nachtigall zu, daß sie sich fester noch gegen den Dorn presse, »sonst bricht der Tag an, bevor die Rose vollendet ist.« Und so drückte die Nachtigall sich fester gegen den Dorn, und lauter und lauter wurde ihr Lied, denn sie sang nun von dem Erwachen der Leidenschaft in der Seele von Mann und Weib. Und ein zartes Rot kam auf die Blätter der Rose, wie das Erröten auf das Antlitz des Bräutigams, wenn er die Lippen seiner Braut küßt. Aber der Dorn hatte ihr Herz noch nicht getroffen, und so blieb das Herz der Rose weiß, denn bloß einer Nachtigall Herzblut kann das Herz einer Rose färben. Und so drückte die Nachtigall sich fester gegen den Dorn, und der Dorn berührte ihr Herz, und ein heftiger Schmerz durchzuckte sie. Bitter war der Schmerz, und wilder wurde das Lied, denn sie sang nun von der Liebe, die der Tod verklärt. Und die wundervolle Rose färbte sich rot wie der östliche Himmel. Aber die Stimme der Nachtigall wurde schwächer, und ihre kleinen Flügel begannen zu flattern, und ein leichter Schleier kam über ihre Augen. Dann schluchzte sie noch einmal auf in letzten Tönen. Die rote Rose hörte es und zitterte vor Wonne und öffnete ihre Blätter dem kühlen Morgenwind.

»Sieh, sieh!« rief der Rosenstrauch, »nun ist die Rose fertig«, aber die Nachtigall gab keine Antwort, denn sie lag tot im hohen Gras, mit dem Dorn im Herzen.

Um Mittag öffnete der Student sein Fenster und blickte hinaus.

»Was für ein Wunder und Glück!« rief er, »da ist eine rote Rose! Nie in meinem Leben habe ich eine solche Rose gesehen.«

Er lehnte sich hinaus und pflückte sie. Dann setzte er seinen Hut auf und lief dem Professor ins Haus, mit der Rose in der Hand. Des Professors Tochter saß in der Einfahrt, und ihr Hündchen lag ihr zu Füßen.

»Ihr sagtet, Ihr würdet mit mir tanzen, wenn ich Euch eine rote Rose brächte«, sagte der Student. »Hier ist die schönste Rose der Welt. Tragt sie heut abend an Eurem Herzen, und wenn wir zusammen tanzen, wird sie Euch erzählen, wie ich Euch liebe.«

Aber das Mädchen verzog den Mund. »Ich fürchte, sie paßt nicht zu meinem Kleid«, sprach sie, »und dann hat mir auch der Neffe des Kammerherrn echte Juwelen geschickt, und das weiß doch jeder, daß Juwelen mehr wert sind als Blumen.«

»Wahrhaftig, Ihr seid sehr undankbar«, rief der Student und warf die Rose auf die Straße.

»Undankbar?« sagte das Mädchen, »ich will Euch was sagen: Ihr seid ungezogen. Wer seid Ihr eigentlich? Ein Student, nichts weiter. Ich glaube, Ihr habt nicht einmal Silberschnallen an den Schuhen, wie des Kammerherrn Neffe.« Und sie stand auf und ging ins Haus.

»Wie dumm ist doch die Liebe«, sagte sich der Student, als er fortging, »sie spricht immer von Dingen, die nicht geschehen werden, und läßt einen Dinge glauben, die nicht wahr sind. Sie ist wirklich etwas ganz Unpraktisches, und da in unserer Zeit das Praktische alles ist, so werde ich wieder studieren.«

Er ging wieder auf sein Zimmer und holte ein großes staubiges Buch hervor und begann zu lesen.

Ludwig Tieck

Der Vogel Phönix

Die beiden Kinder Andres und Marie hatten sich beim Spielen unbemerkt immer weiter von ihrem heimatlichen Dorf entfernt. Sie waren den Schmetterlingen nachgelaufen, hatten Blumen auf den Wiesen gepflückt und befanden sich nun an einem wunderschönen Fluß, den sie noch nie gesehen hatten. Viele Fische schwammen in der klaren Flut. Ein Schwan zog über das Wasser und hatte gar keine Scheu vor den Kindern. Andres und Marie liefen fröhlich am Flußufer entlang, winkten dem Schwan und bemerkten gar nicht, daß langsam der Abend kam. Als die Sonne sank, Nebel aus dem Fluß aufstieg und sich auf den Feldern und Wiesen lagerte, fanden die Kinder nicht mehr den Weg ins Dorf zurück. Ratlos hielten sie sich bei den Händen und wußten nicht, was sie tun sollten. Da sahen sie einen schmalen Pfad, der zu einer Brücke über den Fluß und dann in einen tiefen Wald führte. So kamen sie in das Reich der Elfen und guten Geister, das nur brave Kinder ungefährdet betreten dürfen.

Sie wußten nicht, wie ihnen geschah, als sich plötzlich alles um sie verwandelte. Der tiefe Wald wurde zu einem bunten Blumengarten. Tulpen, Rosen und Lilien leuchteten in den herrlichsten Farben. Blaue und goldrote Schmetterlinge wiegten sich in den Blüten. An Büschen und Bäumen hingen Käfige aus Golddraht mit vielfarbigen Vögeln, die herrliche Lieder sangen. In dem bunten Zaubergarten spielten Kinder. Sie trugen lange weiße Gewänder und hatten gelockte blonde Haare und helle Augen. Staunend betrachteten Andres und Marie die fröhlich spielenden Kinder, von denen einige kleine weiße Lämmer streichelten, andere die Vögel in den Käfigen fütterten, Blumen sammelten und sie einander schenkten. Wieder andere Kinder aßen rote Kirschen, süße Weintrauben und saftige Aprikosen. Ein Kind kam auf

Andres und Marie zu, reichte ihnen freundlich die Hand und sagte:

»Ich heiße Zerina und freue mich, daß ihr uns besuchen kommt. Da ihr brave Kinder seid, sollt ihr mit uns spielen und fröhlich sein und unser ganzes Zauberreich kennenlernen. Leider könnt ihr nur kurze Zeit bei uns bleiben, aber ich will euch alles zeigen, und ihr werdet wunderbare Dinge erleben.«

»Aber wer seid ihr denn? Und was ist das für ein Zauberreich?« fragte Marie.

»Wir heißen Elfen«, sagte Zerina, »und das ist unser Reich.«

Zerina winkte den Kindern und führte sie durch das ganze Reich. Die Zeit verging wie im Fluge, und immer wieder gab es für Andres und Marie Neues zu sehen und zu bewundern. Da hörten sie plötzlich ein freudiges Geschrei. Viele Elfen kamen ihnen entgegengeeilt und riefen fröhlich:

»Der schöne Vogel ist angekommen! Kommt schnell mit uns in den Palast, um den schönen Vogel zu sehen und singen zu hören!«

Die Kinder eilten mit den Elfen in den Feenpalast. Alle jauchzten, und aus einem großen, lichterfunkelnden Saal erscholl eine jubilierende Musik. Der Saal war mit Elfen und anderen guten Geistern angefüllt, und alle schauten nach einem großen Vogel hinauf, der in der hohen, goldenen Kuppel mit glänzendem Gefieder langsam fliegend vielfache Kreise beschrieb. Die Musik klang fröhlicher als sonst, die Farben und Lichter wechselten schneller. Endlich schwieg die Musik, und der Vogel schwang sich rauschend auf eine glänzende Krone, die unter dem hohen Fenster schwebte, welches von oben die Wölbung erleuchtete. Sein Gefieder war purpurn und grün, durch welches sich die glänzendsten goldenen Streifen zogen, auf seinem Haupte bewegte sich ein Diadem von so hell leuchtenden kleinen Federn, daß sie wie Edelgesteine blitzten. Der Schnabel war rot, und die Beine glänzend blau. Wie er sich regte, schimmerten alle Farben durcheinander, und das Auge war entzückt. Seine Größe war die eines Adlers. Aber jetzt öffnete er den leuchtenden Schnabel, und so süße Melodie quoll aus seiner be-

wegten Brust in schöneren Tönen als die der liebesbrünstigen Nachtigall; immer mächtiger zog der Gesang durch den Saal und goß sich wie Lichtstrahlen aus, so daß alle, bis auf die kleinsten Kinder selbst, vor Freuden und Entzückungen weinen mußten. Als der Vogel geendigt hatte, neigten sich alle vor ihm, er umflog wieder in Kreisen die Wölbung, schoß dann durch die Tür und schwang sich in den lichten Himmel, wo er oben bald nur noch wie ein roter Punkt erglänzte und sich den Augen dann schnell verlor.

»Warum seid ihr alle so in Freude?« fragte Marie und neigte sich zu Zerina.

»Der König kommt« sagte Zerina, »den haben viele von uns noch gar nicht gesehen, und wo er sich hinwendet, ist Glück und Fröhlichkeit; wir haben schon lange auf ihn gehofft, sehnlicher, als ihr nach langem Winter auf den Frühling wartet, und nun hat er durch diesen schönen Botschafter seine Ankunft melden lassen. Dieser herrliche und verständige Vogel, der im Dienste des Königs gesandt wird, heißt Phönix, er wohnt fern in Arabien auf einem Baume, der nur einmal in der Welt ist, so wie es auch keinen zweiten Phönix gibt. Wenn er sich alt fühlt, trägt er aus Balsam und Weihrauch ein Nest zusammen, zündet es an und verbrennt sich selbst, so stirbt er singend, und aus der duftenden Asche schwingt sich dann der verjüngte Phönix mit neuer Schönheit wieder auf. Selten nur nimmt er seinen Flug so, daß ihn die Menschen sehen, und geschieht es einmal in Jahrhunderten, so zeichnen sie es in ihre Denkbücher auf und erwarten wundervolle Begebenheiten. Aber nun, meine Freundin, wirst du scheiden müssen; denn der Anblick des Königs ist dir nicht vergönnt.«

Da drängten sich viele Elfen und gute Geister um Andres und Marie.

»Ihr müßt uns verlassen, geliebte Kinder, denn unseren König dürft ihr nicht sehen. Es war schon die höchste Auszeichnung für euch, daß ihr den Vogel Phönix erleben durftet. Nur wenigen Menschen ist es vergönnt, ihn zu sehen und singen zu hören. Und wer ihn einmal gesehen hat, der wird in seinem ganzen Leben nie mehr unglücklich sein. Wie der Vogel Phönix uns Elfen die Ankunft des Königs verkündet, so bedeutet er für die Menschen Glück und Zufriedenheit. Denkt euch, der König wird nun zwanzig Jahre und vielleicht auch länger sein Hoflager hier halten. Fruchtbarkeit und Segen wird sich weit in die Lande verbreiten, am meisten hier in unserer unmittelbaren Nähe. Alle Brunnen und Bäche werden ergiebiger, alle Äcker und Gärten reicher, der Wein edler, die Wiesen fetter und der Wald frischer und grüner; mildere Luft weht, kein Hagel schadet, keine Überschwemmung droht. Auch für euch Menschen kommt nun eine glückliche Zeit, in der ihr alle satt werden und in Frieden leben könnt. Nehmt diesen Ring und gedenkt unser, doch hütet euch, irgendwem von uns, von dem schönen Vogel Phönix und von unserem König zu erzählen, sonst müssen wir diese Gegend fliehen, und alle Menschen umher, auch ihr selbst, entbehren das Glück und die Segnung unserer Nähe. Küßt noch einmal eure Gespielen und lebt wohl.«

Die Elfen verabschiedeten sich, Zerina weinte – und dann standen Andres und Marie plötzlich wieder im hellen Mittagssonnenschein auf einer Wiese vor ihrem Dorf. Es war so, als sei seit ihrem Eintritt in das Zauberreich der Elfen und guten Geister nur ein Augenblick vergangen und alles nur ein schöner Traum gewesen. In Wirklichkeit waren jedoch viele Jahre vergangen. Marie und Andres waren zu einem hübschen jungen Mädchen und einem stattlichen jungen Mann herangewachsen; die Eltern hatten lange nach ihnen gesucht und dann schließlich ihren unerklärlichen Tod beweint – aber das alles wußten Andres und Marie nicht, die glaubten, noch immer Kinder zu sein, und freudig dem Haus ihrer Eltern zueilten.

Jonathan Swift

Gullivers Rettung und glückliche Heimkehr

Ich war der festen Überzeugung, aus dem Land der Riesen, in dem ich nun schon unzählige gefährliche Abenteuer bestanden hatte, bald entfliehen zu können, obwohl ich keine Ahnung hatte, wie ich meine Freiheit wiedererlangen sollte. Alle Pläne, die ich täglich neu ersann, erwiesen sich als undurchführbar. Ich war zu klein und zu hilflos, um allein und ohne jede Unterstützung den Riesen entrinnen zu können. Das Schiff, das ein böser Sturm an die Küste der Riesen verschlagen hatte, war das erste gewesen, das jemals von einem Riesen erblickt worden war. Inzwischen hatte der König der Riesen den strengen Befehl erlassen, ein zweites Schiff dieser Art, falls ein solches je auftauchen sollte, unverzüglich ans Ufer und mit der ganzen Mannschaft und allen Passagieren zur Hauptstadt des Landes zu bringen.

Der König war an diesem seltsamen Lebewesen, das ich für ihn darstellte, sehr interessiert. Er war mir keineswegs feindlich gesinnt, sondern wünschte vielmehr, mir eine Frau meiner Größe zu verschaffen, damit ich meine Rasse fortpflanzen könnte und die Riesen genügend Gelegenheit erhielten, diese ihnen unbekannten Geschöpfe zu studieren. Ich wäre jedoch lieber gestorben, als Nachkommen zu hinterlassen, die von den Riesen wie merkwürdige Tiere in Käfigen gehalten wurden. Man betrachtete mich wie ein entzückendes Spielzeug und achtete sehr darauf, daß mir nichts Böses widerfuhr. Vielleicht liebte man mich sogar, aber diese Art von Zuneigung war mit meiner Menschenwürde unvereinbar. Selbstverständlich konnte ich auch meine Familie in England nicht vergessen und hatte täglich den verständlichen Wunsch, unter Leuten meinesgleichen zu leben und mich frei bewegen zu können, ohne Furcht haben zu müssen, wie ein Grashüpfer achtlos zertreten zu werden.

Ich befand mich schon seit über zwei Jahren im Land der Riesen, als der König und die Königin eine Reise nach der Südküste ihres Landes unternahmen. Wie stets, so wurde ich auch diesmal in meinem Käfig mitgenommen, der nach meinen eigenen Angaben wie ein bequemes Wohnzimmer eingerichtet war. Ich ließ darin eine Hängematte anbringen, um die heftigen Erschütterungen zu vermeiden, denen ich durch den Transport meines Käfigs ausgesetzt war. In die Decke meines Zimmers hatte man ein kleines Loch geschnitten, damit ich bei heißem Wetter genügend frische Luft bekam. Dieses Loch, das leider nicht groß genug war, um hindurchschlüpfen zu können, war nach Belieben mit einem vorwärts und rückwärts zu schiebenden Brett zu öffnen und zu schließen.

Als wir das Ziel unserer Reise erreicht hatten, legten sich der König und die Königin zum Schlaf nieder. Ich bat darum, das Meer sehen zu dürfen, denn allein von dort erhoffte ich meine Befreiung. Ein Page trug mich in meinem Käfig zum Meer. Er setzte mich am Strand ab, ließ mich durch das Loch das Meer betrachten und vertrieb sich währenddessen die Zeit, indem er ein wenig am Strand auf und ab ging. Selbstverständlich behielt er dabei meinen Käfig immer gut im Auge. Da entdeckte er am Strand ein Vogelnest, dessen Eier ungefähr die Größe meines Käfigs, also etwa fünf Meter im Quadrat, hatten. Die Vögel, denen das Nest gehörte, kamen eilig herbeigeflogen, um die Eier vor der Bedrohung durch den jungen Riesen zu schützen. Sie waren von unvorstellbarer Größe. Ihre Flügel mochten wohl eine Spannweite von fast fünfundzwanzig Metern haben. Mit mächtigen Flügelschlägen kreisten die Vögel über ihrem Nest und stießen dabei Schreie aus, die wie Trompetenstöße klangen. Sie sahen wie riesige Greifvögel aus und hatten gewaltige Schnäbel und sensenähnliche Klauen. Da plötzlich stürzte sich einer dieser Vögel auf meinen Käfig, packte den Ring, mit dem mein Käfig von den Riesen getragen wurde, mit seinem mächtigen Schnabel und hob ihn hoch in die Luft. Sofort eilte der Page herbei, aber der Vogel trug mich mit noch größerer Schnelligkeit davon. Durch die Erschütterung wurde ich beinahe aus meiner Hängematte geschleudert, doch allmählich wurden die schaukelnden Bewegungen immer sanfter, so daß ich die Hängematte gefahrlos verlassen und durch das Loch schauen konnte. Ich sah jedoch nichts als den hohen Himmel und die Wolken. Der mächtige Greifvogel trug meinen Käfig so mühelos durch die Luft, als handelte es sich um eine Maus oder eine Schildkröte. Offensichtlich hatte der Vogel gewittert, daß in diesem Käfig eine Beute für ihn sei, denn er flog auf ein Felsengebirge zu, um den Käfig aus großer Höhe auf die Felsen fallen zu lassen. Er wollte den Käfig zerschmettern, um auf diese Weise der Beute habhaft zu werden. Ich schrie vor Angst, aber das half mir gar nichts.

Bald darauf verstärkte sich das Geräusch der schlagenden Flügel, und zugleich ward mein Käfig hin und her geschüttelt wie ein Aushängeschild an einem stürmischen Tag. Zu-

gleich hörte ich, wie der adlerähnliche Riesenvogel mehrere heftige Stöße erhielt, und dann fiel mein Käfig so jäh, daß mir beinahe der Atem verging. Der Fall wurde durch ein furchtbares Platschen beendet, das lauter in meinen Ohren dröhnte als der Wasserfall des Niagara. Darauf befand ich mich etwa eine Minute in völliger Finsternis. Es war ein Glück, daß ich mein Loch verschlossen hatte, denn ich befand mich unter Wasser und wäre ohne diese Maßnahme gewiß ertrunken. So aber stieg mein Käfig langsam wieder nach oben und schwamm dann ruhig im Wasser. Ich vermutete, daß der gewaltige Greifvogel, der meinen Käfig davongetragen hatte, von anderen, vielleicht noch größeren Vögeln, verfolgt und gezwungen worden war, seine Beute fallen zu lassen, um sich besser verteidigen zu können.

Nun schwamm ich im Meer, aber mein Käfig war so fest gebaut, daß nur wenig Wasser eindringen konnte. Leider war jedoch das Loch in der Decke meines Käfigs nicht groß genug, daß ich hindurchschlüpfen konnte. So trieb ich hilflos im Meer und konnte nichts anderes erwarten als einen elenden Tod durch Hunger und Durst oder durch ein Unwetter. So trieb ich auf den Wellen, ich weiß nicht, wie lange. Um wenigstens etwas zu unternehmen, wenn es auch wenig Sinn zu haben schien, befestigte ich mein Schnupftuch an einem Spazierstock, den ich stets bei mir trug, schwenkte ihn zu dem Loch hinaus und schrie von Zeit zu Zeit in allen Sprachen, die ich kannte, laut um Hilfe.

Nach langer Zeit hatte ich plötzlich das Gefühl, als ob mein Käfig in einen Sog geraten sei und sich rascher fortbewegte. Dann stieß der Käfig gegen etwas Hartes. Ich befürchtete, gegen einen Felsen geschmettert worden zu sein, da vernahm ich ein Geräusch wie von einem Tau, das durch den Tragring des Käfigs gezogen wurde. Ich fühlte mich langsam emporgehoben, streckte deshalb wieder meinen Stock mit dem Schnupftuch hinaus und schrie um Hilfe. Als Antwort vernahm ich eine Stimme, die mir durch das Loch entgegenschallte:

»Wenn jemand hier drin ist, mag er es sagen!«

Man kann sich mein Entzücken vorstellen, als ich diese Laute und noch dazu in englischer Sprache vernahm. Ich erklärte hastig, ein Engländer zu sein und bat, mich aus dem Käfig zu befreien. Die Stimme erwiderte, ich sei in Sicherheit, denn meine seltsame schwimmende Behausung sei an einem englischen Handelsschiff befestigt. Der Schiffszimmermann werde sogleich kommen und ein Loch sägen, das groß genug sei, mich herauszuziehen. So geschah es dann auch. Ich kletterte aus meinem Käfig, dann ließ man eine Leiter zu mir herunter, an der ich auf das Schiff stieg.

Ich war zunächst der Meinung, in die Gesellschaft von Zwergen geraten zu sein, so klein erschien mir alles um mich her, da mein Auge durch den jahrelangen Aufenthalt im Reiche der Riesen an ganz andere Dimensionen gewöhnt war. Der Kapitän führte mich in seine Kajüte, ließ mir einen Stärkungstrank reichen und stellte mir sein Bett zur Verfügung, damit ich mich von meiner Erschöpfung erholen konnte. Als ich ihm dann erklärte, daß sich in meinem Käfig Möbel, kostbare Seidentapeten, Teppiche und andere Dinge von Wert befänden, deren Verlust ich sehr bedauern würde, glaubte er, einen Verrückten vor sich zu haben. Um mich zu beruhigen, versprach er jedoch, alles an Bord zu holen.

Ich schlief erschöpft ein und mußte nach dem Erwachen ausführlich erzählen, was es mit meiner seltsamen schwimmenden Behausung für eine Bewandtnis habe. Ich berichtete wahrheitsgetreu alle meine Erlebnisse. Man sah mich an, als sei ich ein Lügner oder nicht recht bei Verstand. Man glaubte mir nicht. Die Untersuchung meines Käfigs bezeugte dann jedoch meinen Bericht, so unglaublich er ihnen auch erschien. Man versprach, mich nach England mitzunehmen, und der Kapitän meinte, ich müßte meine Erlebnisse unbedingt niederschreiben und drucken lassen. Wenn es auch schon eine Fülle unglaublicher Reiseberichte gäbe, so würde meine Geschichte doch gewiß viele Leser finden.

Besonders erstaunt war der Kapitän darüber, daß ich so unvernünftig laut sprach und fragte mich, ob die Riesen alle schwerhörig gewesen seien. Ich gab ihm zu bedenken, daß ich in der Lage eines Mannes gewesen war, der sich von der Straße aus mit jemandem unterhält, der auf einem Kirchturm steht, ausgenommen, wenn man mich auf den Tisch gestellt oder in der Hand gehalten hatte. Dadurch hatte ich mir das laute Sprechen angewöhnt. Außerdem äußerte der Kapitän wiederholt, ein Vermögen dafür gegeben zu haben, wenn er den Riesenvogel hätte sehen können, der meine zimmergroße Behausung wie eine Maus im Schnabel davongetragen hatte. Dies mußte nach seiner Ansicht ein Anblick gewesen sein, dessen Beschreibung der Nachwelt unbedingt überliefert zu werden verdiente. Selbst die Berichte von gewaltigen sagenhaften Vögeln aus grauer Vorzeit konnten nicht bemerkenswerter sein. So gab es vieles im Verlaufe unserer Reise, was den Kapitän und seine Matrosen aufs höchste erstaunte und ihnen beinahe unglaublich erschien. Ich mußte immer und immer wieder neue Abenteuer erzählen, bis wir endlich England erreichten und ich glücklich in meine Heimat und zu meiner Familie zurückkehren konnte.

Daphne Du Maurier

Aufstand der Vögel

Obgleich er Frau und Kinder hatte, war Nat Hocken ein Einzelgänger; er arbeitete am liebsten allein. Wenn er an der äußersten Spitze der Halbinsel, dort, wo das Meer die Äcker von zwei Seiten umspülte, das Ufer zu befestigen oder ein Gatter auszubessern hatte, war er glücklich. Zur Mittagszeit pflegte er Rast zu halten, die Fleischpastete zu essen, die seine Frau ihm gebacken hatte, und von seinem Platz auf dem Klippenrand die Vögel zu beobachten.

Der Herbst war die beste Zeit dafür. Besser als der Frühling. Im Frühling flogen die Vögel landeinwärts, unbeirrbar, zielsicher; sie wußten, wohin sie gehörten, Rhythmus und Gesetz ihres Lebens duldeten keinen Aufschub. Im Herbst wurden alle, die nicht über das Meer fortzogen, sondern im Lande überwintern wollten, von der gleichen, drängenden Unruhe gepackt, folgten aber, da ihnen der Flug in die Ferne versagt war, ihren eigenen Regeln. In großen Schwärmen strichen sie über die Halbinsel, rastlos, getrieben und sich in der Bewegung erschöpfend; bald schraubten sie sich kreisend in den Himmel, bald stießen sie zur Futtersuche auf den fetten, umgebrochenen Boden herab; aber selbst das Fressen geschah gleichsam ohne Hunger, ohne Gier. Rastlosigkeit trieb sie wieder in die Lüfte empor. Schwarz und Weiß gemischt, Dohlen und Möwen in seltsamer Verbrüderung suchten Befreiung; niemals zufrieden, niemals in Ruhe. Schwärme von Staren, rauschend wie Seide, zogen, von demselben Wandertrieb beherrscht, zu neuen Futterplätzen, und die kleineren Vögel, die Finken und Lerchen, schwirrten, wie unter einem Zwang, von den Bäumen in die Hecken.

Nat sah ihnen zu; beobachtete auch die Seevögel, die unten in der Bucht gelassen auf die Ebbe warteten. Austerndiebe, Rotschenkel, Wasserläufer und Brachvögel schaukelten lauernd vor der Küste auf dem Wasser; wenn die träge See sich saugend vom Ufer zurückzog, Streifen von Seetang bloßlegte und die Kieselsteine gegeneinanderschepperten, stürzten sie an den Strand. Dann erfaßte auch sie derselbe Zugtrieb. Kreischend, pfeifend, gellend glitten sie über die blanke See und verließen die Küste. Hastig, drängend; wohin aber und zu welchem Ziel? Der ruhelose Trieb des Herbstes, dunkel und unersättlich, hatte sie in seinen Bann geschlagen; sie mußten sich scharen, kreisen, kreischen, sie mußten sich im Fluge erschöpfen, bevor der Winter kam.

Vielleicht empfangen die Vögel im Herbst eine Botschaft, eine Mahnung, dachte Nat, während er auf dem Klippenrand an seiner Pastete kaute. Der Winter naht. Viele von ihnen werden zugrunde gehen; und wie Menschen, die ihren vorzeitigen Tod ahnen, zu Taten oder Narrheiten getrieben werden, so auch die Vögel.

In diesem Herbst waren die Vögel ruheloser als sonst, ihre Erregtheit spürbarer gewesen, da die Tage so still waren. Wenn der Traktor seine Spur die westlichen Hügel hinauf und hinunter zog und Nat, beim Heckenschneiden, ihn hinabkriechen und wenden und die Silhouette des Bauern auf dem Führersitz sah, verschwand die ganze Maschine mit dem Mann darauf zeitweise in einer großen Wolke schwirrender, kreischender Vögel. Es waren viel mehr als gewöhnlich, dessen war Nat sicher. Im Herbst folgten sie stets dem Pflug, jedoch bei weitem nicht in so großen und lärmenden Schwärmen wie jetzt.

Nat erwähnte es am Feierabend.

»Ja, es sind mehr Vögel da als sonst, ich hab's auch bemerkt«, meinte der Bauer. »Und frech sind sie, haben nicht mal vor dem Traktor Respekt. Heute nachmittag schossen ein paar Möwen so dicht an meinem Kopf vorbei, daß ich dachte, sie reißen mir die Mütze ab. Als sie über mir waren und mir die Sonne noch dazu in die Augen schien, konnte ich kaum erkennen, was ich vor Händen hatte. Ich hab' das Gefühl, wir kriegen anderes Wetter. Es wird einen bösen Winter geben. Darum sind die Vögel auch so unruhig.«

Als Nat über die Äcker heimwärts stapfte und in den Hekkenweg zu seinem Häuschen einbog, sah er in der letzten Sonnenglut noch immer die Vögel über den westlichen Hügeln schwärmen.

Der Bauer behielt recht, denn in dieser Nacht schlug das Wetter um. Nat erwachte kurz nach zwei und hörte den Wind im Schornstein pfeifen. Nicht das Brausen und Tosen des Südweststurmes, der Regen bringt, sondern den Ostwind, kalt und trocken. Es heulte hohl im Schornstein. Auf dem Dach klapperte eine lose Schieferplatte. Nat lauschte, er konnte das Brüllen der See von der Bucht her hören. Sogar die Luft in dem kleinen Schlafzimmer war eisig geworden, ein kalter Zugwind blies durch die Türritze über das Bett hinweg. Nat wickelte sich fester in seine Decke und schmiegte sich enger an den Rücken seiner schlafenden Frau. Er blieb jedoch wach, lauschend, von einer grundlosen bösen Ahnung befallen.

Da hörte er etwas gegen das Fenster schlagen. Er horchte, das Schlagen wollte nicht aufhören. Schließlich kroch er, durch das Geräusch beunruhigt, aus dem Bett und tastete sich zum Fenster. Er öffnete es; in demselben Augenblick strich etwas über seine Hand, hackte etwas nach seinen

Knöcheln, ritzte seine Haut. Dann spürte er ein Flattern von Flügeln, und fort war es, hinweg über das Dach, verschwunden hinter dem Häuschen.

Es war ein Vogel gewesen. Was für ein Vogel, wußte er nicht. Der Wind hatte ihn wohl gezwungen, am Fenstersims Schutz zu suchen.

Er schloß das Fenster und kroch ins Bett zurück; seine Knöchel fühlten sich feucht an. Er legte die Lippen an die Wunde. Der Vogel hatte ihm die Haut aufgerissen. Nat versuchte wieder einzuschlafen.

Gleich darauf ertönte das Pochen aufs neue; diesmal heftiger, beharrlicher. Jetzt erwachte auch seine Frau durch das Geräusch, sie drehte sich auf die andere Seite und murmelte: »Schau mal nach dem Fenster, Nat, es klappert.«

»Ich hab' schon nachgesehen«, antwortete er, »da ist irgendein Vogel, der versucht hereinzukommen. Hörst du den Wind? Er zwingt die Vögel, Schutz zu suchen.«

»Verscheuch sie«, sagte sie, »ich kann bei dem Geklapper nicht schlafen.«

Zum zweiten Male ging er zum Fenster, und als er es jetzt öffnete, saß nicht nur ein Vogel auf dem Gesims, sondern wohl ein halbes Dutzend; sie schossen pfeilgerade auf sein Gesicht zu und fielen ihn an.

Er schrie auf, schlug mit den Armen nach ihnen und verscheuchte sie; sie flogen, ebenso wie der erste, über das Dach davon und verschwanden. Rasch ließ er das Fenster herab.

»Hat man so was schon erlebt?« rief er. »Sie gingen auf mich los, versuchten, mir die Augen auszuhacken!« Er blieb am Fenster stehen und starrte in die Dunkelheit, konnte jedoch nichts erkennen. Seine Frau murmelte schlaftrunken etwas vom Bett her.

Plötzlich ertönte aus der Kammer jenseits des Flurs, wo die Kinder schliefen, ein ängstlicher Schrei.

»Das ist Jill«, rief seine Frau, die bei dem Schrei aufgefahren war, »geh hinüber und sieh nach, was los ist.«

Nat zündete die Kerze an; als er aber die Schlafzimmertür öffnete und über den Flur gehen wollte, blies der Zugwind die Flamme aus.

Jetzt erklang ein zweiter Schrei, voll Entsetzen, diesmal von beiden Kindern. Stolpernd erreichte Nat die Kammer und spürte in der Dunkelheit das Schlagen von Flügeln um sich. Das Fenster stand weit offen. Die Vögel kamen hereingeschwirrt, stießen zuerst gegen Decke und Wände, machten dann mitten im Fluge kehrt und schossen auf die Kinder in den Betten zu.

»Keine Angst, ich bin da«, rief Nat, und die Kinder warfen sich ihm schreiend entgegen; in der Dunkelheit flogen die Vögel auf, stießen herab und griffen ihn wieder an.

»Was ist los, Nat? Ist etwas geschehen?« rief seine Frau vom Schlafzimmer; rasch schob er die Kinder durch die Tür auf den Flur und schloß sie hinter ihnen, so daß er jetzt in der Kammer mit den Vögeln allein war.

Er riß eine Decke vom Bett und schwenkte sie wie eine Waffe rechts und links über sich durch die Luft. Er hörte das Aufklatschen von Körpern, das Flattern von Schwingen, aber noch waren sie nicht besiegt, denn wieder und wieder kehrten sie zum Angriff zurück, hackten ihm nach den Händen, dem Kopf; die kleinen Schnäbel stachen scharf wie spitze Gabeln.

Die Wolldecke wurde zur Verteidigungswaffe, er wikkelte sie sich um den Kopf und schlug, nun in völliger Finsternis, mit den bloßen Händen nach den Vögeln. Er wagte nicht, sich zur Tür zu tasten und sie zu öffnen, aus Furcht, daß ihm die Vögel folgen könnten.

Wie lange er mit ihnen in der Dunkelheit gekämpft hatte, wußte er nicht, aber schließlich wurde das Flügelschlagen schwächer und erstarb; durch das dichte Wollgewebe der Decke nahm er Licht wahr. Er wartete, lauschte, kein Laut erklang außer dem bitterlichen Weinen der Kinder aus dem Schlafzimmer. Das Flattern, das Schwirren der Flügel hatte aufgehört.

Er streifte die Decke vom Kopf und blickte umher. Die Kammer lag im kalten, grauen Morgenlicht. Die Morgendämmerung und das offene Fenster hatten die lebenden Vögel zurückgerufen, die toten lagen auf dem Fußboden. Nat starrte auf die toten, kleinen Leiber. Bestürzt und entsetzt. Es waren nur kleine Vögel, nicht ein größerer war dabei. Es mochten etwa fünfzig sein, die dort auf dem Fußboden lagen. Rotkehlchen, Finken, Spatzen, Blaumeisen, Lerchen und Ammern.

Angewidert ging Nat zum Fenster und sah über sein Gärtchen hinweg auf die Felder. Es war eisig kalt, die Erde blinkte hart und schwarz von Frost. Nat schloß das Fenster, zog die Kammertür hinter sich zu und ging über den Flur ins Schlafzimmer zurück.

Seine Frau saß aufrecht im Bett. Das eine Kind lag schlafend neben ihr; das kleinere, mit verbundenem Gesicht, hielt sie in den Armen. Die Vorhänge waren dicht zugezogen, ein paar Kerzen angezündet. Ihr Gesicht leuchtete bleich in dem gelben Licht. Sie schüttelte, Schweigen heischend, den Kopf.

»Er ist eben erst eingeschlafen«, flüsterte sie. »Irgend etwas muß ihn geritzt haben, er hatte Blut in den Augenwinkeln. Jill sagt, es seien die Vögel gewesen. Sie behauptet, sie sei aufgewacht und da seien die Vögel schon in der Kammer gewesen.«

Verstört sah sie zu Nat auf, forschte in seinem Gesicht nach Bestätigung. Nat wollte ihr nicht zeigen, daß auch er durch die Ereignisse der letzten Stunden erregt, ja fast betäubt war.

»Sie sind noch in der Kammer«, sagte er, »lauter tote Vögel, wohl fünfzig Stück. Rotkehlchen, Zaunkönige, nur kleine Vögel hier aus der Umgebung. Sie scheinen ganz von Sinnen gewesen zu sein.« Er hockte sich neben seine Frau auf den Bettrand und ergriff ihre Hand.

»Es ist das böse Wetter«, meinte er, »das muß es sein, dieses schlimme Wetter. Vielleicht sind es auch gar nicht unsere Vögel hier aus der Gegend. Der Wind hat sie hierher verschlagen, aus dem Inland.«

»Aber Nat«, flüsterte die Frau, »das Wetter hat sich doch erst in dieser Nacht geändert. Es gab ja noch keinen Schnee, der sie vertrieben haben könnte. Und sie können auch noch nicht hungrig sein. Draußen auf den Feldern gibt es doch noch genug Futter.«

»Es liegt am Wetter«, wiederholte Nat. »Glaub mir, es liegt am Wetter.«

Ratlosigkeit und Ermüdung spiegelten sich auf ihren Gesichtern; eine Weile starrten sie einander wortlos an.

»Ich gehe hinunter und mache uns eine Tasse Tee«, sagte er schließlich.

Der Anblick der vertrauten Küche gab ihm sein Gleichgewicht wieder. Er kniete nieder, scharrte die Asche zusammen und entzündete ein Feuer. Mit den brennenden Scheiten, dem dampfenden Kessel und der braunen Teekanne kehrte Traulichkeit und die gewohnte Sicherheit wieder. Er trank seinen Tee und trug seiner Frau eine Tasse hinauf. Dann wusch er sich in der Spülküche, zog seine Stiefel an und öffnete die Hintertür.

Der Himmel war bleiern und schwer. Die braunen Hügel, die tags zuvor im Sonnenlicht erglüht waren, lagen kahl und düster da. Der Ostwind fuhr mit scharfer Klinge über die Bäume, das raschelnde, dürre Laub erbebte und flatterte im Winde davon. Nat stieß mit der Stiefelspitze gegen den hartgefrorenen Boden. Nie zuvor hatte er einen so gewaltsamen und plötzlichen Wechsel erlebt. In einer einzigen Nacht war ein trockener, kalter Winter hereingebrochen.

Die Kinder waren jetzt wach. Jill plapperte und schwatzte, der kleine Johnny begann wieder zu weinen. Nat hörte die Stimme seiner Frau, tröstend, besänftigend. Gleich darauf kam sie hinunter. Er hatte das Frühstück für die Familie fertig, das alltägliche Leben begann.

»Hast du die Vögel weggejagt?« fragte Jill, von ihrer Angst befreit, weil das Feuer brannte, weil es Tag war, weil es Frühstück gab.

»Ja, jetzt sind sie alle fort«, antwortete Nat, »der Ostwind hat sie hierher getrieben; sie waren wohl verängstigt und außer sich und suchten nur Schutz.«

»Sie haben aber nach uns gepickt«, sagte Jill, »und Johnny sogar nach den Augen.«

»Das haben sie nur aus Angst getan«, erklärte Nat.

»Hoffentlich kommen sie nicht wieder«, meinte Jill. »Wir können ihnen vielleicht Brotkrumen vors Fenster streuen, die fressen sie dann und fliegen weg.«

Sie stand vom Frühstückstisch auf, holte ihren Mantel und ihr Mützchen, ihre Schulbücher und ihren Schulsack. Nat schwieg, seine Frau warf ihm über den Tisch einen Blick zu, eine stumme Botschaft.

»Ich werde dich zum Bus bringen«, sagte er, »ich arbeite heute nicht auf dem Hof.«

Und während das Kind sich in der Spülküche die Hände wusch, meinte er leise zu seiner Frau: »Halte alle Fenster geschlossen und auch die Türen. Nur aus Vorsicht. Ich gehe nachher zum Hof hinüber. Will dort hören, ob sie heute nacht auch etwas gemerkt haben.« Dann ging er mit seinem Töchterchen den Heckenweg entlang. Die Kleine schien die Erlebnisse der Nacht vergessen zu haben. Sie hüpfte vor ihm her und haschte nach den fallenden Blättern; die Kälte ließ ihr Gesichtchen unter der Zipfelmütze rosig erglühen.

Die anderen Kinder, verpackt und eingemummt wie Jill, warteten an der Bushaltestelle; sie sahen verfroren aus und hatten weiße Nasenspitzen.

Jill winkte und lief auf sie zu. Der Autobus kam schwerfällig die Anhöhe heraufgekrochen. Nat wartete, bis sie eingestiegen war, kehrte dann um und ging zum Hof hinüber. Es war heute für ihn kein Arbeitstag. Er wollte sich aber davon überzeugen, daß alles in Ordnung sei. Jim, der Kuhhirt, rumorte bei den Ställen herum.

»Ist der Bauer da?« fragte Nat.

»Zum Markt«, brummte Jim. Er stapfte davon und verschwand hinter einem Schuppen. Er hatte keine Zeit für Nat. Nat sei etwas Besseres, hieß es. Las Bücher und solches Zeug.

Als Nat um das Bauernhaus herum zur Hintertür ging, hörte er die Bäuerin, Frau Trigg, in der Küche singen; das Radio spielte die Begleitung.

»Sind Sie da, Frau Trigg?« rief Nat.

Sie kam an die Tür, vergnügt, heiter und mit der Welt zufrieden.

»Guten Tag, Hocken«, rief sie, »können Sie mir erklären, woher diese plötzliche Kälte kommt? So einen Wetterumschlag hab' ich mein Lebtag noch nicht mitgemacht. Und es soll anhalten, sagt das Radio. Soll irgendwas mit dem Polarkreis zu tun haben.«

»Wir haben das Radio heute früh gar nicht angedreht«,

sagte Nat. »Wir haben nämlich eine unruhige Nacht hinter uns.«

»Sind die Kinder krank?«

»Nein...« Er wußte nicht recht, wie er es vorbringen sollte. Jetzt, am hellichten Tage, mußte die Geschichte mit den Vögeln verrückt klingen.

Er versuchte Frau Trigg zu erzählen, was geschehen war, konnte aber an ihren Augen ablesen, daß sie das Ganze für einen Alptraum hielt.

»Richtige Vögel?« fragte sie lächelnd.

»Frau Trigg«, sagte er, »in unserem Kinderzimmer liegen fünfzig Vögel tot auf dem Fußboden. Sie gingen auf mich los, sie versuchten dem kleinen Johnny die Augen auszuhacken.«

Frau Trigg starrte ihn ungläubig an. »Na, so was«, meinte sie dann, »wissen Sie, das macht der Ostwind; da sie nun einmal in der Kammer waren, konnten sie nicht mehr zurückfliegen.«

Sie nickte ihm zu, lächelte und verschwand in der Küche.

Unbefriedigt ging Nat auf das Hoftor zu. Lägen nicht die toten Vögel in der Schlafkammer, so hätte er die ganze Geschichte für eine Ausgeburt seiner Phantasie gehalten.

Er begegnete Jim am Hoftor.

»Haben die Vögel euch auch zugesetzt?« fragte Nat.

»Vögel? Was denn für Vögel?«

»Heut nacht waren sie bei uns im Haus. Massenweise, in der Schlafkammer der Kinder. Ganz wild waren sie.«

Es dauerte geraume Zeit, bis etwas in Jims Schädel hineinging.

»Hab' niemals von wildgewordenen Vögeln gehört«, sagte er schließlich. »Eher kriegt man sie manchmal zahm. Hab' oft genug erlebt, wie sie ans Fenster kommen und Krumen picken.«

»Diese Vögel heut nacht waren nicht zahm.«

»Nicht zahm? Das macht vielleicht die Kälte. Oder der Hunger. Streut einfach ein paar Brotkrumen.«

Jim zeigte ebensowenig Interesse wie Frau Trigg. Es ist dasselbe wie mit den Fliegerangriffen im Krieg, dachte Nat. Kein Mensch hier auf dem Lande begriff, was die Leute in

Plymouth durchmachten. Um etwas verstehen zu können, muß man es erst am eigenen Leib spüren.

Er ging den Heckenpfad zurück, stieg über den Zauntritt und trat ins Haus. Seine Frau saß mit dem kleinen Johnny in der Küche.

»Hast du jemand gesprochen?« fragte sie.

»Frau Trigg und Jim. Ich fürchte, sie haben mir nicht geglaubt. Jedenfalls ist dort drüben alles in Ordnung.«

»Du mußt die Vögel wegschaffen«, sagte sie. »Ich traue mich nicht hinein, um die Betten zu machen, ehe sie nicht weg sind. Ich habe Angst.«

»Jetzt brauchst du keine Angst mehr zu haben. Sie sind doch tot.«

Er ging mit einem Sack hinauf und ließ die toten Vogelleiber, einen nach dem anderen, hineinfallen. Ja, es waren wirklich fünfzig. Alles kleine, heimische Vögel.

Er trug den Sack in den Garten und sah sich jetzt einer neuen Schwierigkeit gegenüber. Der Boden war zu hart gefroren, als daß man hätte ein Loch schaufeln können. Er beschloß, die Vögel an den Strand zu tragen und dort einzuscharren.

Als er die Klippe hinabgeklettert war, konnte er sich kaum aufrecht halten, so heftig fuhr ihm der Ostwind entgegen. Das Atemholen schmerzte, seine bloßen Hände waren blaugefroren. Niemals zuvor hatte er solche Kälte erlebt, und dabei konnte er sich an viele harte Winter erinnern. Es war Ebbe; er schritt über die knirschenden Kiesel zum weichen, feuchten Sand und öffnete, mit dem Rücken gegen den Wind, den Sack.

Mit dem Absatz scharrte er eine Vertiefung aus, um die Vögel hineinzuschütten. In diesem Augenblick aber trug ein Sturmstoß sie davon, hob sie in die Höhe, so daß es schien, als flögen sie. Der Anblick hatte etwas Grausiges, es war ihm zuwider. Im Nu hatte der Wind die toten Vögel weggefegt.

»Die Flut wird sie holen«, sagte er sich.

Er blickte über das Meer, sah die weißschäumenden, grünlichen Brecher, die jäh in die Höhe wuchsen, sich kräuselten und vornüber brachen. Das Rauschem kam von fernher, dumpf; es war Ebbe, das Brüllen und Tosen der Flut fehlte.

Da, plötzlich, sah er sie. Die Möwen. Weit draußen auf den Wellen reitend.

Was er zuerst für weiße Schaumkronen gehalten hatte, waren Möwen. Hunderte, Tausende, Zehntausende... Sie stiegen und fielen mit der wogenden See; die Köpfe gegen den Wind gerichtet, warteten sie auf die Flut gleich einer mächtigen Flotte, die vor Anker liegt. Von Osten bis Westen, soweit das Auge reichte, waren Möwen; Möwen in geschlossener Formation, Linie auf Linie. Wäre das Meer ruhig gewesen, so hätten sie die Bucht gleich einer weißen Wolke bedeckt, Kopf an Kopf, Körper an Körper gepreßt. Einzig die hochgepeitschte See verbarg sie dem Auge.

Nat machte jäh kehrt, verließ die Bucht und kletterte den steilen Pfad nach Hause empor. Irgend jemand müßte davon erfahren. Irgend jemandem müßte man es mitteilen. Es bereitete sich etwas vor, was er nicht begriff; vielleicht lag es am Ostwind, vielleicht an der Kälte. Er überlegte, ob er nicht zur Telephonzelle an der Bushaltestelle laufen sollte, um die Polizei anzurufen. Aber was hätte die tun können? Konnte überhaupt irgendeiner etwas tun? Tausende von Möwen hatten sich in der Bucht versammelt, vielleicht aus Hunger, vielleicht des Sturmes wegen. Die Polizei würde ihn entweder für verrückt halten oder die Mitteilung gelassen entgegennehmen. »Vielen Dank. Wir haben bereits davon gehört: das schwere Wetter treibt die Vögel in großer Zahl landeinwärts.«

Als Nat sich dem Häuschen näherte, kam ihm seine Frau schon an der Tür entgegen. »Nat«, rief sie aufgeregt, »das Radio hat es gebracht, sie haben eben eine Meldung durchgegeben. Ich habe sie mitgeschrieben.«

»Worüber denn?« fragte er.

»Über die Vögel. Es ist nicht nur hier so, es ist überall dasselbe. In London, im ganzen Land. Irgend etwas ist mit den Vögeln los.«

Gemeinsam betraten sie die Küche. Er las den Zettel, der auf dem Tisch lag.

»Bekanntmachung des Innenministeriums, 11 Uhr vor-

mittags. Aus dem ganzen Land gehen stündlich Berichte über riesige Mengen von Vögeln ein, die sich über Städten, Dörfern und Gehöften zusammenscharen. Diese Schwärme richten Schaden an, rufen Verkehrsstockungen hervor und greifen sogar vereinzelt Personen an. Vermutlich bewirken Luftströmungen aus der Polarzone, die gegenwärtig die Britischen Inseln überfluten, die Abwanderung so zahlreicher Vögel nach Süden. Durch Futtermangel und Hunger werden sie offenbar dazu getrieben, selbst Menschen anzufallen. Alle Haushaltsvorstände werden hiermit aufgefordert, Fenster, Türen und Schornsteine abzudichten und alle notwendigen Maßnahmen, insbesondere für die Sicherheit der Kinder, zu ergreifen.«

Nat empfand etwas wie Triumph; erregt sah er seine Frau an. »Da haben wir's«, sagte er, »hoffentlich hören es auch die auf dem Hof. Dann wird ja auch die Bäuerin merken, daß ich ihr keinen Bären aufgebunden habe, daß es die reine Wahrheit war. Also überall im Land. Den ganzen Morgen habe ich gespürt, daß irgend etwas in der Luft liegt. Und gerade eben war ich unten an der Bucht, und wie ich so über das Wasser sehe, entdecke ich plötzlich die Möwen, Tausende und Abertausende von Möwen, so dicht geschart, daß man keine Nadel zwischen sie fallen lassen könnte. Sie schwimmen da draußen, schaukeln auf den Wellen, warten ab.«

»Worauf warten sie, Nat?«

Er starrte sie an, dann senkte er den Blick auf den Zettel. »Ich weiß es nicht«, sagte er zögernd. »Hier steht, sie sollen ausgehungert sein.«

Er zog eine Schublade auf und nahm Hammer und Werkzeug heraus.

»Was hast du vor, Nat?«

»Fenster und Schornsteine abdichten, wie es angeordnet ist.«

»Du glaubst doch nicht etwa, daß sie hier eindringen können, wenn die Fenster geschlossen sind? Spatzen, Rotkehlchen und all das kleine Federvieh. Wie sollte denn das möglich sein?«

Er gab keine Antwort. Er dachte nicht an Spatzen und Rotkehlchen. Er dachte an die Möwen...

Dann ging er nach oben und verbrachte den Rest des Vormittags damit, die Fenster in den Schlafräumen zu verschalen und die Kamine zu verstopfen. Ein Glück, daß er seinen freien Tag hatte und nicht auf dem Hof zu arbeiten brauchte. Er fragte sich, ob sie wohl auch auf dem Hof diese

Vorsichtsmaßnahmen trafen. Er bezweifelte es. Zu leichtsinnig, diese beiden, Harry Trigg und seine Frau. Wahrscheinlich lachten sie darüber und verbrachten irgendwo einen vergnügten Abend.

»Das Essen ist fertig«, rief seine Frau von der Küche herauf.

»Gut, ich komme.«

Er war mit seinem Werk zufrieden. Die Verschalungen paßten genau vor die Fenster und die Bretter vor die Kaminöffnungen.

Nach dem Mittagessen spülte seine Frau das Geschirr, und Nat drehte die Ein-Uhr-Nachrichten an. Es wurde dieselbe Bekanntmachung wiederholt, die seine Frau am Vormittag notiert hatte, jetzt aber war sie durch eine neue Mitteilung erweitert:

»Die Vogelschwärme haben in allen Gegenden Unruhe hervorgerufen«, verkündete der Ansager, »und in London war heute morgen um zehn Uhr der Himmel wie von einer riesigen schwarzen Wolke verdunkelt. Die Schwärme ließen sich auf Dachfirsten, Fenstersimsen und Schornsteinen nieder. Man beobachtete die verschiedensten Arten, wie Schwarzdrosseln, Finken, Sperlinge und, wie es für die Hauptstadt zu erwarten war, eine zahllose Menge von Tauben und Staren und, in der Nähe der Themseufer, Lachmöwen. Dieser ungewöhnliche Anblick brachte in vielen Straßen den Verkehr zum Stillstand, die Arbeit in den Geschäften und Büros wurde unterbrochen, und Fahrdämme und Bürgersteige waren voller Menschen, die die Vögel beobachteten.«

Der Ansager berichtete anschließend von verschiedenen Zwischenfällen, gab als mutmaßlichen Grund für das Zusammenscharen der Vögel aufs neue Kälte und Hunger an und wiederholte die Ratschläge an die Haushaltsvorstände. Seine Stimme klang unbewegt heiter; Nat hatte den Eindruck, als behandle er die ganze Angelegenheit wie einen ausgemachten Spaß. Andere würden ebenso reagieren, die meisten, die nicht wußten, was es heißt, sich in der Finsternis gegen einen Schwarm Vögel zu wehren. Nat stellte das Radio ab. Er stand auf und begann, an den Küchenfenstern zu arbeiten. Seine Frau sah ihm verwundert zu, der kleine Johnny hing an ihrem Rockzipfel.

»Was, auch hier unten Bretter?« fragte sie. »Da muß ich ja jetzt schon Licht machen. Hier sind doch keine Bretter nötig.«

»Vorsicht kann nicht schaden«, antwortete Nat, »ich will kein Risiko eingehen.«

»Eigentlich hätte die Regierung dafür zu sorgen, daß Militär eingesetzt wird und man die Vögel abschießt. Damit würde man sie schon vertreiben.«

»London hat eine Bevölkerung von über acht Millionen, stell dir all die Wohnungen vor, all die Gebäude und Häuser. Glaubst du, wir haben genug Soldaten, um von jedem Dach die Vögel herunterzuknallen?«

»Das weiß ich nicht, aber irgend etwas muß doch getan werden. Sie haben die Pflicht, etwas zu unternehmen.«

Nat dachte im stillen, daß »sie« dieses Problem zweifellos in diesem Augenblick besprachen, aber was sie auch in London und den großen Städten beschließen würden, könnte ihnen hier draußen, dreihundert Meilen entfernt, wenig nützen. Jeder mußte selbst nach dem Rechten sehen. Es hatte keinen Sinn, auf Maßnahmen der Regierung zu warten. Sie waren auf sich selbst angewiesen. Sie mußten sich selber helfen.

Große und kleine Beherrscher der Lüfte

Selma Lagerlöf

Der Adler Gorgo

Weit droben auf dem lappländischen Gebirge lag ein altes Adlernest auf einem Felsenvorsprung, der über einer schroffen Bergwand herausragte. Das Nest war aus Kiefernzweigen verfertigt, die schichtenweise übereinandergelegt waren. Seit Jahren war es immer mehr erweitert und erhöht worden, und jetzt hatte es mehrere Meter im Durchmesser und lag da oben, fast ebenso groß wie eine Lappenhütte.

Die Felsenwand, auf der das Adlernest lag, überschattete ein ziemlich hohes Tal, das im Sommer immer von einer Schar Wildgänse bewohnt war; und dieses Tal war auch wirklich ein ausgezeichneter Zufluchtsort für die Gänse, denn es lag so gut versteckt zwischen den Bergen, daß es nicht vielen Leuten bekannt war; ja, selbst unter den Lappen wußte man nur wenig davon. Mitten in dem Tal lag ein kleiner runder See, wo sich reichlich Nahrung für die kleinen Gänschen fand, und an den mit Weidenbüschen und kleinen verkrüppelten Birken dicht bestandenen Ufern gab es so gute Brutplätze, wie sie sich die Gänse nur wünschen konnten.

Seit undenklichen Zeiten hatten droben auf dem Felsen Adler und drunten im Tal Wildgänse gewohnt. Alle Jahre raubten die Adler einige von den Wildgänsen, hüteten sich aber wohl, so viele zu rauben, daß diese aus dem Tale verscheucht worden wären. Jedenfalls hatten die Wildgänse auch nicht wenig Nutzen von den Adlern; diese waren ja wohl Räuber, aber sie hielten andre Räuber fern.

Ein paar Jahre, ehe Nils Holgersson mit den Wildgänsen umherzog, stand die alte Führerin der Schar, Akka von Kebnekajse, eines Morgens in dem Felsental und schaute zu dem Adlernest hinauf. Die Adler pflegten kurz nach Sonnenaufgang auf die Jagd auszufliegen; und in allen den Sommern, die Akka in diesem Tal verbracht hatte, war sie jeden Morgen auf ihrem Posten gewesen und hatte beobachtet, ob die Adler im Tale blieben, um da zu jagen, oder ob sie sich nach andern Jagdgebieten begaben.

Sie brauchte nicht lange zu warten, bis die beiden stattlichen Vögel die Felsenplatte verließen. Schön, aber furchtbar schwebten sie durch die Luft dahin. Sie schlugen die Richtung nach dem Flachlande ein, und Akka stieß einen erleichterten Seufzer aus.

Die alte Anführerin war nun zu alt zum Eierlegen und um Junge aufzuziehen. So vertrieb sie sich denn im Sommer die Zeit damit, daß sie von einem Gänsenest zum andern wanderte und über das Ausbrüten und Aufziehen der Jungen gute Ratschläge erteilte. Außerdem hielt sie nicht allein Ausschau nach den Adlern, sondern auch nach den Bergfüchsen, den Eulen und andern Feinden, von denen den Gänsen und deren Jungen Gefahr drohen konnte.

Gegen Mittag spähte Akka wieder nach den Adlern aus.

Das hatte sie nun in jedem Sommer, seit sie in diesem Tale Aufenthalt nahm, getan. Sie sah auch den Adlern immer schon am Fluge an, ob sie eine gute Jagd gehabt hatten, und dann fühlte sie sich für die Ihrigen beruhigt. Aber heute kehrten die Adler nicht zurück.

›Ich muß alt und stumpfsinnig geworden sein‹, dachte Akka, nachdem sie eine Weile gewartet hatte. ›Die Adler müssen ja längst daheim sein.‹

Am Nachmittag schaute sie abermals nach der Felsenwand hinauf; jetzt hätten die Adler auf dem schroffen Felsenvorsprung auftauchen müssen, wo sie ihre Nachmittagsruhe zu halten pflegten; und am Abend spähte sie abermals, denn da pflegten die Adler im Bergsee ein Bad zu nehmen; aber immer und immer spähte sie vergeblich. Und wieder jammerte Akka, daß sie alt werde. Sie war es so gewohnt, die Adler über sich auf dem Berge zu sehen; deshalb konnte sie sich nicht denken, daß sie noch nicht zurückgekehrt sein könnten.

Am nächsten Morgen war Akka schon früh auf den Beinen, und wieder schaute sie nach den Adlern aus. Aber auch jetzt sah sie nichts von ihnen. Dagegen drang durch die Morgenstille ein Schrei an ihr Ohr, der zornig und jämmerlich zugleich klang und aus dem Neste zu kommen schien.

›Sollte da droben wirklich ein Unglück geschehen sein?‹ dachte Akka. Sie breitete die Flügel aus und flog so hoch hinauf, daß sie in das Adlernest hineinsehen konnte.

Da oben war nichts von dem Adlerpaar zu entdecken; im ganzen Neste war niemand als ein halbnacktes Junges, das nach Nahrung schrie.

Langsam und zögernd ließ sich Akka zu dem Adlernest hinabsinken. Das war ein unheimlicher Ort! Man merkte gleich, was für Räuber hier wohnten. In dem Neste und auf der Felsenplatte lagen gebleichte Knochen, blutige Federn und Hautfetzen, Hasenköpfe, Vogelschnäbel und federnbesetzte Füße von Schneehühnern. Auch das Adlerjunge, das mitten in allen diesen Überbleibseln lag, bot mit seinem großen, aufgesperrten Schnabel, seinem unbeholfenen flaumigen Körper und seinen unfertigen Flügeln einen widerwärtigen Anblick.

Schließlich überwand Akka ihren Widerwillen und setzte sich an den Rand des Nestes, sah sich aber doch ängstlich nach allen Seiten um, denn sie war darauf gefaßt, die alten Adler im nächsten Augenblick dahersausen zu sehen.

»Gut, daß endlich jemand kommt!« rief das Adlerjunge. »Verschaff mir sogleich etwas zu essen!«

»Na, na, das hat wohl keine so große Eile«, sagte Akka. »Sag mir zuerst, wo deine beiden Eltern sind.«

»Ja, wenn ich das wüßte! Gestern morgen sind sie fortgeflogen und haben mir nichts als eine Maus dagelassen. Du wirst dir denken können, daß die schon lange verzehrt ist! Es ist unverschämt von meiner Mutter, mich so Hunger leiden zu lassen.«

Jetzt war Akka überzeugt, daß die alten Adler erschossen worden waren, und sie dachte, wenn sie das Junge hier verhungern ließe, wäre sie die ganze Räubergesellschaft in Zukunft los. Aber sie konnte sich eben doch nicht entschließen, ein solch verlassenes Junges so elendig umkommen zu lassen, wenn es in ihrer Macht stand, ihm zu helfen.

»Was starrst du mich denn so an?« schrie das Junge. »Hörst du nicht, daß ich etwas zu essen will?«

Akka breitete die Flügel aus und flog rasch zu dem kleinen See hinunter; kurz darauf erschien sie wieder im Adlernest mit einer Forelle im Schnabel.

Aber als sie den Fisch vor den jungen Adler hinlegte, geriet dieser außer sich vor Zorn. »Meinst du, ich esse solches Zeug?« schrie er, stieß den Fisch weg und hackte mit seinem scharfen Schnabel nach Akka. »Verschaff mir ein Schneehuhn oder eine Wühlmaus, hörst du!«

Aber jetzt streckte Akka den Kopf vor und gab dem Jungen einen ordentlichen Schlag in den Nacken. »Das laß dir gesagt sein«, rief die Alte, »wenn ich dir Futter verschaffen soll, mußt du mit dem zufrieden sein, was ich dir bringen kann. Dein Vater und deine Mutter sind tot, von ihnen kannst du also keine Hilfe mehr erwarten. Wenn du aber lieber hier verhungern willst, während du auf Schneehühner und Wühlmäuse wartest, dann habe ich nichts dagegen.«

Nachdem Akka dies gesagt hatte, flog sie sogleich davon und ließ sich erst nach einer guten Weile wieder in dem Neste sehen. Da hatte das Junge den Fisch verzehrt, und als Akka ihm einen neuen Fisch hinlegte, verschlang es diesen sogleich, obwohl man ihm anmerkte, daß er ihm abscheulich schmeckte.

Nun hatte Akka eine schwere Aufgabe. Die alten Adler kehrten niemals wieder, und so mußte sie alle Nahrung für das Junge ganz allein herbeischaffen. Sie brachte ihm Fische und Frösche, und diese Kost schien dem jungen Adler gar nicht übel zu bekommen, denn er wuchs groß und kräftig heran. Bald hatte er seine Eltern vollständig vergessen und glaubte, Akka sei seine rechte Mutter. Und Akka liebte ihn wie ein eigenes Kind. Sie erzog ihn mit aller Sorgfalt und gab sich die größte Mühe, ihm seinen wilden Sinn und seinen Hochmut abzugewöhnen.

Nachdem ein paar Wochen vergangen waren, fühlte Akka die Zeit herbeikommen, wo sie ihre Federn verlor und also nicht fliegen konnte. Sie wußte, während eines ganzen Monats würde sie dann nicht imstande sein, dem Jungen im Adlernest Nahrung zu bringen, und so müßte dieses elendiglich verhungern.

»Hör nun, Gorgo«, sagte Akka eines Tages zu dem jungen Adler. »Jetzt kann ich dir keine Fische mehr hier heraufbringen, und nun fragt es sich, ob du dich ins Tal hinunterwagst, damit ich dir auch ferner deine Nahrung verschaffen kann. Du mußt jetzt wählen, ob du lieber hier oben verhungern oder dich ins Tal hinunterwerfen willst, was dich möglicherweise das Leben kosten kann.«

Ohne sich einen Augenblick zu besinnen, stieg Gorgo auf den Rand des Nestes. Er nahm sich kaum die Mühe, die Entfernung mit dem Blick zu messen, sondern breitete seine kleinen Flügel aus und flog hinunter. Er überschlug sich zwar ein paarmal in der Luft, gebrauchte aber doch seine Flügel ganz geschickt, und so kam er unbeschädigt drunten im Tal an.

Von da an verbrachte Gorgo den Sommer zusammen mit den jungen Gösselchen und wurde ihnen bald ein sehr guter Kamerad. Da er sich selbst für einen jungen Gänserich hielt, gab er sich alle Mühe, geradeso zu leben wie sie, und wenn sie in den See hinausschwammen, lief er hinter ihnen her, bis er fast ertrank. Er schämte sich fürchterlich, daß er nicht schwimmen lernen konnte, und ging zu Akka, ihr sein Leid zu klagen.

»Warum kann ich nicht ebensogut schwimmen lernen wie die andern?« fragte er.

»Du hast allzu gekrümmte Zehen und zu große Klauen bekommen, während du da droben auf dem Felsenvorsprung lagst«, sagte Akka. »Aber du brauchst dich deshalb nicht zu grämen, es wird doch noch ein rechter Vogel aus dir.«

Die Flügel des jungen Adlers waren bald groß genug, ihn zu tragen; aber es dauerte doch noch bis zum Herbst, wo die jungen Gänse fliegen lernen sollten, bis es ihm einfiel, daß er seine Flügel auch zum Fliegen gebrauchen könnte. Nun aber brach eine herrliche Zeit für ihn an, denn in dieser Kunst war er bald der erste von allen. Seine Kameraden blieben nie länger in der Luft droben, als sie durchaus mußten; er aber hielt sich fast den ganzen Tag da droben auf und übte sich im Fliegen. Er war noch immer nicht darauf gekommen, daß er von anderer Art war als die Gösselchen. Aber es fiel ihm doch allerlei auf, was ihn in Erstaunen setzte, und immer wieder kam er mit neuen Fragen zu Akka.

»Warum laufen die Schneehühner und die Wühlmäuse davon, sobald sich auch nur mein Schatten droben am Felsen zeigt?« fragte er. »Vor den andern Gänsen zeigen sie keinen solchen Schrecken.«

»Deine Flügel sind zu groß geworden, während du droben auf dem Felsvorsprung lagst, und vor denen fürchten sich die kleinen Tiere«, sagte Akka. »Aber du brauchst dich nicht darüber zu grämen, es wird doch ein rechter Vogel aus dir.«

Nachdem Gorgo fliegen gelernt hatte, lernte er auch ganz von selbst, Fische und Frösche zu fangen, aber bald begann er auch darüber nachzugrübeln.

»Woher kommt es, daß ich von Fischen und Fröschen lebe?« fragte er. »Das tun ja meine Brüder und Schwestern auch nicht?«

»Das kommt daher, weil ich keine andere Nahrung für dich hatte, solange du droben auf dem Felsvorsprung lagst«, sagte Akka. »Aber du brauchst dich nicht darüber zu grämen, es wird doch ein rechter Vogel aus dir.«

Als die Wildgänse im Herbst südwärts zogen, flog Gorgo mit in der Schar. Er betrachtete sich immer als zu ihnen gehörig; aber ringsumher in der Luft flogen unzählige Vögel, die alle auf dem Wege nach dem Süden waren, und als Akka mit einem Adler in ihrem Gefolge daherkam, gerieten sie in große Aufregung. Bald war die Schar der Wildgänse von einem Schwarm neugieriger Vögel umringt, die ihre Verwunderung laut kundgaben. Akka gebot ihnen Schweigen, aber es war nicht möglich, so viele böse Zungen im Zaum zu halten.

»Warum nennen sie mich einen Adler?« fragte Gorgo unaufhörlich, und er wurde immer hitziger. »Können sie denn nicht sehen, daß ich eine Wildgans bin? Ich bin doch kein Vogelräuber, der seinesgleichen verzehrt! Wie kommen sie nur darauf, mir einen so häßlichen Namen zu geben?«

Eines Tages flogen die Wildgänse über einen Bauernhof hin, wo viele Hühner auf dem Misthaufen scharrten. »Ein Adler! Ein Adler!« riefen alle Hühner und liefen eiligst davon, sich zu verstecken. Aber jetzt konnte Gorgo, der von den Adlern immer als von wilden Bösewichten hatte reden hören, seinen Zorn nicht mehr meistern. Er schlug mit den Flügeln, schoß hinunter und schlug seine Fänge in eines von den Hühnern. »Ich will dich lehren, daß ich kein Adler bin!« schrie er heftig und hackte mit dem Schnabel auf das Huhn los.

Da hörte er, daß Akka ihn von oben aus rief. Er gehorchte augenblicklich und flog hinauf. Die alte Wildgans kam ihm entgegengeflogen, um ihn zu züchtigen. »Was tust du?« rief sie und schlug mit dem Flügel nach ihm. »Hattest du etwa im Sinne, das arme Huhn zu zerreißen? Du solltest dich schämen!«

Als aber der Adler die Züchtigung ohne Widerstand hinnahm, erhob sich unter den großen Vogelscharen ringsumher ein wahrer Sturm von Spottreden und Schmähungen. Der Adler hörte es, und nun wendete er sich mit zornigen Blicken an Akka, wie wenn er sie anfallen wollte. Aber er änderte seine Absicht sogleich wieder, stieg mit heftigen

Flügelschlägen hoch in die Luft hinauf, so hoch, bis ihn kein Ruf mehr erreichen konnte, und schwebte da droben umher, so lange die Wildgänse ihn noch sehen konnten.

Drei Tage später erschien er wieder bei den Wildgänsen.

»Jetzt weiß ich, wer ich bin«, sagte er zu Akka. »Und da ich ein Adler bin, muß ich so leben, wie es einem Adler geziemt. Aber deshalb können wir doch gute Freunde bleiben; dich oder eine der Deinigen werde ich nie angreifen.«

Aber Akka hatte ihren ganzen Stolz darein gesetzt, diesen Adler zu einem ungefährlichen Vogel heranzuziehen, und sie wollte es nicht leiden, daß er nach seiner Art leben wollte.

»Meinst du, ich werde mit einem Vogelräuber Freundschaft halten?« sagte sie. »Lebe so, wie ich es dich gelehrt habe, dann darfst du wie bisher in meiner Schar bleiben.«

Beide waren stolz und unbeugsam; keines wollte nachgeben, und schließlich verbot Akka dem Adler geradezu, sich in ihrer Nähe sehen zu lassen, ja sie war so böse auf ihn, daß in Akkas Nähe niemand seinen Namen auch nur auszusprechen wagte.

Von dieser Stunde an zog Gorgo im Lande umher, einsam und von allen gemieden, wie alle großen Räuber. Er war oftmals in trüber Stimmung, und sicherlich sehnte er sich oft nach der Zeit zurück, wo er sich noch für eine Wildgans gehalten und mit den lustigen jungen Gösselchen gespielt hatte. Unter den Tieren war er wegen seiner Kühnheit berühmt. Es hieß, er fürchte sich vor nichts und vor niemand als vor seiner Pflegemutter Akka, und er stand auch in dem Rufe, sich noch nie an einer Wildgans vergriffen zu haben.

Svend Fleuron

Das Nachtgespenst

In der fernen Tiefe der großen Fördenwälder, wo sich Licht- und Schattenbäume hoffnungslos verfilzen, ragt ein hoher Hügelzug steil empor.

An der Nordseite des Hügels, dicht unterhalb des Kammes, steht zwischen Dornen und Gestrüpp eine alte, eingegangene Eiche. Sie war einstmals riesenhaft gewesen, ein Ungetüm von einem Baum; jetzt ist sie hohl – der Kern ist vermodert und ganz zusammengesunken, so daß gleichsam ein Haus in dem zundrigen Stamm entstanden ist.

Ungefähr halbwegs am Stamme hoch gähnt ein großes Loch aus dem Bauche des alten Eichbaums hervor. Eine flockige Daune zittert in einem Spinngewebe an dem oberen Rande der Öffnung.

Tief unten in dem Loch sitzt ein riesengroßer Vogel. Es ist ein Nachtraubvogel, einer der letzten seiner Art – ein großer, braungefiederter Uhu!

Diese alte Eiche hier im Revier hat er mit gutem Bedacht erwählt: hier sitzt er gleichsam im Ohr des Waldes; jeder Laut, der von draußen her über das Moor hereindringt, fliegt zwischen den Hügelhängen hin und her und bis zu ihm in das Loch hinein. Der Uhu ist ein feistes, kräftiges Weibchen...

Sein Kopf ist größer als das einer Wildkatze, vorn flach abgeschnitten, so daß er das schönste Gesicht bildet.

Der Schnabel ist stark und gekrümmt, und die Schneiden sind so scharf wie eine Rosenschere. Sie behandeln einen Braten meisterhaft, zerlegen ein Stück Wild im Handumdrehen. Ritsch, ratsch – und sie haben selbst die Schenkelknochen eines zähen alten Rammlers durchgeschnitten.

Er fängt das Tier nicht, dieser große Uhu – er schlachtet es!

Von den gelben Schnabelrändern steht ein Kranz von Federn in einem bärtigen Gebrause ab. Er trägt sein Teil dazu bei, auf sanfte und rücksichtsvolle Weise das arme gefangene Opfer irrezuführen, wenn es im Kampf um sein Leben versucht, den großen Schlund seines Gegners abzuschätzen.

Der Schlund ist abgrundtief – aber erst wenn der Uhu ihn öffnet, kann man es sehen. Die Mundwinkel reichen bis ganz hinter die Augen und enden fast bei den Ohren; sie erschließen einen feuerroten, dampfenden Rachen, der den verhältnismäßig engen Trichter zu einem riesigen Sack bildet, darin eine ganze Stallratte verschwinden kann.

Oben auf dem Kopf, rings um die Gehöröffnungen, die ungeheuer sind im Verhältnis zu denen anderer Vögel, sind die Federn sinnvoll geordnet, so daß sie gleichsam einen Schirm bilden, gegen den die Schallwellen anschlagen können. Das Gehör der großen Eule ist denn auch so fein, daß sie vernehmen kann, wie die Maus kaut und das Gras trinkt, ja selbst jedes Rascheln, jeden Flügelschlag der Nachtmotten hört sie!

Von dem oberen Rand der Schirme starren wild und drohend, wie die Lauscherpinsel eines Luchses, zwei wehende Federbüsche empor.

Die Augen aber sind es, die dem Gesicht das furchteinflößende Aussehen verleihen! Sie sind prächtig gelb mit rötlichem Außenrand; die Eule kann sie gleichsam mit Feuer und Blut füllen, sie glühen und sprühen lassen, so daß das Opfer gelähmt ist, wenn es plötzlich von ihrem Blick eingefangen wird.

Sie ist so groß, daß sie im Morgen- und Abendlicht, wenn sie über die Waldeswipfel herangleitet, einer kleinen Wolke gleicht – einer schwarzen und an den Rändern sonderbar zerfransten Wolke. Ihr Körper ist wie der einer Gans, und ihre Stärke gibt einem Königsadler nichts nach. Sie hat Flügel wie Schaufeln und so muskulöse Schenkel wie ein Fuchsrüde; die können ihren nächtlichen Wanderungen über den Waldboden Schnelligkeit und ihrem Griff bei der Jagd Härte verleihen.

Ihre Waffen, die selbst tief durch Eichenrinde schneiden, sind fingerdick, und wenn sie sie ganz auseinanderspreizt, haben sie fast die Spannweite einer Männerhand: die Wülste unter ihnen gleichen schwellenden Kissen, und aus einem jeden ragt ein langer, runder, sichelförmiger Nagel wie ein kleiner türkischer Krummsäbel hervor.

Die Dämmerung hat sie mit ihrem Pfeffer und Salz überstreut, und die Nacht hat ihr mit schwarzem Pinsel über Flügel und Rücken gestrichen. Über die Mitte der dicken, breiten Brust läuft ein weißlicher Strich, der sich oben unter dem Halse zu einem Fleck erweitert. Das ist das einzige, was wirklich hell ist an ihr, so etwas wie eine Erinnerung an den Glanz des Tages, an das Licht der Sonne – ganz will sie sie doch nicht lassen.

Es ist um die Tagesmitte und sommerwarm...

Die Eule sitzt satt und tagesschlaff zusammengesunken über ihrem Stand, die langen Brustfedern gleich einem wärmenden Unterrock über die Fänge breitend.

Der große runde Kopf mit den mächtigen Federbüscheln ist ganz auf den Rumpf herabgezogen – wodurch das Gesicht mürrisch und unzugänglich erscheint.

Die Finken können piepsen, der Specht kann klopfen und der Hirsch unter ihrem Baume röhren – sie hört es nicht! Kläfft aber ein Hund in weiter Ferne, ertönt das Rollen eines Wagens oder der Klang einer Axt – gleich zittert es in den Federbüscheln, sie sträuben sich auf ihrem Kopfe drohend wie Bockshörner, hängen nach und nach hernieder, um sich schließlich hintenüber zu legen, ganz am Halse zurück, wie bei einem wilden, bissigen Pferd.

Über dem Waldmoor flimmert die Luft von Licht; es ist da draußen weiß von Sonne, voll von Tag und Leben. Drinnen aber im Baumstamm ist es düster und kalt. Die gefurchten Wände, die dieselbe glanzlose Farbe haben wie gebleichtes Gebein, sind holprig von Zunderknoten und morschen Vorsprüngen und wimmeln von Larvengängen und Wurmlöchern. Reisig und abgewehtes Laub hat sich angesammelt – und dickes, wollstrumpfähnliches Spinngewebe, das sich in der Zugluft bauscht, verkleidet die Wände des Kernholzes wie geheimnisvolle Vorhänge.

Hin und wieder verirrt sich ein Sonnenstreif durch einen Spalt und zeichnet einen phantastischen Lichtfleck auf die entgegengesetzte Wand. Dann kommt Leben in ein paar zottige Spinnen. Eine schildgepanzerte Kellerassel rollt sich schleunigst zusammen, während ein Bündel schwefelgelber Stinkpilze, denen hier drinnen auch ein Lebensplatz angewiesen wurde, aus Ritzen in der Finsternis den Hals recken. Der Wind plaudert ununterbrochen mit der alten, eingegangenen Eiche; er gönnt ihr den Frieden nicht, sondern fährt fort, sie zu quälen. Wenn der Baum dann klagend ächzt, reckt die Eule den Leib und schüttelt sich im Schlaf – dies Knarren im Altholz tut ihr so herzlich wohl.

Auf einmal dringt ein sonderbares, anhaltendes Kratzen durch das Loch zu ihr herein.

Das Geräusch wird stärker---

Dröhnende Pfotentritte, kratzende Krallen, die sich in Rinde bohren, dumpfes Aufschlagen von losgerissenen Moosbrocken, die unter dem Baum ins Laub fallen, jagen pochend gegen ihr Trommelfell.

Da ist jemand auf dem Weg zu ihr herauf!

Die Eule ist im selben Augenblick wach.

Es kommt schnell näher im runden Korkziehergang, ganz so, wie wenn der Specht vormittags ihrem Wohnbaum einen Besuch abstattet. Jetzt ist das Geräusch dicht hinter ihrem Rücken; sie hört das trockene Kernholz ächzen, und es dröhnt in dem hohlen Baum wie in einer leeren Tonne. Die Eule richtet sich auf und wird zweimal so groß! Sie wirft gleichsam die Kissen ab, und ihr vordem so dicker, aufgeplusterter Körper wird schlank und lang.

Plötzlich gleitet ein kleines, langgestrecktes, schlangenhaft geschmeidiges Raubtier in kastanienbraunem Pelz lautlos durch das Eingangsloch...

Da lodert es aus dem Zunderdunkel der Tiefe wie Zauberglut auf. Ein elektrischer Strom, aus Spannung und Erregung geschaffen, entzündet ein magisches Licht in den brandgelben Sehern der Eule; sie sperrt ihren mächtigen Schlund auf und läßt plötzlich ein schreckenerregendes Fauchen vernehmen. Das geschmeidige Raubtier fährt mit einem Satz zurück; in langen, kopflosen Sprüngen jagt es am Stamm hinab und verschwindet in wilder Flucht.

Der Marder Prank ist der blutrünstigste Räuber des Waldes. Aber noch ist er so jung, daß er solcherlei Irrtümer begehen kann. Er hatte gehofft, ein Eichhörnchen in dem hohlen Stamm da oben anzutreffen oder wenigstens einen kranken alten Häher.

Jetzt macht er sich schleunigst unsichtbar, ganz verdutzt über den Mißgriff. Alle Bewohner des Waldes kennen ja den großen braungefiederten Nachtraubvogel – den fliegenden Wolf mit dem menschlichen Gesicht und den geradeaus gerichteten Sehern, die die Macht des Blickes besitzen. Er ist der Tyrann des Hochwaldes, der seinen Zins von allen eintreibt, von den Hirschkälbern bis hinab zu den Mäusen. Sie scheuen sie, sie fürchten sie... Strix Bubo, die große Horneule, den Uhu.

Dahin sind die hellen Tage des Sommers mit goldener Sonne über reifendem Korn! Die Wälder sind verwelkt, das Laub ist abgefallen – alle die bunten Farben des Herbstes liegen bleich und zerrissen um die Wurzeln der Bäume. Nur das Moos glänzt, und die Beeren an der Eberesche sind hellwach!

Klare, kühle Morgenstunden mit dünnem Eis und Nachtreif haben abgewechselt mit dunklen, regnerischen Dämmerungen. Der Novembernebel hat schwer und drückend über einsamer Heide und ragenden Wäldern gelegen und die Säfte des Lebens verdrängt. Jetzt hat sich der Winter gemeldet, jetzt ist der Frost gekommen! Überall liegt Schnee. In dem fernen Walde, in der Schlucht zwischen den hohen, steilen Hügeln, wo Strix jetzt wohnt, ist das Gewirr von Faulbaum und Erle, von Birke und Geißblatt eingesponnen – und unter dem Astfilz rieseln kalt die reichen Grundwasserquellen des Waldsees.

Strix ist noch nicht aus ihrem Tagschlummer auf dem Grunde ihres hohlen Baumes erwacht. Aber Prank, der Marder – ihr alter Erbfeind und schlimmster Nebenbuhler, der sich mit der Zeit genau wie sie aus dem Hochwald hat zurückziehen müssen – ist schon auf der Jagd.

Ihnen beiden ist es eine Zeitlang kümmerlich ergangen! In den dunklen Dezembernächten, während anhaltender, eiskalter Regen mit Sturmstößen über den Wald herabgeschleudert wurde und ihn durchnäßte und schwer zugänglich machte, hat sich alles Lebende unter Dach gehalten. Da haben sich die fleisch- und pflanzenfressenden Tiere im Kriegszustand befunden – und Strix und der Marder haben bitteren Hunger gelitten.

Jetzt, wo der Schnee dicht über Heide und Moor liegt, halten sie sich schadlos – und ihre scharfen Augen entdekken jetzt doppelt sicher die Nahrung, deren sie bedürfen.

Der grausame Prank ist noch grausamer geworden! Der Druck des Winters macht sich auch an ihm geltend, und er muß fortwährend etwas Warmes in den Leib bekommen. Drinnen im Märchenland, auf einer Lichtung, nicht weit von dem Baum des großen Uhus, hat er früh am Abend das Glück, ein Eichhörnchen zu überraschen.

Das Eichhörnchen ist noch spät draußen. Es sitzt in dem Wipfel einer kleinen, vereinzelt stehenden Tanne und zupft an einem samengespickten Tannenzapfen. Es ist unvorsichtig von dem Eichhörnchen, seine Abendmahlzcit so spät einzunehmen und so weit entfernt von dem schirmenden Versteck; daher hat Prank auch sofort einen Schlachtplan fertig: auf dem Erdboden wird er dem kleinen Springer überlegen sein, das weiß er!

Vorsichtig schleicht er sich unter die Tanne und steigt in die Höhe. Das Eichhörnchen zieht schleunigst die nadelspitzen Pfoten aus den Schuppen des Zapfens und stürzt auf den nächsten langen, federnden Tannenast hinaus. Als es das Ende des Astes erreicht hat, benutzt es ihn als Wippe und läßt sich bis in die Mitte der Lichtung schleudern. Mit raschen Sprüngen eilt es dahin über den Schnee...

Der Marder setzt dem Flüchtling nach. Den Rücken wild beugend und wieder streckend, nimmt er in Sprüngen von anderthalb Metern die Lichtung. Er gleicht einem Flitzbogen, der ununterbrochen bald stramm gezogen, bald schlaff gemacht wird. Aber Prank ist durch seines behenden Gegners lange, geschickte Luftsprünge stark behindert; er kommt nicht eher an seine Beute heran, bis sie zwischen den Baumstämmen angelangt ist.

Das Eichhörnchen saust in die Höhe – und Prank ihm nach; und dann geht es von einer Baumkrone zur anderen, so daß der Schnee in großen Klumpen herabfällt. Das Eichhörnchen bedient sich aller Kniffe; es führt den Marder in die Irre, auf verfaulte Zweige hinaus, von dem obersten Wipfelzweig stürzt es sich mutig herab und ist dann im nächsten Augenblick wieder oben in der äußersten Spitze eines Baumwipfels.

Plötzlich hat das Eichhörnchen Pech. Da, wo es sich hat herunterplumpsen lassen, hat sich der Schnee in einer großen Wehe gehäuft; es sinkt bis auf den Grund, wird in den losen, weichen Flocken begraben.

Gleich einer roten Rakete, beleuchtet vom spielenden Zauber der Mondstrahlen, streicht der Marder durch die Luft seiner Beute nach und hakt sich fest, ehe sich das Eichhörnchen vom Schnee zu befreien vermag. Er schüttelt den kleinen, tüchtigen Turner, bis der sein Leben ausgehaucht – und springt dann weiter mit seinem Leckerbissen im Fang.

In der alten, hohlen Buche ist Strix erwacht und kommt mit blinzelnden Sehern in ihrer Tür zum Vorschein.

Sie sitzt da und späht – hinauf zu dem Mond und zu den Sternen und hinab auf ihre eigenen schweißbefleckten Fänge!

Eine klingende und glitzernde, mit Nadeln durchsetzte Frostluft fächelt ihr um den Bart; sie hört die Baumstämme stöhnen unter dem Joch des Frostes und die rieselnden Wasser des Waldsees mit dem Eise kämpfen.

Hell wie am Tage breitet sich der Wald unter ihr aus, entkleidet bis ganz unter die dichten Stangenbuchen, wo die ausgehungerten Mäuse hausen. Ganz deutlich sieht sie jedes Getier, das sich hervorwagt. Es ist Fangwetter, wenn die Erde ihre Winterhaut übergezogen hat und der Vollmond hoch am Himmel steht.

Wie eine Riesenfledermaus wirft sie sich aus ihrem Loch herab und verschwindet mit einem Geheul zwischen dem Astgewölk, um auf Raub auszugehen.

Ein Stück entfernt, drinnen im Walde, hüpft Prank mit seinem kleinen Akrobaten. Er hat schon ein wenig an ihm gesogen und dem Braten einzelne Bissen entrissen, aber noch nicht den ganzen Turner verschlungen. Er, der Marder, weiß sehr wohl, es ist eine Eigentümlichkeit jedes Bratens, der munden soll, daß man sich damit abseits in die Büsche schlagen und einen Ort finden muß, wo man verborgen sitzen kann.

Da, auf dem Wege dorthin, fällt er über einen Wechsel aus tiefen, groben Spuren, eine warme, frische Witterung steigt ihm in die Nase. Auf einmal steigt ein großer, brauner Kopf aus dem Schnee und ein Paar lange Lauscher schlagen die Schneeklumpen weg, als schlügen sie nach Mücken. Es ist Rotwild, das warm in seinem weißen Winterlager sitzt! Prank ist doch ein wenig verdutzt, namentlich, als er nach einigen weiteren Sprüngen dem Kalb des Rottiers Aug in Auge gegenübersteht... es ist über den ganzen Rücken dicht bereift.

Da ertönt plötzlich ein garstiges, wahnsinniges Brüllen.

Es wird von einem durchdringenden, langgezogenen Geheul eingeleitet, dann folgt ein heiseres, abscheuliches Gelächter und endlich ein Schrei, der durch Mark und Bein geht.

Das Rottier fährt zusammen – und krasselt mit dem Kalb in wilder Flucht davon, auf die nächste Dickung zu. Der Marder aber ist bestürzt, und statt sich in das Bett des Rottiers zurückzuziehen, sich mit seinem Raub einzugraben und im Schnee unterzutauchen, weiß er im Augenblick nichts Besseres zu tun, als das Eichhörnchen in den Fang zu nehmen und sich dem Wild anzuschließen.

Strix jedoch folgt bei der Jagd ebensosehr dem Gehör wie dem Gesicht! Jedes Geräusch, das sie vernimmt, meldet ihr eine Möglichkeit; lautlos setzt sie ihm nach, unvermutet taucht sie auf, das große, gefiederte Gespenst!

Längst haben ihre Ohren den Lärm von dem flüchtigen Rotwild aufgefangen – sie beschleunigt den Flug der Wollschwingen und zückt die Martergriffe... da erblickt sie Prank mit Last im Fange! Sie verschlingt ihn mit den Augen von dem abgenagten Stummel seiner Rute bis zu seinen breiten Pranken; schon glaubt sie, die rote Waldkatze gehöre ihr...

Da spielt der Schattenvogel, den der Mond vor ihr auf den Schnee zeichnet, Strix einen niederträchtigen Streich – der Marder wird in letzter Sekunde gewarnt! Im Augenblick, wo sie niederstoßen will, drückt er sich plötzlich an den Boden, so daß die Eule fehlstößt und nur das kleine verendete Eichhörnchen in die Griffe bekommt.

Wie sich ein Maulwurf unversehens im Erdreich verbirgt, gräbt sich Prank bis auf den Grund in die weißen Kristalle hinein, Strix stößt wild um sich, aber vergebens – die geschmeidige Marderkatze rettet ihren Balg. So muß Strix sich denn zufrieden geben; mit ihrem geraubten Fraß fliegt sie auf einen Ast hinauf und kröpft... Sie verschlingt das Eichhörnchen, kröpft seine Fahne, seine Zähne, seine Krallen; dergleichen grobkörniger Zusatz fördert die Verdauung so angenehm.

Aber ein Eichhörnchen ist zu wenig für einen Verbraucher wie Strix. Sie muß versuchen, sich mehr zu erjagen –

und sie streicht, einer großen Flocke gleich, durch die Kellertiefe des Tannenwaldes und gleitet weiter durch den Hochwald wie ein Schatten. Sie untersucht die Wipfel – sollte nicht irgendwo eine Taube sitzen? Sie vertieft sich in die Dickungen – sollte sich nicht eine Amsel dort verborgen haben? Die lähmende Angst folgt ihr; daß man sie nicht hört, sie nicht sieht, ehe sie auftaucht, darin besteht ihre Zaubermacht.

Schon breiten sich blaßgelbe Nebel im Osten aus. Das graue Dämmer wird zu blauem Himmel, und schwarze Wolkenschichten sind von Strahlen umglänzt. Die gelbe Wintersonne ist auf dem Wege nach oben, bald wird sie auf ihrem kurzen Tageslauf rings um den Wald wieder sichtbar werden. Ein paar rote Dompfaffhähne in einem Gewirre reifgeschmückter Birkenzweige fallen Strix grell in die Augen, und jetzt endlich sieht sie, wonach sie die ganze Nacht gesucht hat – ein Eichhörnchen schlüpft vor ihr her auf einem Ast entlang.

Das Eichhörnchen ist morgenfrisch – und Strix hat Pech mit ihrem ersten grimmigen Schlag; sie stößt von unten zu, aber sie jagt nur die Fänge in den Ast, auf dem das Eichhörnchen saß. In langen, krummlinigen Absprüngen, als wäre es eine abgeschossene Kugel, saust das Eichhörnchen von einem Baumwipfel zum andern. Mit zusammengefalteten Flügeln stößt Strix hinter ihm ab. Sie macht jähe Wendungen rund um die Stämme und zierliche Schwenkungen um die großen Kronen herum. Sie steigt mit schnellen, aber lautlosen Flügelschlägen, gleich einem großen, braunen Falken, und streift mit blitzschnellen Hieben den glatten Pelz des Eichhörnchens.

Das Eichhörnchen kommt ins Gedränge. Trotz ihrem schweren Körper versteht es Strix meisterhaft, sich zu winden, und sie ist dem Springer mehrmals so dicht auf den Fersen, daß ihr die zurückschnellenden Zweige ins Gesicht schlagen. Aber dieser Akrobat ist ein alter, gewiegter Bursche, der schon manchmal im Leben Eulen im Nacken gespürt hat – er weiß, wo er hin will, wo Hilfe zu finden ist.

Immer mächtiger, immer blendender wird die Himmelskuppel im Osten. Schon lecken gelbe Flammenstrahlen herauf – und weit draußen am Horizont ist es, als schlage ein großer Pfau sein prachtvoll bläulich gleißendes Rad. Ein Schimmer vom Tag sickert zwischen den Bäumen herab... Strix ist zu sehr in Anspruch genommen von ihrer Jagd; sie achtet nicht des Lichts, das den Wald um sie her lebendig macht.

Auf der Leeseite des Waldes, in einem entlegenen Eschenmoor, sitzen Krähen und Dohlen auf ihren Schlafbäumen. Wie eine Sternschnuppe sinkt das Eichhörnchen nach einem glücklich vollführten Riesensprung mitten hinein in das Krähenvolk... Da wirbelt aus den Kronen aller Eschen eine boshafte, morgenverdrießliche Vogelschar auf. Mit Schreien und Flügelschlagen umflattern sie die Schlafbäume, kreischen wild und brechen in ein gellendes Gelächter aus.

Strix ist, ehe sie es sich versieht, mitten unter ihnen. Sie erhaschen einen Schimmer ihrer wolligen dämmerungsfarbenen Flügel, wie sie zwischen den Bäumen aus und ein fliegt – und nun stürzen sie sich über sie. Von oben, von unten, von der Seite kommen sie. Die Krähen haben etwas zu rächen. Der große nächtliche Räuber versetzt sie in Wut – sie kennen Strix von mancher tückischen Gewalttat her!

Gleich stechlüsternen Wespen umsummen sie Strix. In langgestreckten Bogen, unter spitzen, unbeholfenen Wendungen stoßen sie auf sie ein. Sie sind mutig, sie sind zahlreich: Hunderte und aber Hunderte gegen einen Feind. Federn und Daunen stieben wie Herbstlaub durch den Wald...

Strix hat genug zu tun, um sich während der Flucht zu schützen. Mit Gefauche und blitzenden Blicken, mit Flügelknochen und Fängen müht sie sich ab, sich die zudringlichen Viecher vom Leibe zu halten. Sie wagt nicht, ihre erprobte Krähentaktik anzuwenden, die sie in ihrem Übermut früher so oft diesen Proletariern der Luft gegenüber benutzt hat. Freiwillig hat sie sich zuweilen von ihnen finden lassen und ihnen gestattet, ununterbrochen um sie zu kämpfen. Und dann plötzlich, wenn einer zu aufdringlich geworden war, hat sie die Gelegenheit wahrgenommen und den Gesellen mit ihren Waffen erhascht. Dann waren es aber nur immer drei, vier Stück – und jetzt sind es Hunderte und aber Hunderte!

Das leckere kleine Eichhörnchen ist vergessen; das hat sich längst in Sicherheit gebracht und sitzt wohl in irgendeinem Schlupfwinkel und verschnauft. Auch Strix' Gedanken drehen sich jetzt um nichts weiter als um einen hohlen Baumstamm. Das Gesindel ist hinter ihr drein, der Wald ist in Aufruhr...

Da ist das Glück ihr hold. Als sie sich in wildester Flucht, verfolgt von dem Krähenschwarm, hinter einen Stamm wirft, verschwindet sie plötzlich. Ihren Verfolgern will es scheinen, als sei sie von dem Baum verschlungen. Kopfüber taumelt sie in den tiefen Spalt hinab...

Wo ist sie geblieben? schreien die Dohlen und stauen sich um ihr Versteck, machen einen langen Hals und starren. Eine verwegene Dohle wagt sich ganz nah heran und guckt in das Loch hinab, fährt aber mit einem Gekreisch zurück. Hu! war das ein greulicher Anblick! Es glüht aus dem zundrigen Holz, wild und flammend; die Dohle hat genug gesehen, sie ist am Rand eines gähnenden Schlundes gewesen, der tief war wie ein Abgrund.

Dann kreischen die aufgeregten Krähen eine Stunde lang, sie schelten und schmähen, fahren sich an die Kehlen und kratzen und hauen sich gegenseitig nach den Augen, bis ein armer, räudiger, wintermatter Fuchs ihrer Wut endlich die nötige Auslösung schafft.

Als eine Weile alles still gewesen ist, kommt ein großer Kopf behutsam zum Vorschein. Strix taucht auf und sieht sich lange verbissen um. Drohung, Rache liegt in ihrem Blick!

Am folgenden Abend geht die Sonne ohne Feuer unter: Das Licht ist wie hinter Schneetüll verborgen. Ein schwerer, grauer Himmel lauert über der Erde; es schneit hin und wieder – und die vereisten Birkenkronen klirren.

In der freien Luft über dem Walde, wo ein beißend kalter Dunst die höchsten Wipfel verschleiert, sind die Krähen im Begriff, sich zur Nacht zu sammeln. Schon aus der Ferne hört man sie in kleinen Scharen heranziehen...

Sie sammeln sich heute abend früh – und wie sie sich in

Schwärmen rund um den alten Tannenwald herumschwingen, der sie mit seinem Nadeldach und Tausenden von Schlafästen anzieht, klagen sie in einem mächtigen Chor ihre Winternot.

Die Krähe gibt für gewöhnlich einem kahlen Schlafast den Vorzug. Sie will am liebsten in der Esche des Moores oder in der alten Buche des Hochwaldes sitzen, um leicht aufhaken und abstreichen zu können. Aber heute abend ist das Wetter ungewöhnlich hart, und der Hunger im Bauch ist nur halb gestillt. Kra-ah! Kra-ah! singen die schwarzen Vögel.

Die kreisend segelnden Schwärme schweben näher und näher auf die ragenden Wipfel zu, lösen sich plötzlich auf und tauchen in die Nadeltiefe ein. Es ist ein Wohlbehagen, eine namenlose Erquickung, den Körper zu bergen.

Aber unten, dicht am Stamm, auf dem knorrigsten Ast thront Strix. Sie sitzt da und spielt die Rolle eines Knorrens.

Mit gespannter Aufmerksamkeit hat sie das Abendgekrächze der Aasvögel verfolgt... die spielenden Federhörner haben ihre Gemütsstimmung ausgedrückt. Das unheimliche Dämmerungskonzert ist in ihren Ohren zu der lieblichsten Musik geworden; sie hat voll Befriedigung vernommen, wie der Chor wuchs und wuchs und die Luft summte von den vielen gespannten Schwungfedern. Jetzt, wo die Krähen rings um sie her in die Tannen hinabplumpsen, jetzt, wo sie es endlich in ihrer unmittelbaren Nähe rascheln hört, fühlt sie sich auf ihre Weise dem Erzeuger allen Lebens zu Dank verpflichtet.

Ein stumpfschwänziger Marder hat die gleichen Absichten wie Strix. Er spaziert noch oben in Wipfelhöhe durch den Tann; das schmuddelig nasse Wetter begünstigt auch seine Meuchelmordabsichten. Niemand ahnt ihn! Er schiebt sich einen Ast entlang, der im Winde schaukelt. Faßt dann das Ende des Astes und wippt auf einen neuen hinüber, an dem er entlangkriecht, bis er im Baum verschwindet. Dann schiebt er sich auf der entgegengesetzten Seite weiter, hält von Zeit zu Zeit lauernd inne und windet lange.

Ganz zufällig steuert er geradewegs auf die knorrige Tanne los, die sich so ungewöhnlich gut zum Lauern eignet. Sie ist voll trockener Knorren, und dicht nebeneinander sitzen sie. Und dann dort, wo der lange Schaft des Stammes allmählich irgendwo hoch oben unter den Wolken einen Besen bildet, ist die Tanne so verfilzt, so dicht und nadelig, daß niemand, weder von oben noch von unten, einen Einblick darein gewinnen kann. Eine kleine Lichtung in dem grünen Gewölbe, zu dem sich die Tanne emporreckt, erschließt den Krähen und Holztauben den nötigen Einflug.

In seine eigenen Gedanken versunken, beginnt der von Sorgen belastete Prank seinen Aufstieg. Sein knurrender Magen hat unmöglich vergessen können, daß er vor mehr als achtzehn Stunden um einen kleinen, leckeren Turner betrogen wurde, für den die spähenden Seher und der witternde Windfang ihm noch keinen Ersatz in Aussicht gestellt haben.

Seine Sprünge von Ast zu Ast auf dem Spaziergang hierher sind nur knapp bemessen gewesen; bei einer Gelegenheit ist er sogar hindurchgeplumpst – bis hinab auf den Erdboden. Er ist halbwegs müde und schlapp...

Hin und wieder während des Aufbaumens streifen seine gierigen Seher wohl einen großen Knorren oben seitlich am Stamm; aber solche Knorren hat ja jeder zweite alte Baum, und die Tannengreisin hier ist voll davon. Zum Überfluß ist der Wind ihm auch nicht günstig; es zieht von unten herauf durch die Lichtung wie durch einen Schornstein.

Als Prank bei dem Knorren angelangt ist, wird dieser plötzlich lebendig und ist fürchterlich zu schauen. Strix öffnet die Seher und zündet gleichsam Licht an, ein feuerroter, phantastischer Schein ergießt sich über den Marder und hält ihn fest. Sein halb offener, von Arbeitsmühen stöhnender Rachen schließt sich, und in seinen Blick kommt das Verschlagene und Verlegene, das ein Raubtier nicht zu unterdrücken vermag, wenn es sich einer groben Unachtsamkeit bewußt wird. Aber Strix will hier keinen Kampf! Wohl haßt sie diesen schlauen und frechen Räuber – und kann sie ihn von hinten überfallen, die Waffen in seinen Rumpf schlagen und seinen gestreckten Nacken in den Schraubstock ihrer Schnabelkiefer einspannen, dann ist die Gelegenheit da. Aber nach offenem Kampf, wenn ihr der Hunger nicht in den Waffen kribbelt, so daß sie nicht zu bändigen sind und gleichsam rufen: Greif ihn und kröpf ihn! gelüstet es sie nicht. Und Prank seinerseits wird sich hüten!

Es sieht aus, als wenn diese beiden mordgierigen Gegner sich über den Anlaß dieses Zusammentreffens voll im klaren sind; kein Laut dringt aus ihren Kehlen. Der Uhu bläht sich nur auf und sträubt die Zauberhörner; der Marder schleicht von dannen wie ein begossener Pudel.

Der Sturm schaukelt die Tannen, so daß ihre zottigen Äste in die Höhe schlagen wie ein Kleid, das der Wind gefaßt hat. Es ist dunkel zwischen ihnen wie in einem Grabe. Die tagmatten Krähen sind längst eingeschlafen. Da tönt ein heiserer Todesschrei durch die Nacht! Strix hat lautlos ihre erste schlafende Krähe überrascht. Die Ärmste erwacht erst, als sie in ihren Fängen eingeklemmt sitzt.

Der Schrei weckt jäh die zunächst schlafenden Kameraden. In das Sturmgebraus mischt sich vereinzeltes Krähengekrächz. Dann auf einmal flattert es von allen Tannenwipfeln hoch; gleich großen, verirrten Flocken der Finsternis schwingt sich Krähe auf Krähe in die Luft hinaus.

Heisere Schreie und langgezogene, wehmütige Klagen steigern das Grauen und die wilde Flucht. Sie singen in ihrer Sprache, die schwarzen Aasvögel, von aller Unzulänglichkeit und Vergänglichkeit des Erdenlebens: Hier saßen wir so gut, nachdem wir es so schwer gehabt hatten, und dann ...

Strix wütet oben unter ihnen. Sie schlägt die Fänge in den Bauch ihrer zweiten Krähe und macht sie schnell auf ewig stumm. Sie packt eine neue und noch eine – gar viele schlägt sie in der Schlacht zu Boden.

Unten aber hüpft Prank umher und sammelt eifrig auf ... Jetzt endlich fand er Ersatz für seinen kleinen Akrobaten!

Hermann Löns

Der Schwarzspecht

Gestern noch starrte das Bruch von blankem Golde; heute ist es über und über versilbert.

Gestern loderten die Postbüsche, flammten die abgefrorenen Wiesen, und selbst der Eichbusch um das Forsthaus suchte mit den goldenen Birken zu wetteifern; heute aber gab der Rauhreif dem Lande ein anderes Gesicht.

Der alte Hegemeister, der, vor der Türe stehend, seine Pfeife raucht, dieweil sein roter Hund ihn fragend anäugt, sieht frohgelaunt über das Land, in dem alles, vom bescheidenen Halme bis zur stolzen Fichte, versilbert ist, so dick hängt der Rauhfrost in den Zweigen.

Ein Tag ist es, wie er selten das Bruch besucht. Lustig quarren die Krähen unter dem hohen Himmel, Kreuzschnäbelflüge ziehen dahin, fröhlich lockend; in den Kiefern lärmen die Häher, die Elster lacht in der Pappel, und der Hahn kräht auf dem Miste, so laut er eben kann. »Ein Prachttag ist es, ein Haupttag«, denkt der Weißbart.

Er geht ins Haus, von dem Schweißhunde gefolgt, und kommt nach einer Weile wieder heraus, den Drilling über der Schulter. Froh schwänzelt Sellmann, denn er weiß, es geht in das Revier, und vielleicht gibt es Arbeit für ihn. Aber der Förster denkt nicht daran, daß noch zwei Stück Wildbret und ein geringer Hirsch auf der Abschußliste stehen; er will den letzten Sonnentag mitnehmen, denn morgen regnet es, das weiß er. Rauhreif bringt Wetterumschlag.

Langsam bummelt er dem hohen Kiefernbestande zu. Seine langen Stiefel und die Manchesterhosen sind bald silbern überpudert. Dem Alten lacht das Herz im Leibe, wie er über das große Windbruch sieht. Silber, alles von Silber, jede Schmiele, jeder Brombeerbusch und alle Birken, die gestern noch goldene Blätter schwenkten. Aber morgen regnet es, wenn es nicht schneit, sonst würden die Goldfinken nicht so viel locken, und sonst meldete sich der Schwarzspecht nicht so oft.

Wie eine gläserne Zauberglocke klingt es aus dem Altholze, kliäh, kliäh, und noch einmal kliäh. Ganz unirdisch, ganz märchenhaft hört sich das an, wie ein Laut aus einer anderen Welt. Und hinterher geht es trrr, trrr, trrr, und das ist des Rotkopfes Regenruf. Wenn der Schwarzspecht seinen klirrenden Ruf häufig erschallen läßt, dreht sich die Witterung.

Auf der Blöße treten zwei Rehe hin und her, und ein drittes taucht hinter den silbernen Brombeerbüschen auf. Der Hund hebt die Nase, und der Hegemeister nimmt aus Gewohnheit Deckung. Da schnurrt es hart und laut über die Lichtung hin, daß die drei Rehe einen Augenblick die Häupter heben, ein großer schwarzer Vogel kommt im Bogenfluge dahergestoben und bleibt an einem mächtigen Fichtenstumpfe kleben. Vorsichtig hebt der Förster das Glas und richtet es auf den Specht. Ist das nicht ein Prachtvogel? Wie der Schnabel blitzt, wie sich von dem nachtschwarzen Gefieder die feuerrote Kopfplatte abhebt! Eine wahre Herzensfreude ist es, das zu sehen.

Einige Male hat der schwarze Vogel hin und her geäugt; jetzt geht er an die Arbeit. Ein Schlag, und ein handbreites Stück Rinde fliegt dahin. Noch ein Hieb, und wieder poltert ein Borkenfetzen herunter. Jetzt rutscht der Specht zur Seite. Bei jedem Hieb leuchtet der hellrotbraune Splint des Stumpfes, von der Rinde befreit, auf, und jedesmal blitzt es aus dem Schnabel des Vogels hervor und blitzt zurück. Das ist die lange, nadelscharfe, mit Widerhaken bewehrte Zunge, die eine Larve, einen Käfer, eine Spinne anspießte und in den Schnabel hineinzog.

»Kliäh, kliäh«, ruft der feuerköpfige Waldzimmermeister nun und schwingt sich plötzlich ab, und wie ein Höllengelächter klingt, allmählich verhallend, sein Regenruf aus dem Altholze. Der Förster geht weiter; seine Lehrjahre fallen ihm ein. Wie die Zeiten sich ändern! Damals gab es Schußgeld für jeden Schwarzspechtkopf, »denn er ringelt die Bäume und bringt sie zum Absterben«, sagte des Forstlehrlings Lehrprinzipal. Aber der Junge hatte nie den Drückefinger auf den Rotkopf krummgemacht, er hatte Augen, die sich an allem Schönen freuten, was im Walde und auf der Heide leibte und lebte, und eine heilige Scheu hielt ihn ab, auf den stolzen Vogel Dampf zu machen.

Denn zu Hause hatte er zwischen seinen Schulbüchern ein Märchenbuch stehen gehabt, in dem ein Bild zu sehen war, auf dem ein Mann einen knallroten Mantel, den er sich von Meister Hans, dem Nachrichter, entlehnt hatte, gegen den Baum schwingt, an dem der Schwarzspecht hängt, die Springwurzel im Schnabel. Der Mann mit dem Henkersmantel in den Händen hatte dem Spechte das Nistloch zugekeilt, und nun war der kluge Vogel, der heimliche Künste weiß, in das Land Nirgendwo geflogen und hatte die Zauberwurzel geholt, um damit den Holzpflock aus dem Brutloche herauszuziehen. Und als der Mann den roten Mantel gegen ihn schwang, erschreckte sich der Specht, denn er meinte, es sei eine Feuerflamme; er ließ die Wurzel fallen, und der Mann hob sie auf und fand verborgene Schätze damit.

»Ein Märchen, aber ein wunderschönes Märchen«, denkt der Förster. Zehn Jahre war er alt, als er es las, und jetzt ist er dicht an die sechzig, aber das alte schöne Märchen von der Springwurzel hat er niemals wieder vergessen. Und nie hat er einen Schwarzspecht geschossen. Ein Naturforscher bat ihn einst, ihm einen zu besorgen, denn er wollte feststellen, ob die Pupille des Vogels, wie es hieß, nicht rund, sondern geschweift sei. Er hatte aber kein Glück mit seiner Bitte; der Förster schlug ihm die Erfüllung glatt ab. »Einen Schwarzspecht schießen? Gott soll mich bewahren; und wenn auf jedem Baume einer säße!« hatte er gesagt und hinzugefügt: »Es ist so schon langweilig genug auf der Welt geworden.«

Er nickt vor sich hin; jawohl, es ist langweilig geworden, sogar hier im wilden Bruche. Als er hier die Stelle bekam, horstete der Schreiadler noch dort und der Schlangenadler und sogar der Uhu; Wanderfalken gab es und Gabelweihen, Kolkraben und Blauracken, Kraniche und Rohrdommeln, und überall läutete in der Frühe der Wiedehopf. Mit der Aufhebung der Waldhude verschwanden die Blauracken und Wiedehopfe, mit dem Aufkommen der Vorderladerwaffen, dem Landstraßenbau und der Bruchentwässerung blieben die edeln Räuber und die stolzen Recken fort; ein einziges Kolkrabenpaar ist noch auf Meilen in der Runde zu finden, und nur noch ein Paar Waldstörche horsten in dem Forste. »Es ist langweilig geworden auf der Welt, und es wird immer langweiliger«, denkt der alte Mann.

Die Krähen und die Häher haben sich vermehrt, seitdem Habicht und Falke selten wurden, und die Ringeltauben und Turteln desgleichen. Die heimliche Lochtaube aber verschwand, als die alten Eichenbestände fielen, und erst neuerdings haben sich wieder einige Paare eingefunden. Das kommt daher, weil der Schwarzspecht sich vermehrt hat, seitdem das Vogelschutzgesetz da ist, denn er, der alle Jahre eine neue Bruthöhle braucht und sich auch hier und da ein Schlafloch zimmert, sorgt dafür, daß die Hohltauben wieder Nistgelegenheiten finden. Und er sorgt auch dafür, daß es im Bruchwalde wieder etwas lustiger hergeht, und hallt des Falken Ruf und des Schreiadlers Stimme hier nicht mehr, wenn der Schwarzspecht die Zauberglocke tönen und sein Höllengelächter schallen läßt, dann klingt das wieder nach alten guten Zeiten.

Den ganzen Tag läutet und lacht der Specht heute, denn der Wetterumschlag sitzt ihm im Geblüte. Unstet treibt er sich von Wald zu Wald umher, schält hier eine tote Kiefernstange und spießt all das Ungeziefer, das im Splinte sitzt, entrindet da den Stamm einer alten Fichte, die der Blitz totschlug, und in der es von feisten Bockkäferlarven wimmelt, hackt weiterhin den Stumpf einer Birke auseinander, daß die Fetzen nur so umherfliegen, und begibt sich dann zu einer hohen Fichte, die im Innern krank geworden ist. Dort hat er anfangs nach Käferlarven gehämmert, aber da er schon satt war, hackte er zum Vergnügen ein tiefes, kreisrundes Loch in den Stamm, und das will er sich jetzt zu einer Schlafhöhle vertiefen. Fleißig arbeitet er, alle Augenblicke den Leib aus dem Loche ziehend und umherspähend, ob nicht irgendeine Gefahr droht; dumpf schallen die kurzen Schläge durch den Wald, und die rostrote Nadelspreu am Boden ist bunt gemustert von den Absplissen, die der Schnabel des Spechtes loshieb.

Mittlerweile hat er aber wieder Hunger bekommen. Laut lacht er auf und fliegt den morschen Stumpf einer Birke an. Eisenhart ist die dicke Borke, aber stahlhart ist der Schnabel des Spechtes; handgroße Rindenfetzen spellt er los und darauf lange, breite Holzstücke, und die feisten Schnackenlarven, die sich im Mulm und Moder ganz sicher fühlten, werden eine um die andere angespießt und verschlungen. Dann aber lockt ihn der Eichenüberhälter auf der Rodung. Kerngesund sieht der Stamm aus, doch der Specht weiß, daß dort genug zu holen ist. In jeder einzigen Runzel der Rinde sitzt eine Larve der schmalen, goldgrünen Prachtkäfer. Hieb auf Hieb führt der schwarze Vogel gegen die Rinde, hageldicht fallen sie, aber so geschickt, so genau berechnet, daß auch nicht mehr Rinde abgemeißelt wird, als nötig ist, um die Larven freizulegen. Eine volle Stunde arbeitet der Specht, und feuerrot leuchtet jetzt der vor kurzem noch stumpfgraue Stamm in der Sonne.

Bald hier, bald da klingt das Läuten und Lachen des Spechtes, jetzt im Birkenbusche, dann im Kiefernaltholze, nun im Stangenorte und schließlich in den Fichten. Längst hat die Sonne den Kronen den silbernen Schmuck genommen und der Heide wieder ihr braunes Kleid gegeben, schon ziehen grauliche Wolken über das Moor, und ein hohler Wind seufzt und stöhnt im Bruche, und noch immer ruht der Specht nicht. Soeben schallt sein hartes Pochen da, wo seit dem Nonnenfraße die untergebauten Fichten, von grauen Flechten bedeckt, kreuz und quer übereinanderliegen, dann tönt sein Klopfen von dem großen Windbruche her, bis er mit gellendem Gekicher quer über die Heide der Kiefernwohld auf den Sandbergen zustreicht, um den Borkenkäfern und Rüßlerlarven nachzustellen. Endlich, als die Krähen ihren Schlafplätzen zurudern und die Goldhähnchen schon tief in den Fichten wispern, strebt er einer hohen, glattschäftigen Kiefer mitten im alten Bestande zu und verschwindet in der kreisrunden Öffnung, die schwarz in dem roten Stamme gähnt.

So treibt er es einen Tag um den andern, ganz gleich, ob die Sonne scheint oder der Schnee stiebt, ob Plattfrost das Land hart macht oder Regenschauer es erweichen; ihm ist

jedes Wetter recht, er findet immer Fraß genug, er braucht nicht zu hungern wie die Meisen, wenn der Rauhreif alle Zweige umspinnt, und wie die Drosseln, wenn Hartschnee den Boden bedeckt; für ihn ist der Tisch allezeit gedeckt, denn überall gibt es morsche Stümpfe, kranke Stangen und faule Bäume, in denen Larven, Puppen und Käfer überwintern, hinter abstehender Rinde und in den Holzritzen sitzen Eulen und Fliegen verborgen, die dort auf den Frühling warten, und überall kriechen die Weibchen der Frostspanner an den Laubhölzern umher. Ob die Prachtkäferlarve dicht unter der Rindenoberfläche sitzt, ob nur eine dünne Borkenschicht den Borkenkäfer schützt oder ob die Larve der Holzwespe, des Weidenbohrers und Bockkäfers tief im Stamme verborgen ist, der Specht findet die eine wie die andere; ein Vergnügen ist es ihm, halbfußtiefe Löcher in die befallenen Stämme zu meißeln, und hier und da im Bruche finden sich anbrüchige Bäume, die von oben bis unten so durchlöchert sind, daß sie wie Orgelpfeifen aussehen.

Auf die Dauer aber wird es dem Spechte im Bruche langweilig. Unrast plagt ihn und hetzt ihn hin und her. Alle Heidwälder besucht er, ist heute oben auf der Geest, morgen im Moore, er wandert nordwärts und kommt in die Marschen, wo sich sonst niemals ein Schwarzspecht blicken läßt, treibt sich im Hügellande umher und setzt durch die Spuren seiner Tätigkeit die Förster in Erstaunen, denn in wenigen Tagen entrindet er ein halbes Hundert Fichtenstangen, die von den Borkenkäfern getötet sind. Vom Hügellande wandert er in die Berge, und von da gelangt er in das Gebirge, bis es ihn wieder in das Flachland treibt und er dort unstet hin- und herwandert, überall Tod und Verderben allem Getier bringend, das unter der Rinde und im morschen Holze lebt, und also dafür sorgend, daß sich die Waldverderber und Baumschädlinge nicht allzusehr vermehren. Und da er sich überall dort, wo er sich einige Zeit aufhält, Schlafhöhlen zimmert, so sorgt er dafür, daß allerlei Vögel, denen es in den durchforsteten Wäldern an Nistlöchern fehlt, im Frühjahre solche vorfinden, die Hohltaube und der Wiedehopf, die Schellente und der Rauhfußkauz, die Blauracke und der Star, und auch die Waldfledermäuse sind ihm zu

Danke verpflichtet, da er ihnen ebenfalls Wohnstätten bereitet.

Um die Mitte des Hornungs wird er das Umherreisen leid, und am ersten Märzen langt er wieder in seinem Bruchwalde an. Der hat inzwischen ein anderes Aussehen bekommen. In den feuchten Gründen zwischen den Fichten liegen noch einzelne Schneeflecke, und das Bruch steht im hohen Wasser, aber an allen sonnigen Tagen leuchten die blühenden Haselbüsche, die Erlen haben sich mit rotbraunen Kätzchen behängt, die Weidenbüsche sind übersät mit silbernen Perlen, und die Espen sind beladen mit dicken Blütenknospen. Schon kreist, rauh rufend, über dem Forste das Kolkrabenpaar im stolzen Balzfluge, die Erlkönigsmeise zwitschert im Weidendickicht ihr Liebeslied, die Goldhähnchen singen in den Wipfeln der Fichten, in denen die Kreuzschnäbel ihre halbflügge Brut füttern, die ersten Kiebitze rufen auf den Weidekämpen, in den Eichen beim Forsthause pfeifen die Stare, und am windstillen Morgen balzt im Moore der Birkhahn.

Da besinnt sich der Schwarzspecht auf sein Frühlingslied. Bald hier, bald dort im Walde klingt seine Glocke, und hinterher lacht er laut, aber es ist nicht immer der klirrende Regenruf, ein gellendes quickquickquickquick ist es, das weithin schallt. Aber taub bleibt sein sehnsüchtiges Rufen, und da fällt ihm ein, daß es noch etwas Besseres gibt, um ein Weibchen heranzulocken. Er fliegt die hohe Eiche an, deren Stamm er im Vorwinter auf der Suche nach Prachtkäferlarven von oben bis unten kupferrot färbte, indem er alle Rindenrunzeln abmeißelte, fällt an einem steil aufragenden Hornzacken ein und läßt seinen stahlharten Schnabel mit so schnellen Schlägen gegen den Ast fallen, daß ein hartes, lautes Getrommel entsteht, das eine halbe Stunde weit durch das Bruch dröhnt.

Voller Freuden hört der Hegemeister, der mit seinem roten Hunde hinter sich durch das Holz geht, wie der Specht seinen Wirbel schlägt. Vorsichtig pirscht er sich so nahe heran, daß er Blick auf ihn hat. Da hängt der stolze Vogel oben in der Eiche und bewegt beim Trommeln den Kopf so rasend schnell hin und her, daß der feuerrote Scheitelfleck in der

Sonne wie eine hellichte Flamme leuchtet. Der Förster nimmt den Specht in das Pirschglas, und da sieht er zu seiner Verwunderung, daß in der Naturgeschichte, die er zu Hause in seinem Bücherschranke stehen hat, etwas ganz Falsches über das Trommeln der Spechte steht, denn da heißt es, daß der Specht durch sein Anschlagen einen Ast in zitternde Bewegung versetze, und daß auf diese Weise das Trommeln entstehe. Jetzt aber sieht er deutlich, daß das nicht der Fall ist; der schenkeldicke, harte Ast rührt sich auch nicht ein bißchen unter den hageldichten Hieben des Spechtes, und die schnell aufeinanderfolgenden Schnabelschläge allein bringen das laute Trommeln hervor, aber nicht der Ast. »Ja, die Bücher«, denkt der Förster, »wer sich auf die verläßt, der ist oft betrogen!« Und dann murmelt er vor sich hin: »Man lernt doch nie aus, und wenn man so alt wird wie ein Haus.«

Von Tag zu Tag wird es jetzt lauter und lustiger und bunter im Walde. Überall am Boden recken sich grüne Spitzen, das Geißblatt und die Traubenkirsche begrünen sich, die Weidenbüsche wechseln ihr Silber in Gold um, in den nassen Wiesen erheben sich die fetten Blätter der Dotterblumen, die Postbüsche werden von einem zum andern Mittag roter, die Wiesen färben sich immer grüner, die Wipfel der Fichten und die Kronen der Kiefern färben sich saftiger, an den Wegerainen leuchten die Huflattichblüten auf, und stellenweise zeigt sich über dem Fallaube am Boden schon ein weißer Blumenstern.

Tag für Tag schlägt der Schwarzspecht nun seine Werbetrommel, bis er endlich ein Weibchen gefunden hat. Und dann gibt es eine wilde Liebesjagd im Bruchwalde, denn das Weibchen ist spröde. Sobald das Männchen mit klingendem Kliäh und gellendem Gekicher auf sie losstürzt, macht die Henne eine Wendung um den Stamm, läßt sich fallen und schwenkt zwischen den Stämmen der Bäume hin, und hinterher fährt, schrill rufend, das Männchen. Wie zwei Feuerflammen leuchten die roten Kopfflecke auf, glühen jetzt oben in der Eiche knorrigem Astwerke, brennen nun am Grunde der Kiefernstämme, glimmen zwischen den silbernen Birken und funkeln im sonnenbeschienenen Fichtenwalde auf, bis endlich in der Krone der alten, breithäuptigen Schirmkiefer das Männchen das Weibchen erhascht und sich unter wildem Flügelgeflatter und schrillem Wonnegeschrei den süßen Lohn nimmt. Eine ganze Woche lang freut sich das stolze Paar seiner Liebe, erfüllt den Bruchwald mit dröhnendem Getrommel und jauchzendem Gelächter, alle die vielen kleinen und großen Stimmen übertönend, die von den Wipfeln und aus dem Dickichte erklingen.

Dann aber heißt es, eine Wiege zimmern für die Nachkommenschaft. Dutzende von Höhlen hat der Specht in den letzten Jahren im Walde gebaut, aber es fällt ihm nicht ein, eine davon anders als für die Nachtruhe zu benutzen. Funkelnagelneu muß die Höhle sein, in der die jungen Spechte aufwachen sollen. Eine hohe, dicke, glattschäftige, bis zur Krone astfreie Buche hinter dem Forsthause sucht das Paar sich aus, unzugänglich für Mensch wie für Marder, und dreißig Fuß über dem Erdboden meißeln sie den Stamm an, daß auf zehn Fuß im Umkreise das rote Laub besät ist mit den fingerlangen weißen Spänen, auf die später, als das Loch im Rohbau fertig ist und sauber und glatt nachgearbeitet wird, um schließlich in einem eirunden Kessel zu endigen, immer kleinere Späne folgen, bis zuletzt nur noch ganz winzige Spänchen zu Boden wirbeln und die Höhle fertig ist.

Immer seltener läßt sich nun das Weibchen sehen, bis es schließlich fest auf den vier schneeweißen, glänzenden Eiern sitzt. Jetzt hat das Männchen doppelte Arbeit, denn es muß das Weibchen, solange dieses brütet, füttern. Alle Stunden kommt es herangeschnurrt, den Kropf voller Larven und Maden und Puppen und Käfer und Ameisen. Denn Ameisen, das ist ein leckeres Futter für ihn. Wenn die Sonne auf die hohen, rotbraunen Haufen scheint und sie über und über von den flinken Tieren wimmeln und krimmeln, dann fliegt der Specht zu Boden, hüpft heran und besieht sich die Sache erst mit lüsternen Augen. Und dann fährt wie ein Pfeil die lange, klebrige Zunge dahin, wo es schwarz von Ameisen ist, leimt ein oder zwei Dutzend fest, zieht sich zurück, kommt wieder hervorgeschossen und schnellt so lange hin und her, bis der Kropf dick gefüllt ist und einen förmlichen Beutel an dem langen dünnen Halse bildet.

Wie wahnsinnig stürzen die Ameisen dahin, wo der Rotkopf sitzt. Sie hängen sich an seinen langen Zehen fest, sie spritzen ihre Säure ihm entgegen, daß Tausende von winzigen Springbrunnen auf einmal in der Sonne aufblitzen; aber ihn stört das Kneifen nicht, ihn bekümmert der scharfe Säuregeruch nicht, er füllt seinen Kropf mit dem bissigen Krabbelvolke und füttert sein Weibchen damit.

Ganz glücklich ist er, wenn er die Ameisen dabei erwischt, wenn sie ihre Puppen sonnen; das ist für ihn ein Festessen, und er kehrt so lange wieder, bis die Ameisen die Puppen, die er übrigließ, in die tiefste Tiefe des Baues geflüchtet haben, und womöglich hackt er dann so lange an dem Haufen herum, bis er ein fußlanges Loch hineingearbeitet und die Puppenlager wieder aufgefunden hat, und ohne sich an das Beißen und Spritzen der erbosten Tiere zu stören, schlieft er in das Loch hinein, stopft sich voll mit Ameisen und Puppen, erscheint ab und zu wieder vor dem Bau, um zu sehen, ob keine Gefahr droht, und fliegt endlich zum Nistbaume, um der Spechtin, der fleißig brütenden, den Hunger zu vertreiben.

Sind dann die Jungen erst da, dann hat das Spechtpaar nicht einen Augenblick am Tage frei. Dann zimmert es zum Vergnügen keine Schlafhöhlen mehr, es muß jede Stunde ausnutzen, um sich und die vier Gierhälse zu ernähren. Denn es ist unglaublich, was die fressen können. Der Bruchwald ist reich an allerlei Holzgetier, und dennoch müssen die beiden alten Spechte sich fleißig dranhalten, um die Jungen satt zu bekommen, denn harte Käfer und dicke Falter werden von ihnen verschmäht, nur weiche Maden und winzige Käferchen munden den Jungen, und davon gehen hundert auf einen Schnabel voll, und tausend braucht ein Spechtmagen, ehe er halbwegs gesättigt ist, denn heißhungrig ist das junge Volk und rasch seine Verdauung. Es braucht viel Stoffe, um das stramme Knochengerüst, die derben Muskeln und Sehnen und das straffe Gefieder aufzubauen, und so kostet ein einziges Schwarzspechtjunges Hunderttausende und Aberhunderttausende von winzigen Kerbtieren, von denen viele Todfeinde der Waldbäume sind, das Leben, ehe der junge Specht so weit herangewachsen ist, daß er die

Nesthöhle verlassen, den Alten folgen und sich selber ernähren kann.

Das dauert aber bis in den Hochsommer hinein, denn wenn auch die Jungen schon lange beflogen sind und es schon begriffen haben, wie man den Käfer hinter den grauen Flechten und die Larven unter der Rindenschuppe findet, ihre Schnäbel sind noch nicht fest genug, als daß sie damit, wie die Alten, harte Borke, dicke Rinde und derbes Holz zermeißeln könnten, und erst im Herbste sind sie soweit, daß sie selbständig sich ernähren können und die Alten nicht mehr nötig haben. Dann aber ist auch die beste Zeit da; überall im morschen Holze sitzen die feisten Larven und Maden dicht unter der Oberfläche, in allen hohlen Bäumen hängen, vollgepfropft mit dicken, fetten Larven und Puppen, die papiernen Nester der Wespen und Hornissen, und das ist ein prachtvolles Futter für die Spechte, und wenn die Wespen noch so giftig summen und die Hornissen noch so gefährlich brummen und ihre Giftstachel zücken, an dem harten Spechtgefieder prallen die Stiche ab; der scharfe Meißelschnabel zerhackt die grauen Papierhüllen, und die spitze Zunge reißt eine nach der anderen der weißen Larven und Puppen aus ihren Wiegen.

Prachvoll lebt es sich im Herbste für die Spechte, aber auch, wenn der Vorwinter mit Sturm und Regen in das Land hereinbricht, geht es ihnen gut, und nicht minder bei strengem Frost. Nur unstet sind sie dann, die Alten wie die Jungen. Jeder schlägt sich allein durch, niemals sieht man zwei zusammen, und jede Gesellschaft ist ihnen verhaßt. Nicht gibt sich der Schwarzspecht, wie es der Buntspecht tut, dazu her, den Führer für Meisen, Kleiber, Baumläufer und Goldhähnchen zu machen, einsam und ungesellig schweift er durch die Wälder den ganzen Winter lang, und erst wenn die Kohlmeise ihr Frühlingslied singt, die Amsel flötet und der Fink schlägt, sehnt er sich nach Gesellschaft.

Dann schallt sein harter Trommelwirbel über Bruch und Heide, gellt sein schriller Balzruf durch den Wald, bis sich ein Weibchen zu ihm hin findet und das Paar dafür Sorge trägt, daß ihr Geschlecht wachse und sich mehre, dem deutschen Walde zu Zier und Segen.

Bengt Berg

Láhol, der Regenpfeifer

Wenn du in Lappland einmal ins Hochgebirge kommst und als Führer einen Lappen hast, der deine Sprache gut versteht, so frage ihn, ob er Láhol kennt.

Sieh, wie seine Augen bei diesem Namen aufleuchten! Sieh, wie der Gleichmut in seinem wetterharten Gesicht einem Schmunzeln weicht und der lebhaften Verwunderung, wer du wohl sein magst, der du etwas von Láhol weißt?

Láhol ist der Mornellregenpfeifer, und es gibt wenige Menschen im Tiefland, die ihn gesehen haben. Láhol ist des Lappen ureigentlicher Vogel, der die dunklen Flecken im Gebirge aufsucht, wo die Rentiere des Lappen im Frühling inmitten der Schneefelder weiden. Láhol ist Augenfreude und gute Gesellschaft für den einsamen Mann, der viele Wochen lang den Rentieren dort oben folgt. Niemand ist so bärbeißig, daß sich nicht sein Gesicht aufhellte, wenn Láhol vor seinen Füßen dahinflattert, als ob er sehr krank sei, damit er den Mann aus der Nähe der Eier fortlockt. Kein Mensch ist so gedankenlos, daß er da nicht innehalten müßte, um über den seltsamen kleinen Vogel nachzusinnen, der inmitten der weiten Öde einsam seine Eier ausbrütet und seine Jungen aufzieht.

Und wenn ihr zusammen hinaufwandert – wenn ihr so hoch gekommen seid, daß das Weidengebüsch euch nicht länger umstrickt, und der letzte Waldgürtel gleich einem dunklen Saum des Bergmantels tief unten liegt, so frage den Lappen wieder nach Láhol.

Dann wird er dich verstohlen ansehen und auflachen und dir sagen, daß hier unten kein Láhol wohnt. Und er wird mit der Hand nach oben weisen und weiter dem breiten Kamm des Berges zustreben, wo die Schneewehen noch der Sonne trotzen. Erst wenn ihr euch über den Rücken des Berges hinaufgearbeitet habt und über den Scheitel selbst wandert, wo die Sonne die schneefreien Strecken leichter trocknen konnte, dann wird er vielleicht den Schritt verlangsamen und den Blick forschend über den Boden schweifen lassen.

Dann achte genau auf ihn. Er ist hier besser zu Hause als unten im Waldland, wo er sich deinen Rucksack auflud. Wenn er suchend über das Berggelände geht, glänzt ihm die Freude aus den Augen und in seinen Gang kommt stärkeres Leben. Folge ihm und sei demütig genug, an seiner Freude teilzuhaben, daß er dich in eine kleine Welt einführen kann, von der er mehr zu wissen glaubt als du. Denn hier oben wohnt Láhol.

Du wirst glauben, das müsse ein armseliger Wicht sein, der verurteilt ist, sich mit dem kältesten Flecken des Gebirges zu begnügen, wo die einzig sichtbaren Lebewesen, außer den Mücken, ein Haufen umherstreifender Rentiere, ein Bussard unter den weißen Wolken und ein paar Lapplandsperlinge sind, deren eintöniger Gesang nur das Gefühl der Öde erhöht. Und du wirst meinen, wenn es überhaupt einen Vogel auf diesem kahlen Stück Erde gibt, so müßte jeder seiner Feinde ihn sofort entdecken. Aber gemach! – Der Lappe ist stehengeblieben. – Er lauscht. – Von irgendwoher kommt eines Vogels Lockruf – ein feines, unregelmäßiges, aber oft wiederholtes kurzes Pfeifen. Du schaust nach allen Seiten. Du vermagst nicht zu sagen, woher der Laut kommt – sicher nicht vom Boden. In diesem Augenblick scheint er ganz nah, im nächsten so fern, als käme er vom Gebirge jenseits des Tales.

Du wendest dich nach jener Richtung. Du vernahmst ihn doch von dorther. – Nein! Jetzt war es von der anderen Seite. Du kehrst dich wieder um. Aber von dort kam er auch nicht. Der Laut bewegt sich auch fort, obwohl langsam. Der Vogel kann nicht nah sein, denn sonst wäre der feine Ton ja lange verklungen. Dein Blick sucht den Himmel ab und findet natürlich den Bussard, der noch spähend unter den Wolken schwimmt.

Wärest du allein, so hättest du bereits alles Lauschen aufgegeben und wärest weitergegangen. Wie oft im Leben raubt uns nicht der Mangel an Geduld das, was wir im nächsten Augenblick hätten haben können! Aber immer noch hörst du den feinen Lockruf. Da ruft der Lappe dir zu. – Er hat ihn gefunden.

Wenn du dann mit geschärftem Blick, die Hand zum Schutz über die Augen, seiner ausgestreckten Hand folgst, wirst du einen dunklen Punkt gewahren, der schnurgerade durch das Luftmeer schneidet, bis er schnell im fernen Blau verschwindet. Aber die Bewegung spitzer Schwingen hat dennoch verraten, daß es ein Vogel war. Lange nachdem deine stumpfen Augen ihn verloren haben, dringt der Lockruf noch schwach hinunter zur Erde, wo du stehst, und der Lappe sagt mit einem stillen Lächeln – das war Láhol.

Gewiß wirst du fragen: Warum flog der Vogel so unwahrscheinlich hoch? Wohin flog er? Wo hat er sein Nest?

Der Lappe, der niemals mehr als eine Frage zur Zeit beantwortet, wird nur sagen, daß Láhol jeden Tag so über das Fjäll fliegt. So haben die meisten Bergwanderer im Sommer seinen Ruf vernommen, wenn auch nur wenige ihn gesehen und noch weniger gewußt haben, wer er war. Wenn sie ihn später am Boden entdeckten, hätten sie allen Grund zu glauben, daß das ein ganz anderer Vogel sei. Und wenn du ihn jetzt in der Nähe betrachten und sein Nest finden möchtest und den Lappen wieder fragst, wie ihr das anstellen sollt, so kann es geschehen, daß er dir antwortet wie der alte Lappe Aslak Turi mir einst: »Láhols Nest, das lohnt sich nicht zu suchen, das liegt, so Gott will, eines Tages auf des Wanderers Weg; sonst findet man es überhaupt nicht.«

Aber der Lappe weiß, wo Gott das Nest mag liegen lassen, und wenn du viele Tage lang über das Fjäll wanderst und der Lappe dich in die rechte Gegend führt, wo der trokkene Flechtenteppich mit kleinen Steinen übersät ist, wenn du an hundertmal den Lockruf über deinem Kopf hast vorbeiziehen hören, dann wirst du vielleicht eines Tages, wenn du es am wenigsten erwartest und wahrscheinlich alle Hoffnung aufgegeben hast, plötzlich ein kleines Wesen piepsend vor deinen Füßen hüpfen sehen. Erst weißt du nicht, ob es eine Maus oder ein Vogel ist, aber beim näheren Zusehen zeigt es sich, daß es sowohl einen Schwanz als Flügel hat, mit denen es flatternd umherschlägt und sich so schwer verletzt anstellt, daß du dich einen Augenblick fragst, wie du nur auf das arme Tierchen treten konntest.

Bleib stehen! Mach keinen unvorsichtigen Schritt, denn der Vogel ist Láhol, und seine Eier gleichen so täuschend dem Boden, daß sie vielleicht vor dir liegen und du sie im Augenblick entdeckst, um sie doch im nächsten Augenblick nicht wieder finden zu können.

Aber wenn du sie nun erblickt hast – wie sie dort gleich drei fleckigen Steinen der Heide auf dem Flechtenrasen liegen – dann geh einen Schritt zur Seite. Wirf den Hut ein Stück hinter dich und ruf dem Lappen zu, daß er dort stehenbleibe, und folge langsam dem Vogel.

Er möchte dich so gern irgendwohin locken. Nur bei den Eiern darfst du nicht bleiben. Er gibt sich alle erdenkliche Mühe, deine Aufmerksamkeit auf sich zu lenken und bleibt nur sitzen, wenn du selbst stehen bleibst.

Fortzufliegen, wie andre Vögel es zu tun pflegen, fällt ihm nicht ein. Nein, er ist auf einen hellen Stein gehüpft, dem sich seine graubraune Tracht ganz und gar nicht anpaßt, und dort hat er seinen Schwanz wie einen Fächer ausgebreitet, so daß just alle die Federn sichtbar werden, die keine Schutzfärbung haben, sondern nur zum Schönsein bestimmt sind, oder wenn der Vogel, wie jetzt, so bunt und auffällig wie möglich erscheinen will. Dort wartet er ungeduldig und mahnt dich durch sein ständiges Piepen, daß er da ist. Aber wenn du den ersten Schritt auf ihn zu machst, ist er bereits vom Stein heruntergehüpft und hockt einige Schritte weiter entfernt.

Jetzt begreifst du, warum er nicht fliegen kann. Der Ärmste muß die Schwinge gebrochen haben. Oder vielleicht hat er sie verrenkt, denn sonst könnte er sie unmöglich so verdreht halten. Dein mitleidiges Herz möchte ihm helfen. Vielleicht könntest du den Flügel wieder einrenken? Aber beim nächsten Schritt, den du machst, ist er schon weiter gestolpert. Die Schwinge hängt immer noch herab, aber das ist noch nicht alles. Nun ist das arme Tierchen auch noch lahm; das eine Bein schleppt nach. Wie verlockend muß das für einen Eisfuchs sein, der umherstreifend herbeikommt und zufällig auf einen so schwer verletzten Vogel stößt.

Es ist ein Rätsel, wie er überhaupt weiterkommt. Es geht auch sehr langsam. Die ganze Zeit über piept und jammert er leise und schleppt bald den Flügel nach, bald das Bein. Aber merkwürdigerweise geht es schnell genug vorwärts, daß er immer einige Schritte vor dir bleibt, und wenn ihr nur ein Weilchen fortsetzt – die Zeit vergeht so schnell – so seid ihr tief unten beim Weidengestrüpp, noch ehe du es recht bemerkt, und ehe du dir klarmachen konntest, wie der Vogel denn eigentlich aussah. Denn es ist gar nicht unwahrscheinlich, daß es dir geht, wie dem Fuchs mit dem Brachvogel, der, als er Reinecke genügend weit vom Nest fortgelockt hatte, ganz unerwartet auf und davon flog – und da ist es dein Glück, daß du den Lappen und den Hut da oben bei den Eiern ließest, denn andernfalls würdest du sie nie wieder zu sehen bekommen.

Jetzt kehre um und gehe den gleichen Weg zum Lappen zurück. Wenn er bei deinem Hut stehengeblieben ist, so hat er den Vogel wiederkommen sehen, und wenn du oben angelangt bist, wird er dir den kleinen Láhol weisen, der noch immer umherhüpft und die Schwingen am Boden nachschleifen läßt.

Dann geht beide ein Stückchen zurück und hockt euch nieder und wartet und achtet auf den Vogel. Bald ist er ganz gesund wieder zur Stelle und läßt die Schwingen nicht mehr hängen. Jetzt ist er nur unruhig – neugierig nennen es die Menschen. Er ist wohl eine Faust hoch, und wie sehr er auch sein rundes Köpfchen reckt, gelingt es ihm doch nicht herauszufinden, wo ihr jetzt seid. Da besinnt er sich nur einen Augenblick, und dann läuft er dorthin, wo er euch zuletzt sah.

Wie eine Kugel kommt er über die Heide gerollt, den Kopf gegen das weiße Ordensband des rundlichen Kröpfchens eingezogen. Bewegten die Beinchen sich nicht wie ein Paar Trommelschlegel unter seinem prachtvollen, roten Vorhemd, so würde man sicher nicht glauben, daß es ein Vogel sei. Zwischen dem Gestrüpp und den mannigfaltigen Farben der Flechten verschwindet er auf dem Teppich der Fjällheide zu einem schattenhaften Wesen.

Ebenso schnell, wie er sich in Bewegung setzte, hält er

inne, sobald er einen Platz erreicht hat, von dem aus er einen besseren Überblick zu haben glaubt. Da streckt er sich so hoch er kann – vielleicht wird er dann anderthalb Fäuste hoch – und blickt ängstlich mit seinen großen, runden Augen umher, die glänzend schwarz unter dem weißen Streifen hervorleuchten.

Lange bleibt er aber nicht ruhig. Du wunderst dich, wohin er will, wenn er von den Eiern und euch beiden da oben auf dem Fjäll fortläuft.

Störe nicht! Er macht seinen kleinen Kreis um euch beide, um etwas Näheres über die vermeintliche Gefahr auszukundschaften. Wenn du die Augen sachte nach der entgegengesetzten Richtung wendest, wirst du ihn bald von dort kommen sehen.

Jetzt nähert er sich, rollt ein Stück fort und hält dann wieder inne, wie das so seiner Sippe eigentümlich ist. Er scheint nicht länger ängstlich zu sein. Er sieht euch an und schaut

dabei nach den Eiern. Vielleicht entdeckt er auch hier und dort etwas Eßbares. Er hält augenblicklich inne und schluckt es eifrig hinunter. Dann blickt er wieder auf, und dann geht er zu den Eiern hin, und vor deinen Augen – du willst es kaum glauben, läßt er sich ruhig zum Brüten nieder. Und das alles spielt sich einige Schritte entfernt von zwei lebensgroßen Menschen ab.

Was mag dann wohl in seinem Köpfchen vorgehen? Hat er gesehen, daß du weder vier lange Beine noch einen langen Schwanz hast wie der gefährliche Eisfuchs? – Sei überzeugt, daß er sich nicht so ruhig auf die Eier setzen würde, wenn der einige Schritte von ihm lauerte.

Kann er wohl begreifen, daß du ihm nichts Böses willst wie etwa der Rabe, wenn er spähend über dem Fjäll kreist? Denn den Raben kennt er, mag er noch so hoch in den Wolken fliegen. Es macht ihm nicht die geringste Sorge, wenn er ein paar Wildgänse am Himmel gewahrt. Er sieht sie – und erkennt sie. Aber ich habe gesehen, daß er sich wie ein Hase zu Boden drückte, als die schwarzen Schwingen des Raben über das Fjäll strichen. Sollte sein Verstand ausreichen, ihm zu sagen, daß keiner von euch ein solch nichts verschonendes Raubtier ist wie der Vielfraß? Meint er vielleicht, daß ihr mehr dem Vieh der Lappen gleicht, das niemand fürchtet? Denn die Rentiere beschnüffeln ihn wohl zuweilen, aber dann gehen sie ruhig weiter.

Warum ließ er sich wohl sonst vor deinen Augen auf die Eier nieder? Es gibt ja noch viele andere Vögel, die auch wagen, zu Nest zu gehen, wenn ein Mensch sich in der Nähe aufhält, aber Láhol zeigt eine Vertraulichkeit, die den meisten andern Vögeln vor den Menschen abgeht.

Muß dich da nicht jenes beklemmende Gefühl befallen, das mich so oft bedrückte – daß diese einsamen Vögel der Wildnis, die dich nicht fürchten, die es wagen, dir zu trauen, es nur deshalb tun, weil sie dich nicht kennen – dich, den Menschen, und daß du in diese Verlassenheit, hoch oben ins kahle Gebirge hinaufsteigen mußt, um ein solches Vertrauen zu finden? Denn all die andern Tiere, die groß genug sind, um Verstand zu haben – und davon hat der kleinste Singvogel genügend – sie fürchten dich und fliegen und warnen ihre Jungen vor dir in allen den Gegenden, wo dein Geschlecht seit Jahrhunderten gehaust und getötet hat.

Wenn ein Vogel uns flieht, dann erscheint uns das gar nicht eigentümlich. Es wundert uns kaum. Das ist ja immer so. Aber wenn so ein kleines Wesen uns Vertrauen schenkt, da werden uns plötzlich all die Untaten der Menschheit offenbar.

Wie haben wir alle diese unzähligen Lebewesen behandelt, von denen der Vogel hier nur ein einziges ist? Unsere Zähne eigneten sich wohl immer besser, das Fleisch von ihren Knochen zu reißen, als unsere Sinne dazu geschaffen sind, in das Wesen ihres Lebens einzudringen.

Alfred Edmund Brehm

Der Kampf des Mauerseglers

Seinen Nistort wählt der Turm- oder Mauersegler gewöhnlich in den Mauerspalten von Türmen und anderen hohen Gebäuden, auch in Baumhöhlungen der verschiedensten Art, doch vertreibt er oft auch Stare aus den für sie auf Bäume gehängten Nistkästen und läßt sich dabei selbst von brütenden Starenweibchen nicht abhalten. Er wirft ihnen oder ihrer Brut sein weniges Geniste auf den Rücken und quält sie so lange, bis sie das Nest verlassen. Findet er ernsteren Widerstand, so greift auch er zu seinen natürlichen Waffen und kämpft verzweifelt um eine Stätte für seine Brut. Ein Star, der bei Verteidigung seiner Burg gegen einen Mauersegler von diesem arg verletzt und schließlich verendet in dem Kasten gefunden worden war, zeigte tiefe Risse in der Haut der Flügelbeuge und des Rückens, vor allem aber am Kopfe, wo sogar die Haut teilweise abgelöst war. Solche Wunden konnte der Segler unmöglich mit seinem weichen, biegsamen Schnabel beibringen; sie lassen sich nur erklären, wenn man annimmt, daß er mit seinen zwar kleinen, aber scharf bekrallten Füßen kämpft, falls Schnabel und Flügel nicht mehr ausreichen wollen. Kein Wunder, daß vor einem so ungestümen und gefährlichen Gegner selbst der kräftige Star seine Brut im Stiche lassen und dem Mauersegler Platz machen muß. Dieser kümmert sich nicht im geringsten um die Klagen der betrübten Eltern, wirft aus der Luft gefangene Federn, Läppchen und anderen Kram auf die Eier oder bereits erbrüteten Jungen, zerdrückt teilweise die ersteren, erstickt die letzteren, überkleistert mit seinem Speichel Eier, Junge und Genist.

Im Bericht eines Vogelfreundes heißt es: Am Bodenfenster über meiner Arbeitsstube befindet sich ein Starenkasten, der seiner günstigen Lage halber regelmäßig bewohnt

wird, wenn nicht von Staren, so doch von Sperlingen und während des Sommers von Mauerseglern. Den Sperlingen gegenüber bleiben die Stare immer Sieger, nicht so aber in ihren Kämpfen mit den Seglern. Letztere lassen sich durch nichts abschrecken, von dem Kasten, in dem bei ihrer Ankunft das Starenweibchen brütet, Besitz zu ergreifen. Ohne mein Dazwischentreten werden die brütenden Stare nach langen heftigen Kämpfen jedesmal vertrieben, die Eier zerstört oder die Jungen mittels der außerordentlich scharfen Krallen getötet.

Da ich den Mauerseglern, ihrer unermüdlichen regen Lebenskraft halber, sehr zugetan bin, brachte ich für sie neben dem Starenhaus einen besonderen Nistkasten an, der aber nicht angenommen wurde, und zwar einzig und allein deshalb, weil er kein Nest enthielt. Denn nur um letzteres ist es ihnen zu tun.

Um nun die Segler zu verscheuchen, fing ich sie einzeln vom Starenkasten weg. Ich stellte mich dabei frei an das Fenster und nahm sie, wenn sie angeflogen waren, einfach mit der Hand vom Flugloch weg; denn diese stolzen Flieger kennen keine Gefahr und scheuen den Menschen nicht im geringsten. Manchmal fing ich im Laufe weniger Stunden vier bis sechs Stück, aber ebenso viele entgingen, weil sie sich nicht niederließen, meinen Nachstellungen. Um zu sehen, ob sie den Verlust ihrer Freiheit sich zur Warnung dienen ließen, sperrte ich sie einige Zeit ein und bestrich ihnen dann den Kopf oder die Flügel mit weißer Farbe. Sie kümmerten sich darum nicht: solange die jungen Stare nicht herangewachsen waren, wiederholten sie ihre Versuche, sich des Nestes zu bemächtigen.

Um das zu verhindern, fertigte ich, nachdem mir die Geduld ausgegangen war, einen Kragen aus Pappe und stülpte ihn einem hartnäckig wiederkehrenden Weibchen über den Kopf. Bald aber war der Kragen abgestreift, und von neuem drang der Mauersegler in den Nistkasten ein. Daß das Starenmännchen ihm tapferen Widerstand leistete, behelligte ihn nicht. Zweimal stürzte es sich mit solcher Wut auf den Angreifer, daß beide sich aneinander festkrallten und zum Boden herabwirbelten. Ich unterstützte den tapferen Verteidiger seiner Familie, indem ich mit Sand nach den ankommenden Mauerseglern warf, allein unsere gemeinschaftlichen Anstrengungen blieben fruchtlos. Der Star hatte meine wohlwollende Absicht bald erkannt und ließ sich durch den Sandhagel nicht verscheuchen; der Mauersegler aber achtete desselben ebensowenig wie der Angriffe des Nesteigentümers. Sobald dieser oder ich nicht auf der Hut waren, drang er in das Innere des Nistkastens ein, während andere seiner Art sich begnügten, anzufliegen, an dem Flugloche sich anzuklammern, in den Nistraum zu schauen und, wenn sie hier Junge erblickten, von weiteren Übergriffen abzusehen. Da die jungen Stare beinahe erwachsen waren, tötete das zudringliche Seglerweibchen sie zwar nicht, suchte sie aber aus dem Neste zu drängen, und wenn dann die alten Stare dazu kamen, gab es neue Kämpfe.

Zuletzt war ich zum Äußersten entschlossen, fertigte einen neuen, noch größeren und wasserdichten Kragen an und stülpte ihn dem zudringlichen Geschöpfe zum zweiten Male über den Kopf. Was ich hätte vorausahnen können, geschah: die Last war zu schwer und zog den Segler in den unmittelbar an meinem Hause vorüberfließenden Fluß. Von mir so schnell als möglich aus dem Wasser gezogen, erholte sich der dem Ertrinken nahe Vogel bald und vollständig wieder, wurde in Freiheit gesetzt und kehrte nunmehr nicht zurück.

Die ungewöhnliche Hartnäckigkeit dieses einen Seglers erkläre ich mir dadurch, daß derselbe, nachdem er in früheren Jahren die Stare von Nest und Brut vertrieben und, von mir ungestört, seine Brut großgezogen hatte, ein gewohntes Anrecht auf das Nest zu haben glaubte. Andere ließen sich leicht von mir verscheuchen, dieser eine erst nach tagelanger Gegenwehr. Ihm darf ich es auch wohl zur Last legen, daß seit elf Jahren kein Starenpärchen zur zweiten Brut gelangte.

Johann Peter Hebel

Nur ein Vogelnest

Wenn der geneigte Leser ein Finkennest in die Hand nimmt und betrachtet's, was denkt er dazu? Getraut er sich auch so eins zu stricken, und zwar mit dem Schnabel und mit den Füßen? Ich glaubt's schwerlich. Ja ich will zugeben: Der Mensch vermag viel. Ein geschickter Künstler mit zwanzig feinen künstlichen Instrumentlein kann nach viel mißlungenen Versuchen zuletzt etwas herausbringen, das einem Finkennest gleichsieht, und alle, die es sehen, können es von einem wirklichen Nest, das der Vogel gebaut hat, nicht unterscheiden. Alsdann bildet sich der Künstler etwas ein und meint, jetzt sei er auch ein Fink. Guter Freund, dazu fehlt noch viel. Und wenn ein wahrer Fink, wie du jetzt auch einer zu sein glaubst, dazukäme und könnte dein Machwerk durchmustern, wie der Zunftherr ein Meisterstück, so würde er den Kopf ein wenig auf die linke Seite drücken und dich mit dem rechten Auge kurios ansehen, und so er menschlich mit dir reden könnte, würde er sagen: »Lieber Mann, das ist kein Finkennest! Ich mag's betrachten, wie ich will, so ist's gar kein Vogelnest. So einfältig und ungeschickt baut kein Vogel. Was gilt's, du Pfuscher hast's selber gemacht!«

Das wird zu dem Künstler sagen der Fink.

Ebenso ist es mit einem verachteten Spinnengewebe. Der Mensch kann kein Spinnengewebe machen.

Ich will noch ein Wort mehr sagen: Alle Finkennester in der Welt sehn einander gleich. Kein Vogel hat's vom andern gelernt. Jeder kann's selber. Die Mutter legt ihre Kunst schon in das Ei. Ebenso alle Spinnengewebe, ein jedes nach seiner Art. Man weiß es wohl, aber man denkt nicht daran.

Noch ein Wort mehr: Das erste Nest eines Finken ist schon so künstlich wie sein letztes. Er lernt's nie besser. Ja manches Tierlein braucht sein Gespinst nur einmal in seinem Leben und hat nicht viel Zeit dazu. Es wäre übel daran, wenn es zuerst eine ungeschickte Arbeit machen müßte und denken wollte: Für dieses Jahr ist's gut genug, übers Jahr mach ich's besser.

Noch ein Wunder mehr. Jedes Vogelnest ist ganz vollkommen und ohne Tadel. Nicht zu groß und nicht zu klein, nicht zuwenig daran und nicht zuviel, dauerhaft für den Zweck, wozu es da ist. In der ganzen Natur ist kein Lehrplatz, lauter Meisterstücke.

Marie von Ebner-Eschenbach

Der Fink

»Lux! Lux! Hierher! Kommst du gleich her! Garstiges, grausliches, miserables Tier!« In allen Winkeln ihres Gedächtnisses suchte sie nach einem tödlich beschämenden Schimpfwort, um es dem Hunde an den Kopf zu schleudern, noch ehe sie selbst bei ihm ankam und ihm all das Üble antat, das sie gegen ihn im Sinn führte.

Der Hund war ein großer, weißer, kurzhaariger Spitz. Er hatte einen rabenschwarzen Fleck über dem halben Gesicht und dem halben linken Ohr, was ihm etwas ungemein Herausforderndes gab, und er konnte so verächtlich dreinschauen wie kein zweiter Hund auf der Welt. Ganz flüchtig sah er sich nach dem schlanken Persönchen mit den blonden, nach Knabenart geschnittenen Haaren um, das auf ihn zugeeilt kam, und wendete seine Aufmerksamkeit gleich wieder etwas Kleinem, Lebendigem zu, das sich im Grase regte, beschnüffelte es, betupfte es mit seiner Pfote.

»Marrrsch!« – Das R in dem Worte klang wie eine lange Reihe von R, die nacheinander ausgesprochen worden wären, also fast wie ein rollender Donner. Zugleich erhielt der Spitz einen mit aller Kraft, über die ein achtjähriges, eher zartes als starkes Mädchen verfügt, geführten Faustschlag in die Flanke. Pia tat sich dabei mehr weh als ihm, denn der Hund mußte irgendeinen Vorfahren vom Geschlecht der Wale haben, wenigstens schien er aus lauter Fischbein zu bestehen.

Puterrot und die Augen voll Tränen kniete Pia jetzt im Grase und hielt das kleine Lebendige in ihren Händen, streichelte, küßte, bedauerte es. Das liebe, das arme – ach, so klein! So arm! Ein ganz junges Finklein. Zu früh hatte es sich aus einem der Nester auf der großen Rüster gewagt, dem ältesten unter den alten Bäumen des Gartens, der gar vielen Vögeln Obdach gewährte. Fast so hoch wie der Schloßturm ragte sein Wipfel; seine Äste und Zweige bildeten einen Hain. Wie konnte das verirrte, erschöpfte Vögelchen den Weg zurückfinden ins Vaterhaus?

Es schien sich der ganzen Größe seines Unglücks bewußt, stieß von Zeit zu Zeit jämmerliche Piepse aus, zwinkerte in Qual und Todesangst mit den dunkeln, glänzenden Äuglein. Sein Körperchen zuckte, sein Herz schlug mit rasender Schnelligkeit. Es war gewiß schwer verletzt. Der garstige Lux hatte es gebissen oder ihm vielleicht die Brust eingedrückt... was wußte Pia, was er ihm getan! Und jetzt hatte das miserable Tier noch die Unverschämtheit, heranzutreten, ganz vertraulich die Schnauze auf ihre Schulter zu legen, nachdem es diese selbe Schnauze mehrmals rasch nacheinander mit der Zunge abgeleckt, um ihr mit seinen sehr sprechenden Augen und seiner naiven Missetäter-Miene zu sagen:

»Gib mir das Ding zurück. Ich hab's gefunden, 's ist mein. Ich brauch's zum Spielen. Es quietscht so nett, wenn ich drauf tupfe mit meiner Pfote!«

»Marrrsch!« Wieder rollte das R wie Donner. Pia sprang auf und gab dem Lux einen Tritt, bei dem sie sich fast den Fuß verrenkte, und der ihn lächeln machte.

Sie rannte ins Schloß, in die Küche, ließ sich Milch und Weißbrot geben und versuchte das Finklein zu füttern. Sie verstand sich auf die Kunst.

Drei aus dem Nest gefallene Spatzen hatte sie im vorigen Sommer prächtig aufgebracht, und zwei von ihnen waren in noch zarterem Alter gestanden als das Finklein. Aber freilich, das waren eben Spatzen gewesen, zäh und gewöhnlich, solche, wie es Hunderttausende gibt, nichts Feines, Erlesenes, das auf ganz andere Lebensbedingungen gestellt ist als die große Masse.

Das Finklein verschmähte die Nahrung, die seine Wohltäterin ihm bot, und wenn sie ihm den Schnabel mit sanfter Gewalt öffnete und ihm ein Tröpfchen Milch einflößte, schluckte es nicht einmal.

Die Köchin, eine majestätische, dicke Person mit einem Suppentellergesicht und blauen, schmachtenden Augen, hatte von ihrer großen blanken Werktafel aus den Bemühungen Pias mitleidig zugesehen.

»Du plagst das arme Tier umsonst«, sagte sie sanft und freundlich. »Gib's her. Ich mach's tot.«

»W--aas? Totmachen?« Pia hob das schmucke Köpfchen, streckte sich, wurde ordentlich größer vor Entrüstung. »*Sie* wird man totmachen, Sie Grausame...«

Die Mörderin unzähliger Tauben, Hühner, Perlhühner, Truthühner zuckte mit ruhigem Selbstbewußtsein die Achseln. »Ich bin nicht grausam, ich könnt' ein armes Tier, dem nicht mehr zu helfen ist, nicht so leiden sehen, weil's mich freut, mit ihm zu spielen.«

Pia schauderte; sie stürzte aus der Küche hinaus, fort von der Entsetzlichen, der Totmacherin von Beruf, die so schreckliche Dinge sagte und vielleicht sogar -- recht hatte:

Weil es sie freut, mit ihm zu spielen?

Wenn das wahr ist, dann ist sie ja viel schlechter als Lux, der keine Vernunft hat und ein Nebentier quält, *ohne* zu wissen, was er tut... Menschen haben einen *anderen* Standpunkt und eine *andere* Verantwortlichkeit.

Was ist neulich geschehen, als der Tierarzt zum alten Jagdhund Flock gerufen wurde und erklärte, daß er unheilbar krank sei? Da hat die Großmutter zu Papa gesagt: »Erlös ihn! Spend ihm eine gnädige Kugel! Er soll den Tod eines braven Jagdhundes sterben.« – Und Papa, dieser engelsgute Papa, hat ein Gewehr genommen, ist hingegangen und hat den alten Flock erschossen. Und Flock war Papas Lieblingshund.

»Du bist auch mein Liebling«, flüsterte sie dem Vogel zu, »und ich will dich von deinen Leiden erlösen. Und ich weiß den schönsten Tod für dich, den schönsten Vogeltod. Im letzten Augenblick noch sollst du glauben können: *Jetzt flieg' ich!* Und dann wird alles aus sein. Bei einem *Vogel* ist dann *alles* aus.«

Sie lief über den Hof, in den Gang und die Stufen hinauf, die zur Wohnung des Turmwartels führten.

Kein wirklicher Wartel. Er hieß nur so und war ein greiser, pensionierter Hausdiener. Er tat auch nichts mehr, außer Tabak schnupfen und schlafen. Den Turm sah er als seine eigenste Domäne an, und weil er selbst nie mehr hinaufstieg, war sein schwarzer Kater angewiesen, die Besucher zu geleiten.

Die Tür des Wartelzimmers war nur angelehnt. Sie hatte ein großes Guckloch. Pia warf im Vorübergehen einen Blick hindurch. Der Alte schlief in seinem Lehnstuhl; der Kater saß neben ihm auf dem Tisch und lauerte. Die Kleine erblikken und auf den Boden springen, war eins. Er zwängte sich durch den Türspalt wie eine Schlange aus Samt und schlich hinter Pia her, unhörbar auf seinen elastischen Pfoten. Immer näher kam er heran, schmiegte sich an sie, warf ihr aus den großen, runden Topasaugen forschende Blicke zu.

Ob er den Vogel witterte? Ob er ahnte, was Pia in der Hand trug?

Auf der Treppe lag der Staub fingerdick, und ein unheimliches Zwielicht herrschte. Die wenigen Fenster waren nicht viel breiter als eine Zaunlatte und mit Schmutz und Spinnweben überzogen. Manchmal huschte etwas vorüber – eine Ratte, gewiß. Dann schoß der Kater drauf los, und dann gab's einen kurzen, wütenden Kampf, ein schrilles Pfeifen gellte, ausgestoßen in Schmerz und Todesnot.

Und das Raubtier war wieder da, und seine hellen Augen leuchteten und sahen wieder und wieder zu Pia hinauf und schienen zu sagen: »Die rechte Beute hab' ich noch nicht, die möchtest du mir vorenthalten. Wart nur, ich hole sie mir, ich bin stark, ich habe Krallen!«

Der Kleinen wurde bang – sie hastete, sie lief die Stiege hinauf. Ach, die wollte heute kein Ende nehmen! Und die Stufen waren so steil, und so schwindelig wurde man bei dem ewigen Rundherum und Rundherum.

Seit einer Weile schon hatte das Finklein kein Lebenszeichen gegeben. Plötzlich rührte sich's, sträubte seine Federn, seine Füßchen zappelten und zuckten...

Vorüber... nichts mehr! Das war vielleicht das Letzte. Das Finklein war vielleicht jetzt gestorben. Pia trug eine kleine Leiche in ihrer Hand...

Schrecklich, schrecklich, der Tod ist etwas Schreckliches, und ihn da haben, ihn fühlen... Ein Grauen überrieselte sie, und sie flüsterte dem Vogel zu:

»Stirb nicht, stirb nicht in meiner Hand!« Sie legte seinen Kopf an ihre Wange, hauchte leise über ihn hin und – schrie auf. Der Kater war mit einem wilden Satz heraufgesprungen, ihr fast ins Gesicht, und fauchte und dräute. Eine feige Regung stieg in dem Kinde auf: Gib es ihm! Gib ihm das Vögelchen! Es ist ja tot... Aber vielleicht doch noch nicht *ganz* tot, und kann sich noch fürchten, noch etwas davon fühlen, wie es zerfleischt wird. Nein! – Nein!! Man hat doch seinen Kopf, man wird nach seinem eigenen Kopf tun und nicht nach dem eines ekelhaften alten Katers.

»Fort, *Un*katz! *Un*katz!« ruft sie, und daß sie einen so verletzenden Namen für ihn gefunden hat, freut sie, stärkt sie. Sie stürmt die Stufen hinauf.

Da endlich war sie angelangt beim Pförtlein, das auf die Plattform führt. In seinem altersgrauen, von oben bis unten geborstenen Holz bildete das hereinströmende Sonnenlicht goldene und diamantene Stäbe.

Pia stieß es auf und betrat die Plattform – der Kater ihr auf den Fersen. Sie fürchtete ihn nicht mehr, sie küßte den Vogel noch einmal auf sein Köpflein.

»Jetzt erlös' ich dich, bald wirst du nicht mehr leiden. Du wirst fallen – fallen –– es wird dir sein wie im Traum.«

Über die Mauerbrüstung gebeugt blickte sie hinab.

Lauter Wipfel, und der alle überragende war der der alten Rüster, und er schien so nah, daß man meinte, ihn greifen zu können. Und ganz oben in den feinsten Zweiglein seiner Krone huschte es unstet hin und her, ward ein banges Schreien und Klagen laut – und so klein die Brust, der es entquoll, so groß und verzweiflungsvoll der Schmerz, der sich darin aussprach.

»Bist du's, Finkenmutter? Bist du's, Arme? Du wirst dein Kind wiedersehen; es kommt, aber es ist tot.« Pia streckte den Arm aus, und im Augenblick war der Kater dicht an sie heran auf die Mauer gesprungen.

»*Du* bekommst ihn nicht, *du* nicht!« rief das Mädchen, drückte einen Moment die Augen fest zu und öffnete die Hand.

Das Vöglein entglitt ihr und sank eines Atemzugs Dauer. Dann... Herr Jesus, Herr Jesus –– es war nicht tot, es lebte!

Seine Flügel spreizten sich, aus seiner Kehle drang ein leises, halb banges, halb freudiges Zwitschern; es flog, ein bißchen ungeschickt und wie trunken, aber es *flog* dem Wipfel der Rüster zu, und dort erschallte ein Jubeln, ein Jauchzen seligen Entzückens. Dazwischen ein eifriges, fragendes, besorgtes Piepsen: »Wie geht's? Bist gesund? Fehlt dir nichts?«

»Nein, jetzt fehlt ihm nichts mehr!« Pia brach in helles Lachen aus. Sie lachte dem Kater ins runde, flache, ins kläglich bestürzte Gesicht.

»Spring nach! Hol dir's, alter dummer Kater! Es ist gerettet vor dir, vor allen seinen Feinden, es ist bei seiner Mutter!«

Sie hielt plötzlich inne, sah nachdenklich in die Ferne und wiederholte langsam: »... bei ... seiner ... Mutter.«

Wie einem da ist, wußte sie schon lange nicht mehr ... Sie war damals so gar klein gewesen ... aber herrlich muß es sein für einen Vogel und –– für ein Kind.

Hermann Löns

Der Kolkrabe

Der fetteste Monat für das Raubzeug ist der Hornung; er beschert ihm reichlich an Fallwild.

Die Sonne hat dann schon Kraft und schmilzt den Schnee an; aber nachts gefriert er wieder, und die Kälte überzieht die Schneedecke mit einer Eisschicht. Fällt dann Neuschnee, so kann der Schnee zwei oder drei Eisschichten übereinander bergen.

Unmöglich ist es dann für Hirsch und Reh, zur Bodenäsung zu gelangen; kümmerlich müssen sie dort, wo nicht voll gefüttert wird, und wo sie kein Weichholz zur Genüge haben, sich mit saft- und kraftloser Äsung behelfen, kümmern und kommen ab.

Bei jedem Tritt zerbrechen die Schalen die harte Eiskruste des Schnees, das Stück beginnt an den Läufen zu klagen, fällt und steht nicht mehr auf.

Auch dem Hasen, den seine breitsohligen Füße über die mörderische Schneedecke tragen, geht es dann schlecht; nirgendwo findet er Äsung; so muß er an den beinhart gefrorenen Futterkohl, aber der bekommt ihm nicht, und elend muß mancher Hase verenden, wie denn auch Rebhuhn, Ringeltaube und Fasan an Äsungsmangel eingehen oder an ungenügender oder gefährlicher Äsung.

Fuchs und Marder geht es dann aber gut; reichlich ist ihnen der Tisch gedeckt, und noch bequemer ist es ihnen gemacht als zur Satzzeit, wenn das Feld von Mäusebrut und Junghasen wimmelt; im Hornung brauchen sie die Beute nicht zu beschleichen, entschlüpft sie ihnen nicht; steif und tot liegt sie da, und wer eine gute Nase hat, findet sie schon, ehe sie weithin wittert.

Darum hat alles, was wintertags in der Hauptsache auf Luder angewiesen ist, im Hornung Roll- und Ranzzeit; jeder Bau im Walde füchselt jetzt stark, denn die heiße Petze rennt, und der Fuchsrüde sucht sie von Bau zu Bau; in der Forst erschallt das Ranzgekreische des Edelmarders und auf den Böden der Dorfhäuser das des Hausmarders.

Auch von dem Flugraubzug paaren sich im Hornung die Arten, denen der Winter den Tisch deckt. An der sonnigen Talflanke des Gebirges kreist laut rufend das Steinadlerpaar; es hat den Winter über keine Not gelitten; seine scharfen Augen erspähten jedes Stück Fallwild, die Gemse im Latschengestrüpp, den Hirsch am Rande des Geröllgrabens und das Reh am buschigen Abhange.

Und noch einer ist es, der dem Winter nicht gram sein konnte. Der Kolkrabe ist es; er fand reichlichen Fraß, wenn

er mit stolzem Adlerfluge dahinruderte und mit den scharfen Augen das Schneefeld abspähte. Aus doppelter Turmhöhe stieß er dann hernieder, jagte den Bussard mit furchtbaren Schnabelhieben von dem gefallenen Reh und die Krähen von dem verendeten Hasen, und selbst der Fuchs ließ die Lunte hängen und rückte aus, wenn der Rabe ihm Stoß auf Stoß versetzte.

Den ganzen Winter hat sich das Rabenweibchen umhergetrieben, da verweilend, wo es Fraß fand, weiterstreichend, wenn er zu Ende war. Am Flußufer hatte es den angespülten Lachs in einer Woche aufgezehrt, hatte im Bergwalde sich an einem gefallenen Hirsche gemästet, dort ein verendetes Reh bis auf die Decke und die Knochen verzehrt, da einen eingegangenen Hasen verspeist und noch allerlei anderes gefunden, das sich mitnehmen ließ, auch manche Maus erwischt.

Nun aber fühlte es sich nach dem großen Bruche zwischen Geest und Moor hingezogen, wo es seit Jahren gehorstet und seine Brut aufgebracht hatte. Es flog den ganzen Tag, suchte zur Nacht eine dichte Fichte im Walde, sättigte sich an dem Kerne eines Fuchses, den der Förster auf der Lichtung liegen ließ, flog weiter und kam um die Uhlenflucht im Bruche an. Dreimal kreiste es über der wildverwachsenen Wohld, dann schoß es auf einen Birkenstand zu, flatterte darin entlang und schwang sich in einer glattschäftigen, hohen Kiefer ein.

In der grauen Morgenfrühe, als das Rotwild noch nicht wieder aus der Heide zurück war, erwachte das Rabenweibchen; es schüttelte den Reif aus dem Gefieder, zupfte sich die Federn zurecht, stürzte sich aus der Krone der Kiefer fast bis zum Boden, flog durch den Birkenbestand und über die Rodung und stieg erst über der blanken Heide empor, wo kein Gebüsch, kein Baumbestand den Ausblick versperrte.

Es war noch alles dort so wie sonst. Zwischen Heide und Bruch floß die flinke Beeke hin und her, ein gutes Wasser, denn leckere Forellen und Äschen gab es darin, und wenn sie laichten, waren sie bequem zu fangen.

Im Bruche kam sie mit der Ahe zusammen, einem faulen

Flüßchen, in dem aber Hechte, Aale, Brassen und Döbel lebten. Zuzeiten ließ die Ahe ihre Ufer hinter sich, überschwemmte das Wiesenland, und wenn sie nachher wieder bescheiden wurde, dann brauchte der Rabe nicht lange nach Futter zu suchen, denn überall zappelten sich in den Lachen und Gräben Fische ab.

Das, was da hinten schimmerte, das war der Fluß, und der Wald an seinem Ufer, das war ein ganz besonderer Wald, denn jedes Jahr horsten an vierzig Paare Fischreiher dort. Je nachdem es einem Raben nun Vergnügen machte, konnte er den Reihern die Eier oder die nackten Jungen stehlen oder unter den Geständen am Boden nach Fischen suchen, die den Jungreihern entglitten, und manchmal lag dort auch ein Jungreiher, der das Übergewicht bekam, vom Horstrande stürzte und auf dem Boden barst.

Ferner waren dort hinten die Fischteiche; da gab es die fettesten Frösche weit und breit, und nicht selten fand sich dort ein abgestandener Karpfen, und vor dem Dorfe dort unten der weiße Fleck, das war die alte Sandgrube, da brachten die Bauern ihr verendetes Vieh hin, und in der Not war da schließlich immer etwas für einen Raben zu finden. Außerdem gab es in dem Bruche so viel Kleingetier, daß ein Rabenpaar nicht in Verlegenheit kommen konnte, wie es seine Brut satt bekommen sollte.

»Ruk, ruk«, rief das Kolkrabenweibchen über das Bruch, und der alte Hegemeister, der mit dem Oberholzhauer über das Hauptgestell geht, lächelte und sagte: »Kiek, der Rauk is all wedder da! Jetzt wird es Frühling.« Der Alte liebte den Raben und hegte ihn; er wußte, daß er ab und zu einen Junghasen aufnahm oder ein Birkhuhnnest bestahl, aber ihm war auch bekannt, daß er das kranke Wild ausmerzte und so der Seuchenverschleppung vorbeugte, und daß er der Hauptfeind der Kreuzotter war und im Mäuse- und Engerlingsvertilgen Hervorragendes leistete.

Aber nicht nur deswegen ließ er ihn in Ruhe, sondern weil er schönheitsfrohe Sinne hatte; das Herz lachte ihm in der Brust, hörte er den runden Ruf des Raben, der an uralte Zeit gemahnte, da der Rauk noch Wodes heiliger Vogel war, der vor dem Dorfe horstete, und der nicht litt, daß der

Adler die jungen Lämmer und der Habicht die Hühner schlug, und wenn der alte Grünrock die Raben über der Wohld im Balzfluge kreisen sah, dann frohlockten seine Augen.

Zu langweilig war es ihm im Laufe der Jahrzehnte auf der Welt geworden; verhallt war des Wiedehopfes seltsamer Ruf, zerstoben der Blauraken Farbengeflimmer, verschwunden war der Schreiadler, der Uhu horstete nicht mehr in der Wohld, und nur noch je ein Paar Kraniche und Waldstörche fristeten hier im meilenweiten wilden Bruche ihr Dasein, nachdem allerlei herzloses Volk, Schießer, Eiersammler und Bälgehändler die meisten von ihnen getötet oder vertrieben hatten. Darum schonte der alte Grünrock den Rauk, gönnte ihm im wildreichen Bruche die Jagd und labte sich an seinem stolzen Rufe und an dem Adel seines Fluges.

»Kiek, Konrades, nu sünd dat all twei!« rief er und zeigte nach den Bruchwiesen, über denen hoch in der Luft das Paar seine Kreise zog, und von wo die Balzrufe zu den beiden Männern herüberschallten; laut und rund klang es: »Kulong, klong, klong, ruck ruck rack rack.« Unter einer Fichte am Bestandsrande, deren tief herabhängende Zweige eine Laube bildeten, und deren Tagewurzeln durch ein darauf gepflocktes Brett zu einer Bank gestaltet waren, machte der Hegemeister Halt: »Hier wollen wir frühstücken; ich bin ein bißchen müde.«

Er setzte sich und ließ dem Oberholzhauer Platz neben sich, zog das Messer aus der Hosennahttasche und aß mit Bedacht; ab und zu nahm er das Glas vor die Augen und sah nach den beiden Raben, die immer noch laut rufend ihre Kreise zogen. »Nun ruhig«, sagte der Hegemeister, »sie kommen auf uns zu! Sie haben den Fuchskern, den ich vorgestern da liegen ließ, geäugt.« Die Raben schraubten sich herunter, schossen an dem Luder vorbei, fuhren wieder empor, senkten sich abermals, stießen noch einmal auf und setzten sich schließlich.

Eine ganze Weile saßen sie da und drehten die Köpfe hin und her, daß ihr stahlfarbiges Gefieder in der Sonne bald einen blauen, bald einen grünen Widerschein sprühte, hüpften näher, sprangen zurück, betrachteten mit schiefgehaltenen Köpfen den balglosen Fuchs, flatterten noch einmal hoch und spähten das Gelände ab und nahmen schließlich den Fraß an, mit den klobigen Schnäbeln lange Fleischstreifen von den Keulen und Blättern reißend und dann das Gescheide hervorzerrend und verschlingend.

Das Männchen, das schon vorher eine abgestandene Barbe am Allerufer gekröpft hatte, war bald satt, flog auf die Spitze der krausen Hüteeiche, putzte den Schnabel, ordnete das Gefieder, blies die Kehlfedern auf, sträubte die Kopffeder, ließ die Flügel hängen, fächerte den Keilschwanz, und nachdem es einige Male hin und her getrippelt war und auf schnurrige Weise geschnalzt, gegluckst und geschluckst hatte, fing es an, seinen Gesang von sich zu geben.

Der Hegemeister bekam vor Vergnügen einen ganz roten Kopf, und sein Begleiter hielt sich vor heimlichem Lachen den Leib, denn es sah zu verdreht aus und hörte sich zu lächerlich an, wie der stattliche Vogel da auf der Spitze der Eiche mit gesträubten Kopffedern und aufgeblasenem Halse dasaß, mit den Flügeln zitterte, mit dem Schwanz wippte und auf das allerzärtlichste die seltsamsten Schnalz-, Zisch-, Triller- und Pfeiftöne, aber alle ganz leise, von sich gab, ab und zu ein merkwürdiges Schnabelklappern, den Lock- oder den Warnruf oder den Balzlaut, dazwischenflechtend.

Dann erhob er sein Gefieder, warf sich aus der Eiche, rief rauh »Krak, krak krak« und ruderte über die Wiese hin, und hinter ihm her stob das Weibchen, und da, wo ein runder Weidenbusch stand, stießen sie umschichtig nieder. »Ich glaube«, sagte der Hegemeister, »da ist der Fuchs; ich will mich fertig machen.« Er spannte den Drilling und stand auf. Eine Weile stießen die Raben nach dem Busche, dann fuhr ein schwarzes Tier heraus und flüchtete dem Walde zu.

»I, was ist denn das?« meinte der Förster, »für eine Katze ist es zu lang.« Er nahm das Glas, ließ es aber schnell wieder auf die Brust sinken und flüsterte: »Konrades, lauf schnell nach der Beeke zu, es ist der Otter!«

Der Holzhauer schlich erst einige Schritte langsam den Holzweg entlang und sprang dann auf die Wiese. Mit rauhem Angstlaute stob das Rabenpaar von dannen, der Otter aber wendete und suchte das Holz zu gewinnen. Zehn Schritte davor schlug er im Feuer rundum.

»Donnerwetter!« rief der Hegemeister, »Donnerwetter, ein alter Otterrüde, seine dreißig Pfund schwer! Und da sage noch einer, der Kolkrabe ist ein schädliches Geflügel. So, nun wollen wir ihn streifen, und dann haben wir alle etwas, ich den Balg, du deinen Taler für das Rennen und die Raben einige anständige Mahlzeiten.«

Das Rabenpaar hatte sich nicht schlecht erschrocken, als der Holzhauer aus dem Walde hervorsprang, und als es am anderen Tage dort vorüberstrich, wo die Ansitzbank unter der Hängefichte war, besann es sich erst lange Zeit, ehe es den Otterkern annahm, aber schließlich ging es doch daran, und nach acht Tagen war von dem Fuchs und dem Otter nichts mehr übrig als das blanke Gerippe. Drei Meilen weiter lag außerdem in einer Kiefernbesamung ein Hirsch, der an einem alten Schusse eingegangen war, und obgleich die Füchse, Dachse und Marder nächtlicherweile stark dabei gewesen waren, war für die Raben immer noch genug daran zu finden.

So litten sie selbst dann keine Not, als der Nachwinter noch einmal kräftig einsetzte, und Anfang März lagen in dem Horste auf der alten, hochschäftigen Kiefer in der wilden Wohld fünf große, grüne, bunt gesprenkelte Eier, und nach drei Wochen, als die Wiesen sich schon begrünten, der Haselbusch und die Erlen abgeblüht waren und der Porst sich immer roter färbte, auch an den Gräben die Dotterblumen und im Fallaube die Windröschen aufsprangen, hockten fünf dickköpfige Gelbschnäbel in dem Neste, in deren immer hungrige Rachen die Alten hineinstopften, was sie nur erwischten, die Maus wie den Regenwurm, den Moorfrosch wie die Kreuzotter, den Hecht, der im abgelaufenen Berieselungsgraben zappelte, wie den Junghasen, der im Schlackschnee umgekommen war.

Überreich an Getier allerart war das Bruch, das Moor und die Heide, und leicht war es für das Rabenpaar, Atzung für seine Brut zu finden, da es überall die besten Stellen kannte, wo ein Fang zu machen war. Ab und zu gelang es ihm auch, traf es den Fuchs auf blanker Heide oder den Wanderfalken fern vom Walde an, ihnen so zuzusetzen, daß sie ihren Raub fahren ließen.

Als in dem alten Eichenwalde erst Jungreiher in den Geständen hockten, gab es Fische in Überfluß für die Raben, und fanden sie keine, dann kam es ihnen auch gar nicht darauf an, einen Jungreiher umzubringen und fortzuschleppen, denn um der Altreiher Gezeter und Flügelschlagen kümmerten sie sich wenig, und geschickt wichen sie den Schnabelstößen aus, wußten es aber meist so einzurichten, daß sie in der Ecke der Siedlung raubten, wo gerade kein Altreiher zugegen war.

In ihrem eigenen Jagdgebiete aber hielten sie scharf Auslug, daß kein fremdes Raubgeflügel dort wilderte. Wehe dem Habichte, ließ er sich dort blicken, er wurde so lange hin und her gehetzt und mit bösen Schnabelhieben so zugedeckt, daß er jedesmal schleunigst machte, daß er weiterkam, und dem Wanderfalken ging es nicht besser. Das alte Kopftier des Rudels Rotwild war es sehr zufrieden, daß die Raben da waren, denn solange einer von ihnen auf der Pappel an der Beeke saß, konnte das Rudel getrost am hellen Tage auf der Wiese äsen, sobald sich etwas Verdächtiges bemerkbar machte, warnte der Rabe.

Desgleichen fand es der starke Bock, der in der Porstdikkung stand, äußerst bequem, daß die Raben für ihn aufpaßten, und in aller Seelenruhe äste er sich an dem Borde der Beeke entlang; sobald aber der Rabe rief, trat er in die Dikkung zurück. Auch die Reiher, die da gern fischten, und der Schwarzstorch, der dort auf den Neunaugenfang ging, und das Kranichpaar, das im offenen Bruche brütete, sie alle fanden, daß es sich noch einmal so nett leben ließ, wenn die Raben zu sehen waren, die Wächter des Bruchs, deren scharfen Augen nichts entging.

Die Frösche, Mäuse, Wühlratten und Kreuzottern dagegen waren entgegengesetzter Ansicht; das Gras mochte noch so dicht und die Heide noch so hoch sein, die Augen des Raben sahen bis auf den Grund, und ehe die Maus oder die Wühlratte es sich versah, ehe der Frosch den Graben und die Otter ihr Loch erreichte, sauste der gefährliche Schnabel hernieder, und nie traf er daneben, stets fiel er auf das Genick des Beutetieres, und fortwährend flogen die Raben nach der Wohld, irgendein Futter im Schnabel, das sie der Brut zubrachten.

Die war inzwischen schon mächtig herangewachsen, hatte die Federn aus den Speilen gestoßen, ein blankes Kleid angezogen und die gelben Wülste an der Rachenspalte verloren. Sie saßen jetzt nicht mehr den ganzen Tag mit dummen Gesichtern eng aneinandergedrückt in der Horstmulde, sie wagten sich schon auf den Rand und von da auf einen Ast und von dem noch weiter hin, und dann saßen sie alle fünfe dicht nebeneinander, sahen mit scharfen Augen dahin, wo der Bussard kreiste, und dorthin, wo die Hasen hoppelten, bis sie fern über den Wiesen einen schwarzen Punkt entdeckten, der schnell größer wurde und näher kam.

Dann wurden sie aufgeregt, drängten sich auf dem Aste hin und her, zitterten mit den Flügeln, und wenn der Vater oder die Mutter ganz nahe war, dann girrten sie hungrig, bis der alte Rabe sich zu ihnen schwang, das Beutetier zerriß und ihnen die Fetzen in die weiten, roten Rachen schob, um wieder fortzustreichen und neue Atzung zu holen aus dem grünen Bruche oder vom braunen Moore.

»Jetzt sind die Räuke alle beflogen«, sagte der Hegemeister zu dem Holzhauer und wies nach der Wohld, über der sieben große schwarze Vögel in der Sonne glänzten. Auf und ab stiegen sie, zogen Kreise, schwebten herunter, stiegen empor, bis sie in der Ferne verschwanden.

Nach dem Flusse flogen sie, wo die Ukeleis laichten. Eine breite Sandbank hatte das Winterhochwasser in dem Flußbette aufgebaut, und zwischen ihr und dem sandigen Ufer blitzte und klatschte es. Bequemer konnten es die Raben nicht haben. Alle sieben schritten in das seichte Wasser hinein, warteten mit schief gehaltenen Köpfen, bis ein Fisch heranschwänzelte, und wupp, war er gefaßt, und stolz hüpfte der junge Rabe damit auf das Ufer und führte ihn sich zu Gemüte.

Lernten sie heute fischen, so brachten ihnen morgen die Alten den Mäusefang bei und tags darauf die beste Weise, wie man der Kreuzotter Herr wird, ohne ihren Giftzahn fühlen zu müssen. Auch wie man die flinken Grillen und die großen grünen Heuschrecken fängt, lernten sie, und wie man es anstellen muß, die schnelle Maus zu erbeuten und den Maulwurf und die Reitmaus aus der Erde zu ziehen.

Aber auch die Stellen, wo die Jäger das Gescheide von Bock und Hirsch hatten liegen lassen, wiesen die Eltern den Kindern, und die Gräben, in die sich ein Hecht verläuft, zeigten sie ihnen und die Kuhle vor dem Dorfe, wo die Bauern das Vieh hinfuhren, das ihnen gefallen war.

Nicht immer gibt es überall Mäuse, Frösche, Fische und Schlangen, und was ein richtiger Kolkrabe ist, der muß sich ohne Schwierigkeit auch dann durchzuschlagen verstehen, wenn das Moor und das Bruch ganz vom Schnee zugedeckt sind und nirgends fette Heuhüpfer und dicke Regenwürmer anzutreffen sind.

Darum ist es gut, daß man überall draußen Bescheid weiß, damit man nicht, wie das Krähenvolk, gezwungen ist, in den Dörfern und in den Städten herumzulungern und auf Miststätten und Kehrichthaufen nach Abfällen zu stöbern, denn einmal ist das gefährlich, weil dem Menschen niemals zu trauen ist, und dann treiben sich dort die Krähen in hellen Haufen umher.

Zweierlei ist es nämlich, dem der vorsichtige und stolze Rabe immer aus dem Wege geht, der Nähe des Menschen und irgendwelcher Gesellschaft. Niemals wackelt er, wie die Krähe, hinter dem Pfluge her, und erst wenn der Bauer mit seinem Gespanne abzog, schreitet er die Furchen ab und vertilgt den zarten Engerling, den ledernen Drahtwurm und die saftige Graseulenraupe und auch manche Maus.

Aber niemals, außer in der Paarungs- und Brutzeit, mag er Gesellschaft um sich haben, und nicht einmal mischt er sich in die bunten Schwärme der anderen Rabenvögel, wie sie wintertags daherziehen, die Luft mit Getöse erfüllend. Einsam und allein lebt er das Jahr über, gleich als passe es sich für ihn, Wodes heiliges Tier, nicht, sich mit dem geringen Volke abzugeben, und seinesgleichen sagt ihm erst recht nicht zu, denn wo zwei sind und nur Fraß für einen, da wird jeder bloß halb satt.

So lebten denn die sieben Raben jeder für sich; das Weibchen blieb dem Bruche treu, das Männchen strich nach dem

Marschlande, die fünf Jungen aber verteilten sich in der Welt; eins fing sich in einem Tellereisen, eins knallte ein Schießer vor dem Uhu herunter und ließ sich der Untat halber noch in der Zeitung rühmen, ein dritter fraß einen Giftbrocken und mußte elendiglich verenden.

Ein Männchen und ein Weibchen blieben allein von den fünf Jungen übrig, und irgendwo fanden sie im Hornung Anschluß und sorgten im Märzen dafür, daß Wodes Wappengeflügel nicht ganz aussterbe in den deutschen Gauen, die Schießwut, Verfolgungswahnsinn und elende Gewinnsucht von Jahr zu Jahr mehr veröden, dem Gesetze zum Trotze, nach dem der Rauk zu schonen ist, weil er ein so stolzes Geflügel ist und so selten ward.

Iwan Turgenjew

Der Sperling

Ein milder Frühsommertag mit hohem Himmel, hellem Vogelsang und kräftigem Wind ging langsam zur Neige. Die Sonne hatte sich müde gebrannt. Ich kehrte von der Jagd zurück und ging durch die Gartenallee meinem Häuschen zu. Hasso, mein Hund, lief voraus. Plötzlich verzögerte er seine Schritte, hielt den Kopf schräg und begann vorsichtig zu schleichen, als wittere er ein Wild oder erblicke vor sich etwas, dessen Bedeutung er nicht sofort einordnen konnte. Durch dieses Verhalten aufmerksam gemacht, sah ich die Allee hinunter und gewahrte einen jungen Sperling mit gelbem Schnabelrand und jungem Flaum auf dem Kopf. Er war offenbar aus dem Nest gefallen, denn der Wind schüttelte die Birken der Allee so kraftvoll, daß die zarten Blätter flatterten und die biegsamen Zweige wehten wie das seidenweiche Haar eines jungen Mädchens, das trotzig den Kopf schüttelt.

Der junge Sperling hockte unbeweglich mitten auf der Allee und streckte die kaum gewachsenen Flügel hilflos von sich. Langsam und vorsichtig näherte sich mein sonst so ungestümer Hund, als befürchte er, den verängstigten Vogel zu erschrecken. Da riß sich plötzlich vom tiefsitzenden Ast einer windbewegten Birke ein alter Sperling los und stürzte wie ein Stein direkt vor der Schnauze meines Hundes zu Boden. Ganz verstört sprang das alte Sperlingweibchen mit gesträubtem Gefieder und verzweifeltem, kläglichem Gekreisch einige Male gegen Hassos weitgeöffneten, zähnefletschenden Rachen.

Der Sperling wollte sein Junges retten und schützte es mit seinem eigenen Körper, der so klein, so schwach und so hilflos war. Der Sperling bebte vor Schreck; sein dünnes Stimmchen war wild und heiser vor Entsetzen. Der zitternde Vogel

war dem Tode nahe. Er opferte sich, denn der Hund war für ihn ein gewaltiges Ungetüm, vor dem es keine Rettung gab. Trotzdem war der Sperling nicht oben auf dem sicheren Ast geblieben. Eine Gewalt, die stärker war als Lebenserfahrung und Todesangst, hatte ihn gezwungen, der tödlichen Gefahr zu trotzen.

Hasso blieb wie angewurzelt stehen und wich dann sogar verblüfft zurück. Offensichtlich zwang auch ihn etwas, die Gewalt anzuerkennen, die so unerwartet und gegen jede Vernunft über den winzigen Vogel gekommen war.

Ich rief den Hund zu mir und entfernte mich dann mit einem Gefühl der Ehrfurcht. Ja, es war tatsächlich Ehrfurcht, die ich vor dem kleinen, heldenmütigen Sperling und seinem leidenschaftlichen Ausbruch hingebungsvoller Liebe empfand. Die Liebe, dachte ich, ist doch stärker als der Tod. Sie überwindet jede Bedenklichkeit und alle Ängste. Durch sie, nur durch die Liebe bewegt und erhält sich das Leben.

Der Vogel als Freund des Menschen

Paul Eipper

Harzer Roller wandern in alle Welt

In den vierziger Jahren des vorigen Jahrhunderts kaufte ein Herr Ludwig Ruhe ganz regelmäßig Kanarienvögel in den Harzdörfern, um die damals schon sehr geschätzten Harzer Roller nach außerdeutschen Ländern auszuführen.

So entstand die Exportfirma L. Ruhe in Alfeld an der Leine. In bescheidenen Formen allerdings: Man holte bei den kleinen Bauern, Handwerkern und Heimarbeitern die seit Generationen dort gezüchteten Singvögel, pflegte und prüfte sie einige Zeit, und dann wanderten Botengänger in wochenlangem Fußmarsch von Alfeld nach Lübeck oder Bremen, auf dem Rücken das breite Reff, ein Traggestell, angefüllt mit hundertsechzig bis hundertsiebzig kleinen hölzernen Vogelkäfigen, ungeheizt, wie sich's von selbst versteht.

Man hätte natürlich auch Pferdewagen zum Transport verwenden können; damals herrschte jedoch die Ansicht, daß jede rumpelnde Wagenfahrt den Singvögeln schädlich sei. Man brach lieber schon eine Stunde vor Tagesbeginn auf, marschierte eine Weile, fütterte und tränkte die gelben Sänger und nahm die Mühsal solcher vieltägigen Fußwanderungen bei Sonnenglut, Regen oder Schnee als selbstverständlich hin.

Die Vielzahl der Kanaris war jetzt zwar in der Hafenstadt, aber noch nicht am Ziel; Ludwig Ruhe suchte sich ein Segelschiff aus, fuhr mit seiner lebendigen Fracht entweder nach Petersburg oder quer über den Atlantik, sogar nach Chile und Peru. Wochen vergingen, manchmal ein Monat schwerer Arbeit und Gefahr, bis der Segler Kap Horn umfahren und Herrn Ruhe mit seinen zwei- bis dreitausend Kanarienvögeln im südamerikanischen Hafen abgesetzt hatte, hoffentlich ohne allzuviel Verspätung.

Genau besehen hat sich das Prinzip während der inzwischen vergangenen neunzig Jahre wenig verändert; noch immer werden in Alfeld Kanarienvögel gesammelt, exportfähig gemacht und weitergeschickt nach Übersee; nur daß Hermann Ruhe, der Enkel des Firmengründers, das Unternehmen der heutigen Zeit und den modernen Wirtschaftsverhältnissen anpaßte.

Jetzt, im Jahre 1936, gehen keine Boten mehr zu Fuß, warten keine Segelschiffe auf günstigen Wind; mit Autos und Schnelldampfern reisen – während der Hauptsaison zwei- bis dreimal wöchtenlich – mindestens tausend Vögel von Alfeld nach USA. Nach wie vor gehört es dort drüben zum guten Ton, daß jede Amerikanerin von Welt ihren Kanari besitzt. Und es gibt keinen Zweifel, die Zentrale, die Sammelstation ist ›Ruhe‹, von wo alljährlich zweihundert- bis zweihundertfünfzigtausend wohlsingende Kanarienhähne in fast alle Weltteile exportiert werden.

Zuvor hat jedes dieser Tierchen einen Quarantäne-Aufenthalt in Alfeld durchgemacht, ebenso eine Prüfung auf Gesang. Sehen wir uns einmal in dieser Zwitscher-Börse um!

In zwei Häusern sind sämtliche Stuben längs der vier Wände von oben bis unten angefüllt mit den kleinen, sauberen Käfigen aus weißem Holz, und an der Tür jedes Zimmers hängt eine lange Kartothek-Karte: Raumbelegschaft eintausendfünfhundert Hähne, eingetroffen dann und dann, so viele hundert aus dieser Provinz, so viele aus jener.

Der erste Eindruck eines solchen Zimmers verblüfft, noch mehr der erste Schritt in jenen Raum. Die Luft schwingt hier beinahe sichtbar in fein tönenden Harmonien, so als ob die Mauerwände selbst pfeifen, zwitschern, singen und tirilieren. Allmählich nimmt auch das Auge Eindrücke auf: ein atmendes Meer kaum zählbarer goldgelber Wattekörperchen ist ringsum in dauernder Bewegung. Ganz zartes, rhythmisches Pochen vieler Füßchen, die von Stänglein zu Stänglein hüpfen.

Mit aller Sorgfalt werden die kleinen Tiere gepflegt. Ich war wiederholt bei der Morgenarbeit der Wärter zugegen, sah, wie jedes einzelne Gelaß saubergemacht, Näpfchen um

Näpfchen mit Futter und frischem Wasser versorgt wurde. Erfreulich behutsam sind diese Männer und sehr geschickt! Sie greifen sieben Käfige auf einmal, reinigen unter Benutzung falzbeinartiger Geräte ihre Fußböden, schütten mit einer Fingerfertigkeit, die an Zauberei erinnert, einen Mahlstrom feinster Körner in jedes linke Näpfchen, gießen aus spitzschnäbeligen Kannen nach rechts frisches Wasser, ohne daß auch nur ein Tropfen danebengeht. Zweimal am Tag müssen tausend bis tausendfünfhundert Käfige umgesetzt werden, wobei jedesmal auch der Gesundheitszustand des betreffenden Vogels genau zu prüfen ist.

Diese Arbeit stellt aber nur den Dienst am leiblichen Wohl der Pfleglinge dar. Nicht zufällig steht in der Mitte eines jeden Raumes eine Bank; hier sitzt Tag um Tag, mehrere Stunden lang, der ›Merker‹, ein Vogelsang-Spezialist, dessen geübtes Ohr jede Kanarienstimme unterscheidet nach Schlag, Triller und lang anhaltender Kadenz.

Es gibt in diesen Sing-Prüfstuben sogar eine Rangordnung, eine Plazierung: man kann der Erste werden oder der

Letzte, je nachdem. Oben links stehen die einwandfreien Sänger, in der Mitte die mangelhaften und ganz hinten die Brummer oder – was selten vorkommt – die Stummen. Sie werden sofort an ihre Pflegeeltern zurückgesandt, denn alle Züchter müssen sich verpflichten, ausschließlich ›singende Roller‹ abzuliefern.

Wo der Gesang zu wünschen übrigläßt, also bei den mittelmäßigen Schülern, wird auf ebenso einfache wie geschickte Art der Ehrgeiz geweckt: man stellt zwischen sie das Bauer eines Meistersingers, und häufig erreicht das gute Beispiel, daß bereits nach wenigen Tagen verschiedene Hähne ›um einen Platz heraufrücken‹ können in der Vogel-Schulstube.

Sobald eine genügende Anzahl Meister beisammen sind, gesund und einwandfrei herausgefüttert, rollen große Autos auf den Hof, und schon am nächsten Tage wird in Hamburg unter Deck verladen.

Die kleinen Einzelkäfige kommen in kunstvoll konstruierte, luftdurchlässige Verschläge, zweihundertsiebzig Stück in je eine Box, und nun obliegt es dem Transportführer, seine empfindliche Fracht wohlbehalten in New York abzuliefern. Solch ein alter Vogelpfleger hat oft mehr als dreihundertmal den Ozean überquert, ist sturmfest und weiß in allen Situationen Bescheid.

Wie in Alfeld werden auch an jedem Tag der Seereise sämtliche Vogelbauer umgepackt; was gestern unten war im Verschlag, kommt heute nach der Mitte, morgen nach oben. Und jeden Tag wird jeder Vogel sorgfältig auf Ungeziefer abgesucht.

Bei Ruhe in Alfeld, den ich 1928 zum ersten Male besuchte, habe ich erfahren, welch seltsame Spielarten von Kanarienvögeln es gibt: neben goldgelben auch grüngesprenkelte Exemplare, zartrötliche, leuchtend rote, schwarzweiße und ganz silberhelle, die wohl am teuersten sind. Ich sah Liliputaner neben Riesen, Kanaris, fast so groß wie ein Star.

In einigen Stuben flattern die Vögel frei im Raum, hüpfen, spielen, sitzen auf den Ästen und Zweigen eines belaubten Birkenstammes. Das sind die Jungen, die Halberwachsenen oder die Rekonvaleszenten; sie zwitschern noch ganz ›ohne Methode‹, werden eines Tages aber ebenfalls vollkommene Sänger sein und in die weite Welt hinausreisen, doch stets in eine Menschenwohnung.

Es liegt nahe, daß der besonders empfindliche Tierfreund sich über solche Transporte im großen, über die Massen-Freiheitsberaubung von Lebewesen empört. Aber das ist nicht gerecht, denn erst der Mensch hat die Kanaris – allen Naturgesetzen zum Hohn – so überaus zahlreich gemacht. Keiner von diesen gelben Vögeln kannte jemals die Freiheit; sie sind gewissermaßen künstliche Zuchtprodukte, ohne Ausnahme in Menschenstuben aus dem Ei gekrochen, können kaum eine Mücke im Flug erhaschen, würden der Witterungsunbill sofort zum Opfer fallen.

Eine paradoxe Vorstellung zwar: Vögel, die nie einen Baum im Wind gesehen haben, nie Blüten-Nektar kosteten, nie durch den Frühlingswald flattern durften. Ich selbst beobachte am liebsten einen Vogel in Wald und Flur, mag nicht gern die Zimmerhaltung; aber bedenken wir auch, daß durch die neugierig umherblickenden schwarzen Perlenaugen, durch das sanfte Flöten, das jubilierende Singen eines zahm auf unserer Hand sitzenden Kanarienvogels der Widerschein der lebendigen Natur in das kleine Zimmer des Großstadtmenschen kommt, ein Gruß von jener Welt, nach der wir Menschen uns alle sehnen, besonders die hochbetagten.

Diese Tierchen werden ihr Leben lang gehegt und gehätschelt. Sorgsam betreut sie der Züchter, später der Mann im Sammellager, der Transportführer auf hoher See, der Händler in New York; mit rücksichtsvoller Pflege und Zartheit umgibt sie der endgültige Besitzer, denn er wünscht sich sehnlichst, daß sein kleiner Singkamerad recht bald bei ihm heimisch wird und schon am frühen Morgen zu jubilieren beginnt.

Die Erzählungen von allerlei Grausamkeiten, die nötig sind, um Kanarienvögel zum Singen zu bringen, sind gewiß nur unbegründete Erfindungen. Aus angeborenem Trieb singt der gelbe Vogel! Man kann zwar durch ›Vorsingen‹ seine Kunstfertigkeit steigern, aber mit Gewalt läßt sich der

Gesang keineswegs erzwingen. Sobald ein Kanarienvogel gequält oder krank ist, verstummt er, so wie ja auch im Wald nur der Vogel singt, der sich gesund und glücklich fühlt oder – sein Weibchen sucht.

Wenn dann die kleine Kanarienhenne ins Bauer gelassen wird, dann ist auch hier das Glück vollkommen. Auf dünnen Stängchen sitzen eng aneinandergekuschelt die beiden Liebesleute, und manchmal lernt solch ein Weibchen – naturwidrig, wie man sagt – den Kunstgesang vom Hahn; das Solotrillern wird zum Duett.

Eines Tages lassen winzig kleine, entzückende Eier eine neue Zukunft erhoffen: außergewöhnlich begabte, ›echte Harzer Roller‹.

Hedwig Lohß

Wellensittiche

Natürlich hatten wir auch einen Wellensittich.

In meiner Kinderzeit gab es fast in jeder Familie einen Kanarienvogel – aber jetzt waren eben die Wellensittiche große Mode. Und es gibt Leute, die steif und fest behaupten, ihrer könne sprechen.

Unser Wellensittich war wunderschön kobaltblau. Er hieß Fritzle. Schwätzen konnte er nicht. Wir hatten uns viel Mühe gegeben, ihn wenigstens ein paar Worte zu lehren, aber wir brachten es nicht fertig. Deshalb glaubten wir auch nicht so recht an die Zungenfertigkeit der kleinen farbenfrohen Vögel.

Dann sahen wir eines Tages bei Freunden eine richtige Wellensittichzucht. Es waren wohl vier, fünf Pärchen, die saßen in einem großen tragbaren Vogelhaus. Es stand bei gutem Wetter im Garten, und am Abend oder bei Regen und Kühle trug man es einfach in die geräumige Diele.

In diesem Käfig wohnten grüne und gelbe, dunkelblaue und hellblaue Wellensittiche. Sie saßen oder flogen, turnten und fraßen immer paarweise.

Mitten unter den lebhaften Buntgefärbten kauerte ein Grauer, ganz allein. Er schien keinen Gefährten zu haben.

»Ein Fehlfarbener!« sagten die Freunde. Sie erzählten, daß sie von den Wellensittichpärchen schon ungezählte Junge bekommen hätten. Es sei ganz leicht gewesen, die Vögelchen aufzuziehen – weil sich die Eltern von früh bis spät um die Kleinen kümmerten. Dabei bleibe es einem unbenommen, den einen oder andern besonders hübschen Vogel zu sich ins Zimmer zu holen, einzeln zu halten und – sprechen zu lehren. Das gelänge meistens, so versicherten sie, wenn man einen ganz jungen Wellensittich für dieses Experiment wähle, und man habe viel Freude an solch einem Gesellen.

Wir standen lange und sahen den Vögeln zu. Der graue Einzelgänger tat einem fast leid – er kam nirgends an, wenn er auch einmal zärtlich tun wollte.

»Es ist ein Weibchen. Aber wegen seiner eintönigen Farbe eignet es sich nicht zur Zucht, darum haben wir ihm kein Männchen gegeben. Das arme Ding sitzt immer ganz verlassen unter den glücklichen Ehepärchen. Wenn ihr's mitnehmen wollt...?«

Die Augen unserer Tochter bettelten. Sie war genauso tiernärrisch wie ich. Und es ging dann, wie es nicht anders gehen konnte: Mit einer Schachtel, in der das Wellensittichfrauchen saß, kamen wir an diesem Abend nach Hause.

»Frau Grau«, nannten wir unsere jüngste Errungenschaft. Und sie wurde dem blauen Fritzle zugesellt. Der tat gar nicht weiter erstaunt oder ablehnend, als das einsame Grauchen sich liebebedürftig an ihn schmiegte. Wir hängten den beiden auch gleich einen schönen Nistkasten einladend an ihren Käfig und harrten der Dinge, die nun kommen würden. Doch es kam nichts, gar nichts. Die beiden saßen da und schnäbelten und waren ein Herz und eine Seele. Aber an Kindersegen und Nachkommenschaft dachten weder sie noch er.

»Ja«, sagte uns ein erfahrener Vogelfreund, »mit einem Paar geht das nicht! Da müßt ihr schon zwei oder gar drei Pärchen haben! Die Eifersucht muß geweckt werden – Leben muß in die Bude kommen! Bewegung! Sonst hocken die zwei ewig da und sind auch so ganz zufrieden...!«

Wir hatten nichts gegen eine Vergrößerung unserer Menagerie. Wellensittiche waren verhältnismäßig einfach zu halten – aber wohin mit ihnen? Für ein Pärchen reichte unser Käfig schon aus, aber mehr hineinzusetzen wäre uns als Tierquälerei erschienen.

Da entstand unter Vaters kunstfertiger Hand, als Geburtstagsüberraschung für die kleine Tochter zusammengezimmert, ein richtiges stattliches Vogelhaus. Es wurde so geschickt angebracht, daß ein in den Garten hinausgehendes Fenster mit einbezogen wurde, als Lichtquelle und als Tür zu einem im Freien angebrachten Außenkäfig. So hatten es die Vögel hell und obendrein tagsüber, solange das Fenster offenstand, die Möglichkeit hinauszufliegen ins freilich wohlumgitterte Grün.

Es war ein Prachtkäfig, und wir waren ordentlich stolz darauf. Fritzle und Frau Grau bezogen als erste die komfortable Wohnung. Aber nur für wenige Tage waren sie Alleinherrscher. Dann bekamen sie Gesellschaft von einem bildschönen tiefdunkelblauen Pärchen und zwei schlichtgrün gefärbten Vögeln. Der Einfachheit halber nannten wir die vier neuen Wellensittiche »Herr und Frau Blau« und »Herr und Frau Grün«. Obwohl sie hier fast wie in der Freiheit leben konnten, waren die sechs Vögel bald so zahm und zutraulich, daß sie einem auf Hände und Schultern flogen.

Und – es dauerte nicht lange, so legte erst unser gutes Grauchen, danach Frau Grün und zuletzt Frau Blau ein Ei ums andere in die sorglich mit Federn und Wolle ausgepolsterten Nistkästen. Wie gut, daß wir gleich drei Stück erstanden hatten!

Von den Weibchen war nun ein paar Wochen lang nicht mehr viel zu sehen. Sie saßen auf den Eiern, und die Männchen fütterten sie mit unermüdlichem Eifer. Es war lustig zu beobachten – die Ehemänner klopften, wenn sie mit Futter angeflogen kamen, zuerst außen am Kasten mit dem Schnabel an. Sofort erschien der Kopf des Frauchens am Flugloch; sodann ließ sich der Herr Gemahl auf der Stange nieder, und unter allerlei Verrenkungen und vielem Kopfverdrehen wurde die Frau aus dem Kropf gefüttert.

Und dann kam der große Augenblick – das erste Junge schlüpfte aus. Die kleinen weißen Eier waren von jedem Weibchen im Abstand von ein bis zwei Tagen gelegt worden. Dementsprechend kamen auch die Wellensittichkinder der Reihe nach auf die Welt. Es gab in jedem Gelege einen meist alle andern übertrumpfenden Stammhalter und in der Regel ein Nesthäkchen. Wir waren natürlich gespannt, wie die Kleinen aussehen würden, und benützten den ersten Augenblick, als Frau Grau ihren Nachwuchs einmal für kurze Zeit verlassen hatte, um den Nistkasten herunterzunehmen und hineinzuschauen.

Ach herrje! – wir ließen vor Scheck beinahe die ganze Bescherung, den Kasten mitsamt den komischen, sich schwach bewegenden Gebilden, die in der Nestmulde über- und durcheinander lagen, fallen!

Das – sollten Vögel sein...?

Junge Wellensittiche? Schön blau wie der Vater – oder doch wenigstens grau wie die Mutter?

Um alles in der Welt – waren das denn Mißgeburten, diese winzigen, nackten rosa Würmchen mit den häßlichen Wakkelköpfen und den furchtbaren, dicken bläulichen Beulen da, wo eigentlich die Augen sein müßten...?

Sie waren noch häßlicher als junge Vögel sonst zu sein pflegen. Tief geknickt und in unseren Erwartungen getäuscht hängten wir den Kasten wieder an seinen Platz, denn

Herr Blau und Frau Grau flogen schon höchst aufgeregt um unsere Ohren.

Arme Vogeleltern – was habt ihr da ausgebrütet! Wenn das bloß gutgeht...!

Aber es ging gut – nicht nur bei Graus und Blaus, sondern auch bei den grünen und den dunkelblauen Eltern.

Alle drei Paare atzten gemeinsam und mit größter Hingabe ihre Sprößlinge. Sie bereiteten ihnen aus den Hirsekörnchen und dem Aufzuchtfutter, das wir ihnen hinstellten, einen schleimigen Brei in ihrem Kropf, den sie den Kleinen geschickt in die weit aufgesperrten Schnäbel laufen ließen.

Das war eine Freude, als die Jungen zum ersten Mal aus dem Kasten schauten und bald danach herauskrabbelten und umherflatterten und es sich dabei zeigte, daß eines der Vögelchen so wohlgebildet war wie das andere! Daß sie muntere Augen hatten, schönfarbige Federn und ein kräftiges krummes Papageischnäbelchen, mit dem sie so gewandt zu klettern verstanden wie die Alten. Jedes Elternpaar hatte zwischen vier und sieben Kinder aufzuweisen.

Ein armseliges Unglückswurm, das nicht recht hatte gedeihen wollen und eingegangen war, wurde von der Mutter kurzerhand aus dem Kasten geworfen. Die andern sechzehn aber waren quicklebendig.

Es war verwunderlich für uns und gleichzeitig interessant: Die grünen Eltern hatten lauter grüne, die dunkelblauen lauter reinblaue Junge. Herr Blau und Frau Grau aber schossen buchstäblich den Vogel ab: Nicht ein einziges »mißfarbenes« Vögelchen war unter ihrer Schar. Sie führten drei wundervolle hellblaue Kinder vor, von einem so zarten und entzückenden Blau, daß sie die andern alle überstrahlten. Das vierte war kobaltblau wie der Vater.

Eine Zeitlang hielten sich die drei Familien streng gesondert, blau bei blau und grün bei grün. Aber als die Eltern allmählich mit dem Füttern aufhörten, taten sich die Jungen zusammen und bildeten einen einzigen herrlich bunten Flug. Es gab Freundschaften unter ihnen, und da und dort fand sich jetzt schon ein Pärchen zusammen. Man konnte die Geschlechter recht bald voneinander unterscheiden. Bei den Männchen färbte sich die Wachshaut über den Schnäbeln lebhaft blau, während sie beim Weibchen gelblich blieb.

Die Nistkästen standen leer, denn die Kleinen schliefen nun auch, wie die Eltern eines ans andere geschmiegt, auf ihren Sitzstangen oder in den Zweigen der für sie aufgestellten kleinen Bäume.

Aber nicht lange dauerte es, so lagen in den Nestern wieder Eier, und die drei Paare, wiederum eines hinter dem andern, als hätten sie sich verabredet, schickten sich zur zweiten Brut an.

Du liebe Zeit – wie sollte das werden! Ungeahnte Aussichten taten sich auf!

Zweiundzwanzig Vögel flogen und flatterten jetzt in dem Käfig, der für sie alle freilich noch genügend Platz bot. Aber wenn in wenigen Wochen wieder sechzehn Junge dazukamen – wenn die sechzehn von der ersten Brut in wenigen Monaten, acht Pärchen bildend, auch mithalfen, uns mit Wellensittichen zu segnen...! Wenn dann über kurz oder lang auch die zweite Brut erwachsen wurde! Wer errechnete den Vogelreichtum, der uns in – sagen wir – rund einem Jahr damit zuflog...?

Nun – ich brauchte mich nicht weiter um das Schicksal der zukünftigen Vögel zu sorgen, sie kamen alle unter. Es sprach sich herum, daß es bei uns Wellensittiche gab: unter den Kindern in der Schule, unter Freunden und Verwandten, in den Lädchen, in denen wir einkauften, in der ganzen Gegend. Und schnell hatten wir mehr Abnehmer, als wir brauchten. Und weil wir – bis auf einen einzelnen – die ersten Jungen allesamt weggaben, konnten die drei »Stammeltern-Paare« der Nachfrage nach den Kleinen zuletzt kaum nachkommen. Wahrscheinlich hat die einheimische Vogelkäfigindustrie durch unsere Wellensittichzucht damals einen plötzlichen und gewaltigen Aufschwung genommen!

Der Kaminfeger – die Gemüsefrau – der Milchmann – der Metzger – der Briefträger – der Flaschner – alle hatten einen Wellensittich von uns. Und seltsam, was ich erst nicht hatte glauben wollen, weil ich es bisher nicht selbst erlebt und gehört hatte, es stimmte doch: Eine ganze Anzahl dieser kleinen Vögel, die wir sehr jung weggegeben hatten und die alle als Einzelgänger gehalten wurden, lernten sprechen.

Wir selber hatten einen hellblauen Sohn von Frau Grau zu uns in die Stube genommen. Wir hießen den zutraulichen kleinen Burschen Jockel. Und auch Jockele lernte richtig sprechen.

Mit einem feinen, zarten Stimmchen, viel leiser als ein richtiger großer Papagei, aber deutlich und klar und wohl verständlich sagte er ungezählte Male am Tag genauso zärtlich, wie wir es zu ihm sagten:

»Jockele, Jockele!« und dann »Du, du Jockele du...!«

Und: »Du Schbitschbu!« Und »Ko-omm, Jockele! Da Jockele! Guts, guts Jockele du!« Dann machte er in derselben Tonhöhe den Hund nach, bellte wie aus weiter Ferne und zwitscherte noch eine Menge Kauderwelsch dazu, das man nicht verstehen konnte.

Der kleine Blaue, einer der ersten »Selbstgezüchteten«, hat alle seine Artgenossen überlebt, seine Geschwister, seine Eltern, Herrn und Frau Blau und die Grünen. Als wir in der Kriegszeit nirgends mehr Hirse auftreiben konnten – ach, was unternahmen wir alles, um für unsere Vögel Futter zu bekommen! – da war Jockele der einzige, der sich vollständig umstellte und lange Zeit noch mit Brotkrümchen, geschabten gelben Rüben, Grünzeug und Obst bei uns aushielt...

Mancherlei erlebten wir in all den »Jahren der Wellensittiche« mit der bunten Gesellschaft! Wir konnten feststellen, daß sich die Paare untereinander die Treue hielten. Ein einziges Mal nur lagen im Nistkasten eines rein blauen Paares – grüne Vögelchen! Von einem etwas verwaschenen Grün, fast olivfarben, aber eines wie das andere eben – grün! Eieiei, Frau Blau...!

Ein vergnügliches Erlebnis war die Sache mit dem »Junggesellen«, einem besonders ansehnlichen Nachkommen von Herrn und Frau Blau. Er war von einer ungewöhnlich reinen tiefen Farbe, und wir beschlossen, ihn zu behalten und zum Stammherrn einer ganzen Reihe ebenso schöner blauer Söhne und Töchter zu machen. Aus diesem Grunde wurde ihm eine gleichaltrige Tochter von unserem braven Grauchen – das lauter blaue Kinder bekam – zugestellt. Aber – es ging ganz anders, als wir dachten.

Der Junggeselle kümmerte sich weder um die hübsche Blaue noch um eine andere Jungfer seiner Art, um keine Base, keine Schwägerin, auch nicht um die extra für ihn eingetauschte junge Wellensittichdame einer fremden Zucht. Er saß da, plapperte vor sich hin, kreischte auch ab und zu so laut und frech wie die andern; er turnte, kletterte, sich mit dem Schnabel haltend im Gezweig und Gitterwerk, er fraß mit Appetit, schaukelte, läutete mit der kleinen Messingglocke und puffte den beinernen Spielzeugvogel hin und her. Er schnäbelte auch da und dort zum großen Ärger der Ehemänner mit den Wellensittichweibchen reihum, und die ließen sich so ein Küßchen in Ehren auch ganz gern gefallen. Er störte niemand ernstlich, er war immer nett und liebenswürdig, immer ein ganz kleines bißchen Schwerenöter und freundlicher Onkel. Aber – er war und blieb ledig.

Warum, darauf sind wir nie gekommen.

Treue, das ist ein großes Wort. Es steht über meiner nächsten Wellensittichgeschichte geschrieben.

Blau in allen Schattierungen, von beinahe weiß bis zum tiefsten dunkelblau, das Grün und das etwas stumpfe Grau – das waren die Farben in unserem Vogelhaus. Eine Wellensittichfarbe aber fehlte noch völlig – das Gelb.

Beim Vogelhändler gab es Vögel in allen Schattierungen.

Ich besah sie genau und wählte dann ein nettes zitronengelbes Weibchen. Der Mann fing es mit geübtem Griff heraus. Das Vögelchen klammerte sich ins Käfiggitter und biß vor Angst und Schrecken mit dem krummen Schnabel nach der großen Hand, die es so unerbittlich faßte.

»Tu nicht so wüst!« sagte gutmütig der Händler, als er mir das gelbe Frauchen in den mitgebrachten Käfig setzte. »Du kriegst es sicher nicht schlecht!«

Die zarten Federn an der Brust des kleinen Vogels zitterten, so stark klopfte sein Herz. Keine Angst, es wird schon recht werden für dich bei uns...!

Ich hatte wohl gesehen, daß das gelbe Weibchen vorher neben einem Männchen saß und zärtlich mit ihm schnäbelte. Aber der Vogel gefiel mir nicht. Er war fast weiß, jedoch weder von dem zarten, rosa angehauchten Porzellanweiß noch von dem hübschen bläulichen, das auch in die Augen stach – sein Gefieder hatte jenen fahlen unbedeutenden Ton, der an einen Albino erinnerte. »Den nicht...«, sagte ich, etwas mißbilligend auf den Weißgelben deutend. »Lieber einen richtigen Gelben – den dort! Den schönen Dottergelben! Der würde mir gefallen! Oder – oder denken Sie, die beiden vertragen sich nicht?« Ich zauderte ein klein wenig.

»Ach behüte!« lachte der Mann, »wo werden die sich denn nicht vertragen! Meine Vögel vertragen sich alle. Und die beiden gewöhnen sich schon aneinander. Wenn das Weibchen nur ein Männchen hat und das Männchen ein Weibchen – mehr braucht's nicht, und nachher ist alles einerlei. Genau wie bei den Menschen!«

Er lachte noch einmal schallend und vergnügt, denn er freute sich selber an seinem Witz.

Da ließ ich die Bedenken, die mir geschwind gekommen waren, fahren. Der Händler langte wieder in die Schar der Vögel, die inzwischen etwas zu Ruhe gekommen waren und nicht mehr so verängstigt durcheinander flatterten wie vorhin. Und wieder flogen die von neuem Erschreckten scheu und verstört umher. Wieder war es wie zuvor, kein Anklammern half, kein Beißen und Hacken, der Dottergelbe wurde gefangen und wanderte, ob er wollte oder nicht, in den kleinen Transportkäfig zu der gelben Vogelfrau.

Sie hockten zitternd und verschüchtert nebeneinander, wurden in der Straßenbahn geschüttelt, von vielen fremden Augen staunend betrachtet und kamen endlich mit mir nach Hause.

Dort machte ich ihr enges Gefängnis auf, und kräftiges Rütteln des Gehäuses, sanftes Schieben und freundliches Zureden zeigten ihnen den Weg ins Freie. Nein, nicht ins Freie – aber doch in das große einladende Vogelhaus, in das hell die Sonne vom Garten hereinschien und in dem schon viele ihresgleichen saßen. Hier würden sie sich bestimmt bald wohl fühlen.

Die beiden Neuen flatterten heraus und schossen erst ziellos umher, stießen sich an der Fensterscheibe, krallten sich am Gitter fest und beruhigten sich zuletzt doch. Sie setzten sich auf einen Zweig des Kletterbaumes und dösten, müde und erschöpft von allen Anstrengungen, vor sich hin.

Das schien also gutzugehen – sie waren ja schon ruhig geworden! Zufrieden mit mir und mit meinem Einkauf überließ ich die Vögel sich selber.

Papageienweibchen ist Weibchen, Männchen ist Männchen, und zwei zusammengespannt macht ein Pärchen! Das genügt. Da gibt es kein großes Besinnen und Bedenken...

Ach was wissen wir Menschen schon von den Vögeln, von den leichten beschwingten Seelchen? Was wissen wir von den Tieren überhaupt? Nichts – weniger als nichts!

Am andern Morgen saß die Vogelfrau eng an das Drahtgitter gedrückt. Sie ließ mit geschlossenen Augen das Köpfchen hängen, daß es beinahe auf der Leiste des hölzernen Käfigs auflag. Es sah aus wie eine verwelkte gelbe Blüte, die der matte Stengel nicht mehr tragen kann. Das Vögelchen war aufgeplustert, die Füße verschwanden ganz im gelben Flaum. Und manchmal lief ein Zittern über den sonst völlig reglosen Körper.

Ein blaues Pärchen hockte nicht weit davon beieinander, es schaute auf die neue verstörte Genossin, schnäbelte sich geschwind, etwas oberflächlich nur, als traue es sich nicht so recht, glücklich zu sein neben diesem Häufchen Leid.

Das schöne dottergelbe Vogelmännchen hatte sich auf dem gleichen Zweig wie die ihm zugedachte Braut niedergelassen.

Zugedachte Braut! Wie konnte man sie, die treue kleine Frau eines andern, einfach diesem Gelben übergeben...!

Nie, nie, nie würde sie ihn neben sich dulden!

Er war nicht unbescheiden, nicht aufdringlich. Gewiß nicht! Er benahm sich tadellos, er war ein richtiger Kavalier. Aber langsam pirschte er sich näher. Er plapperte leise vor sich hin, machte drollige Kopfbewegungen, als wolle er die kleine betrübte Seele auf sich aufmerksam machen. Zuletzt war er, immer ganz vorsichtig ein paar Schrittchen näherrückend, dicht an ihrer Seite. Ganz zart und behutsam strich sein Schnabel über ihre Flügel.

Brrr! Da fuhr sie auf. Ihre Lider öffneten sich weit, ganz klein vor Zorn wurde das schwarze Augenpünktchen, ein böser heller Ring lag drum herum und veränderte den sonst so sanften Vogelblick. Ihr Schnabel hackte nach dem Dottergelben. Verdutzt wich er zurück. Er hatte doch gewiß nichts Böses tun wollen – nur eben ein wenig trösten!

Wieder saß das gelbe Weibchen wie leblos, das Köpfchen eingezogen, in trauernder Versunkenheit. Der Dunkelgelbe sah zu ihr hinüber – was sollte er nur machen? Nach einer kleinen Weile, in der er unschlüssig und verlegen hin- und hergetrippelt war, unternahm er einen zweiten Annäherungsversuch, freundlich und aufmunternd.

Aber wieder fuhr das einsame Weibchen auf, entrüstet, empört.

Nun ärgerte sich auch der gelbe Mann. Was dachte denn das dumme Ding? Es saßen doch außer ihnen rings um sie her lauter Vogelpärchen im Käfig – die Gelbe war ihm zur Frau bestimmt, darüber gab es gar keinen Zweifel! Und nun stellte sie sich so an...! Das ging nicht, das konnte er nicht auf sich sitzen lassen! Er wurde kecker, er wollte dasselbe Recht haben wie die andern Männchen, die hier waren – auch er wollte zärtlich sein, wollte schnäbeln und wollte wieder geschnäbelt werden.

Aber das gelbe Frauchen wehrte sich tapfer – es wollte auch sein Recht. Und das bestand einzig darin, ungestört an den Gefährten zu denken, den es hatte verlassen müssen, und um ihn zu trauern.

Wie eigenartig – das blaue Pärchen, das immer Seite an Seite saß, kam ihr zu Hife. Es verjagte den Gelben. So gründlich, daß er auf den Boden flatterte und dort eine gute Zeitlang ziemlich verdutzt und zerzaust hocken blieb.

Eigentlich konnte auch er einem leid tun.

Den ganzen Tag dauerte das merkwürdige Spiel: Der gelbe Wellensittich warb immer wieder beharrlich, geduldig und unentwegt um die spröde kleine Dame. Kein Blick, kein Schnäbeln, kein zutrauliches Anschmiegen dankte ihm. Sie jagte ihn jedesmal von sich – mit letzter Kraft schließlich, denn sie hatte den ganzen Tag nicht ein einziges Körnchen gepickt und schien sich zu verzehren in Gram und Jammer. Die Blauen unterstützten sie. Sowie sie sich mit dem Schnabel gegen den ihr so fremden Mann wehrte, gingen auch die

C. Lydon

Blauen auf ihn los. Man konnte es nicht recht ergründen: Wollten sie der neuen gelben Vogelfrau ritterlich helfen – oder gefiel es ihnen einfach, ein wenig Unruhe und Umtrieb zu machen? Zuletzt war der Gelbe so zerrupft, so verdattert und eingeschüchtert, daß ich nicht anders konnte – ich fing den armen Kerl heraus und trug ihn am nächsten Tag in aller Frühe zum Vogelhändler zurück. Und etwas kleinlaut bat ich, daß er ihn umtausche – gegen den Hellgelben, der mir nicht gefallen hatte und der doch der ursprüngliche Mann der gestern gekauften Vogelfrau gewesen sei. Er war leicht unter den andern zu entdecken: Er saß in genau derselben Haltung da wie daheim bei mir sein unglückliches Frauchen. Eng ans Gitter gepreßt, aufgeplustert als friere er, vor Leid ganz in sich zusammengekrochen. Und auch er hatte, seitdem man ihm sein Weibchen weggenommen hatte, kein Futter mehr angerührt.

»Wenn ich Ihre Adresse gewußt hätte – ich wäre schon gestern mittag mit dem Hellen da zu Ihnen gekommen, so hat er mich gedauert!« sagte der Vogelhändler. »Ich hätte es nicht gedacht«, fügte er kopfschüttelnd noch hinzu, »sie sind wohl alsmal ein bißchen verdutzt, die Vögel, wenn man einen von ihnen herausnimmt. Aber dann geben sie sich immer bald wieder zufrieden und trösten sich schnell mit einem andern. So etwas wie bei den beiden da habe ich noch nie erlebt!«

Und nun nahm ich anstatt des schönen Dottergelben den stillen traurigen Hellen mit mir heim. In der Bahn saß er in dem winzigen Holzkäfig, als wolle er jeden Augenblick von der Stange herunterfallen. Er mochte wohl denken: »Was haben sie sich jetzt wieder ausgedacht an Neuem, Schrecklichem, diese riesengroßen und starken Geschöpfe, die Gewalt über uns kleine, schwache haben?« Er konnte ja nicht ahnen, wohin es ging.

Kaum hatte ich den Transportkäfig in die Nähe des Vogelhauses gebracht, so hob dort das erschöpfte gelbe Weibchen den Kopf. Dann stieß sie einen seltsam hohen, fast jubelnden Ruf aus, breitete zitternd vor Erregung die Schwingen – und aus dem kleinen Käfig schwang sich, wie mit einem einzigen Flügelschlag, das helle Männchen ihm entgegen.

Dann saßen sie beisammen, eines ans andere geschmiegt, und die Schnäbel griffen liebevoll ineinander. Sie schwätzelten mit zarten Stimmchen, die Augen waren voller Lust und Leben, die Federn an den Köpfchen stiegen in die Höhe, sie unterbrachen ihr Geschnäbel und schienen sich eifrig nikkend etwas zu erzählen – vielleicht die Geschichte ihrer Trennung und wie sie umeinander getrauert hatten. Dann rückten sie wieder zusammen, so eng wie möglich, kraulten sich den Nacken, schoben sich gegenseitig die ausgehülsten kleinen Körner zu, zwitscherten vor sich hin und waren glückselig zufrieden, eines im Besitz des andern...

Herta Grandt

Hiob, der Dompfaff

»Geben Sie acht«, sagte der Postbote, als er mir das kleine Paketchen überreichte, »da ist was Lebendiges drin.«

Und heute erst weiß ich, wie von geheimer Bedeutung erfüllt diese Worte eigentlich waren. Heute erst, da ich sehe, ich habe achtgegeben, aber nicht genug; ich habe das Lebendige für kostbar erachtet, aber nicht genug; ich habe geliebt, aber nicht genug. Kann es uns trösten, hinreichend und gültig trösten, daß dies ja immer so ist und bleiben wird, am Ende einer jeden Beziehung zwischen Geschöpf und Geschöpf; daß immer eines sich in der Schuld des anderen finden wird; daß jeglichen Abschiedes heißester Schmerz es sein wird, zu erkennen: Ich habe in der Liebe nicht genug getan. Kann es uns trösten, darf es uns beruhigen? Ich weiß es nicht. Ich will euch nur von Peterle erzählen, dem einzigen, von dem ich weiß, daß er nicht zu wenig tat, sondern alle Kräfte seines kleinen Daseins nur benutzte, zu lieben und zu lobsingen vom Morgen bis zur Nacht.

Als ich die Umschnürung des Transportkästchens löste, in dem er zehn lange, dunkle Stunden gereist war, und er gleich darauf an der Schwelle des behaglichen Bauers saß, darin er fortan wohnen sollte, da war es, als sei mit ihm das Geheimnis der Schöpfung selber hereingekommen in mein kleines vom Winterlicht nur fahl erhelltes Zimmer, das Geheimnis jenes fünften Schöpfungstages, an dem der Herr in der Überfülle seiner Herrlichkeit alle die vielgestalten Helfer und Gefährten unserer Erdeneinsamkeit ins Leben rief.

Da saß er, ein wenig verdutzt noch und verlegen, ein wenig betroffen von den riesigen Gesichtern, die sich über ihn neigten, und sein Herz klopfte heftig unter der karminroten Federweste. Man sah es wohl, daß er bedächtigen Sinnes die neue Welt betrat, die ihm nunmehr zugewiesen war für sein ganzes kleines Leben; daß seine dunklen Augen wach und aufmerksam umhergingen, ob es denn auch wahrhaft ratsam sei, dem Frieden sogleich zu trauen und den schönen geräumigen Käfig, in dem ein gefülltes Futtertröglein lockte, ohne Umstände in Besitz zu nehmen. Man sah, wie er noch einmal zaudernd und prüfend rückwärts äugte in die enge Geborgenheit des Reisekästchens, wie sein Herz noch immer eilig und aufgeregt ging; Angst aber zeigte er keinen Augenblick. Angst hatte keinen Raum in seinem Dasein. Bis auf den denkwürdigen Tag, da sich Nachbars graue Katze einmal einen fürwitzigen Abstecher zu uns erlaubte und von ihm mit schreckensvoller Entrüstung zeternd und flügelrüttelnd hinausgewiesen wurde, trug sein ganzes Wesen das Zeichen grenzenlosen Vertrauens und der schönen kreatürlichen Gelassenheit derer, die reinen Herzens sind.

Achtsam trippelnd überschritt er schließlich die Schwelle seiner neuen Behausung, besichtigte Futtertrog und Tränke mit schrägem Köpfchen und nahm alsbald Platz auf der obersten Stange, der Stätte tiefster Geborgenheit, die es seinem Wissen nach gab auf dieser wunderlichen Welt.

Da saß er und sagte auch schon sein erstes Wort: »Hiob!«

Es war eigentlich auch sein einziges, aber es genügte ihm, um schwätzend, flötend, flüsternd alles auszudrücken, was sein kleines Herz bewegte; und das war gewiß nicht wenig, ihr könnt es mir glauben. Da saß er: Pyrrhula, pyrrhula europaea, und ahnte nicht, wie wunderhübsch er war in seinem rosenfarbenen Fräckchen mit schwarzem Barett und silbergrauer Mantille. »Hiob!« sagte er und blickte schüchtern zu mir auf. Unverwandt und ernst war dieser Blick, furchtlos und ohne Arg bis in die Tiefe, in der eine zarte, rätselhafte Traurigkeit zu wohnen schien, die leise, geheimnisvolle Traurigkeit aller Kreatur, die von Gott kam wie wir, und die – ohne teilzuhaben an unserer Schuld – doch mit uns in die große Irrnis ging, aus der sie sich nun heimwärts sehnt »mit unaussprechlichem Seufzen«.

»Peterle!« versuchte ich ihn anzureden, und sieh, er äugte fragend zu mir auf, antwortete »Hiob«, ein wenig leiser und müder als zuvor und schien also zufrieden mit dem neuen Namen, der mir gerade so in den Sinn kam als ein Wörtlein, darin man viel Zärtlichkeit würde unterbringen können. »Peterle?« – »Hiob, Hiob!« Indes plusterte er schon schläfrig das Gefieder und beendete damit ein Zwiegespräch, welches das erste von unzähligen und zugleich der Anfang einer großen Liebe war, einer ganz großen und vollkommen glücklichen, denn sie brachte mir keine einzige Enttäuschung, keine einzige Bitternis, nur immer neue Beglükkung, immer mehr Freude.

Peterle war nur ein Vögelchen, kaum spannenlang und nicht schwerer als mein Federhalter, auf den er manchmal eifersüchtig war; aber in seinem Herzen hatte doch soviel Liebe Platz, daß es ausreichte, um einen Menschen sieben Jahre lang froh zu machen.

Sieben Jahre, ein kleines kurzes Leben, und doch erfuhr er darin so viel, erfuhr Krankheit und Genesung, Abschied und Wiederkehr, erfuhr Glück und Einsamkeit, Sehnsucht und Geborgenheit, erfuhr eigentlich alles, worauf es ankommt bei unser aller eiligen Wanderung durch die Zeit zur Ewigkeit.

Vielleicht schüttelt ihr ungläubig die Köpfe, vielleicht lacht ihr mich aus. Aber ihr kanntet Peterle ja nicht, erlebtet nicht, wie er sein klagendes Hiob! mir nachrief, wenn ich ihn allein lassen mußte, wie er stunden-, tage-, ja wochenlang rief und nichts als rief, unermüdlich, untröstlich, wie er das Zimmer absuchte, Schreibtisch, Fenster und Liegeplatz, wie er dann – völlig außerhalb der Mauserzeit – die Federn verlor und schließlich, langsam vergessend, sich abfindend mit seinem Verlassensein, zu rufen und zu suchen aufhörte, bis eines Tages ... Ja, dies vor allem erlebtet ihr ja nicht, dieses Wiedersehen nach vier langen Monaten. Spät am Abend war es, längst Schlafenszeit für den kleinen Waldvogel, doch ich hatte kaum den Fuß ins Zimmer gesetzt, als es im verhängten Käfig sich rührte. Hiob! rief es, nein, schluchzte es, und aus dem Türchen hüpfte ein buntes Federknäuel, taumelte in schlaftrunkenem Fluge auf meine Schulter, auf meine Hand, plusterte sich balzend auf und sang sein Liebeslied. Unbeholfenste und zärtlichste aller Huldigungen, die einem widerfahren kann.

Wir fürchteten wahrhaftig in dieser Stunde für sein Leben, so schüttelte ihn die Seligkeit des Wiedersehens. Ihr erlebtet das nicht, sonst würdet ihr mir wohl glauben, daß man sich beinahe schämt in solchen Augenblicken, sich schämt vor einem Geschöpfchen, kaum spannenlang und federhalterschwer, schämt vor diesem Übermaß an Liebe, für die man nichts gegeben, nicht geleistet hat als ein Tröglein Körner Tag für Tag und ein wenig spielerische Freundlichkeit. Wieviel Einsamkeit hatte ich ihm doch zugefügt, dem kleinen Gefangenen, wieviel Trauer, und er empfing mich mit einem Liebeslied, an dessen Inbrunst er fast verging.

Er war im Käfig geboren und so zahm, daß er stets bei offenem Fenster frei im Zimmer umherflog. Auch auf dem Balkon durfte er getrost dabeisein, zog er sich doch sofort in sein Bauer zurück, wenn ein Hund bellte oder meilenfern ein Sperber seine Kreise flog. Verließ ich das Zimmer, so folgte er fliegend oder trippelnd in den Nebenraum. Gern hüpfte er auf dem Schreibtisch umher, spielte mit den Bleistiften, biß die Ecken der Briefblätter ab oder saß auch schläfrig geplustert und tief zufrieden neben der schreibenden Hand. Während der Mittagsruhe hielt er sein Nickerchen auf dem Kissen neben mir, wobei es hin und wieder einen ganz leisen, zärtlichen Schnabelbiß in die Wange setzte, und schlug ich die Augen auf, so setzte auch gleich seine kleine Flöte wieder ein.

Oh, er hatte Charakter, dieser kleine Federball, und er hatte seine Neigungen und Vorurteile. Da war Nachbars Kanarienhahn, zu dem er eine rätselhafte Liebe zeigte, obwohl ihm diese kleine Kanaille bei jeder Bewegung fauchend an den Schopf fuhr. Und da war Tante Martas gutmütiger Wellensittich Bubi, den er aus unbegreiflichen Gründen heftig ablehnte, ebenso wie er der Tante blaue Flecke in die Finger biß, sooft sie ihn mit den schönsten Biskuits zu gewinnen suchte. Er war nicht irgendwer, der wahllos seine Sympathien verteilt und mit jeder Gesellschaft vorlieb genommen hätte. Er hatte seine Meinung und vertrat sie auch. Und er war empfindsam wie ein kleines Mädchen. Vergaß ich einmal, bei der Rückkehr ins Zimmer ihn ausdrücklich zu begrüßen, so tadelte er mit vorwurfsvollem Hiob!, zog sich aber schließlich in unbeschreiblich kummervoller Haltung auf seine Schlafstange zurück, bis mir endlich das Verstummen seines fröhlichen Geschwätzes meine Lieblosigkeit ins Bewußtsein brachte.

Wie oft aber mag er auch übersehen worden sein in seiner Enttäuschung, wie oft mag er gelitten haben an jenem Zuwenig unserer Herzen, an dem ja die ganze Welt so unsäglich leidet. Wie viele Male mag er vergeblich das Köpfchen nach einem freundlichen Blick gehoben und seine werbende kleine Silberflöte gespielt haben, während wir schafften und werkelten und nicht merkten, wie die Liebe unterwegs zu uns war. Es tut weh, darüber nachzudenken, nun, da er nicht mehr bei uns ist; aber man darf es sich dennoch nicht ersparen. Und nichts bleibt einem übrig, als zu hoffen, es werde einem nicht allzu hart angerechnet in der Stunde, da die Herzen ins Gericht gehen.

Obwohl für Geselligkeit durchaus zu haben, blieb das Alleinsein mit mir doch sein schönstes Fest. – Hiob! Hiob! Nun sind wir uns ganz nahe, nun darf ich dir all meine Träume erzählen.

Er war im Käfig geboren. Er wußte nicht, wie das ist, in der duftenden Kühle eines Waldmorgens zu erwachen und mit den Gefährten über die tauige Lichtung zu schwirren. Er wußte freilich auch nicht, wie hart der Hunger quält in den erbarmungslos langen Wintern des Gebirges, und wie brennend sich die Kälte ins zarte Gefieder frißt in den frostklirrenden Nächten oben am Grat. Er war geborgen. Wenn Goldammer und Meise bettelnd an die Eisblumen des Fensters klopften, saß er verwundert an seinem vollen Trog. Ganz beruhigt aber hat mich dies zu keiner Zeit. Kann man Freiheit ersetzen durch Geborgenheit? Die erregende Fülle des Lebens bezahlen mit einem vollen Trog? O nein. Vergelten kann doch nur die Liebe. Was er draußen versäumte, Tag um Tag, das mußte ich ihm alles wiederschenken durch Freundschaft, Vertrautheit und Zärtlichkeit. Meine Gegenwart, mein kosender Zuspruch mußte ihm alles sein, Freiheit und Gefährten, klingende Weite und dunkler, brausender Wald. Wie unzulänglich aber hab' ich es erfüllt, wie schmerzlich viel bin ich ihm schuldig geblieben.

Unstillbares Bedürfnis nach Nähe, Verbundenheit und innigster Beziehung war sein Leben – und wurde schließlich sein Tod. Mehr als einmal war das Verhängnis auf seiner Spur, doch entließ es ihn zunächst immer wieder. Er fiel hinter einen Schrank und lag dort eingeklemmt zwischen Holz und Wand stundenlang, bevor wir ihn fanden. Bewußtlos klatschte der kleine Körper beim Abrücken des Schrankes zu Boden; im angewärmten Tuch aber kam er langsam zu sich, spreizte die Flügel wie nach langem Schlaf und nahm bald danach mit matter Bewegung den geweichten Rübsamen aus meiner Hand.

Ein andermal trug ihn ein unerwarteter Windstoß von der Balkonbrüstung in den Garten hinab, und da sein verkümmertes Orientierungsvermögen versagte, landete er im Bohnenbeet. Drei Schritte weiter bei den Johannisbeeren döste Nachbars Kater, schläfrig, aber mordbereit. Peterle pirschte indes durch seine neuentdeckte Welt, durch ein Gewoge von Grün und Sonne und feuchtem Erdgeruch. Schließlich wählte er einen kräftigen Bohnenstengel und begann zu rufen: Hiob! Hiob! Zaghaft erst, dann kräftiger, bis zuletzt die Drossel im Apfelbaum ihre Strophe unterbrach und der ganze Garten gleichsam kopfschüttelnd lauschte: Hiob.

Der Kater saß wohl gegen den Wind, nun aber beschloß er, auf alle Fälle nachzusehen, was es denn gäbe. Und so schob sich das Schicksal an Peterle heran, der ahnungslos auf seiner Bohnenranke balancierte. Hiob! Hiob! trompetete noch immer sein kleines Signal. Und sieh, wie im Märchen, ganz selten einmal in der Wirklichkeit, brachen zugleich mit den finsteren Mächten auch die hellen, die rettenden zu ihm auf. Zwei, drei Sekunden nur mochten sie Vorsprung haben, einen Atemzug, einen Herzschlag lang, – und Hiob! schrie er ganz verdreht vor Glück, als ich seinen geliebten Käfig ins Bohnenbeet stellte. – Wie sollte er ahnen, daß ein Kater verdrießlich vom Sprunge absetzte, als das Türchen sich schützend hinter Peterle schloß.

Aber es begeben sich nicht viele Märchen in dieser entzauberten Welt. Die finsteren Mächte sind rascher geworden, so will es uns scheinen, und jene rettenden Hände, die im letzten Augenblick noch bergende Türen vor uns auftun, säumen zuweilen sehr. Man weiß nicht, wie es zugeht, man muß es eben leiden. So mußte es Peterle denn eines Tages auch. Er war wohl leichtsinnig gewesen, aber wer von uns ist das nicht zuweilen. Und genaugenommen lag die Schuld auch bei mir, denn oft genug hatte ich beschlossen, ihn nicht mehr in die Küche mitzunehmen, wo der heiße Herd und andere Geräte ihn gefährden konnten. Immer wieder aber wurde meine Besorgtheit von seinem Gebettel überstimmt: Hiob, nimm mich mit, laß mich nicht so lange allein! Und so flog er mir auch damals nach, spazierte hochinteressiert und vergnügt zwischen Teigschüsseln und Salatplatten einher, nippte an der Butter und kostete vom Honig. Es war in der Weihnachtszeit, und überall ging es emsig zu. So geschah es; noch ehe wir sahen und begriffen, rutschte er auf dem glatten Rand einer Terrine ab und sank tief in die fettige Tunke ein.

Hiob! sagte er mehr beschämt als erschrocken über die schmierige Flüssigkeit auf seinem Gefieder. Wir badeten ihn warm und tupften ihm sorgfältig das erkaltende Fett aus dem Gefieder. Nachher saß er im Nestchen aus gewärmten Tüchern, und da ich viele Male besorgt zu ihm hintrat, erhob er sich plötzlich unbeholfen mit den noch sehr verklebten Federn und sang ein zärtliches Lied. Du, du, du! So klang es mir daraus entgegen, und so wird es wohl auch gelautet haben, wenn es auch sehr weit her kam aus einer anderen einfacheren Welt. Du, du, du! ein wenig hastig klang es und heiser, und das fächernde Spreizen des Schwanzes wollte ihm nicht recht gelingen. Gern ließ ich mich auf diese Weise von ihm trösten und beruhigen, aber es war sein letztes Lied auf dieser Welt. Hiob! sagte er gegen Abend noch einmal, als die Atemnot, die ihm die vom Fett verklebten Poren wohl bereiteten, sein kleines Herz schon fürchterlich jagte. Hiob! Ein wenig bänglich klang es, aber immer noch vertrauend und seiner Geborgenheit gewiß. Hiob!

In der Nacht zeigte sich eine Lungenentzündung, die ihn rasch dahinnahm. Er kämpfte eine Weile und quälte sich nicht viel anders als ein Mensch in solcher Not. Dann senkte er das Köpfchen auf die rote Brust und war auf einmal still. – Ich legte ihn in ein Kästchen, viel kleiner noch als das Reisekästchen, in dem er gekommen war.

»Da ist was Lebendiges drin«, hörte ich den Postboten wieder sagen, und mir war, als träfe das immer noch zu, als müsse ein Herz, das so zu lieben wußte, lebendig bleiben, auch wenn es nicht mehr schlug. Als müsse eine Seele, in der soviel Innigkeit gewohnt hatte, der Unsterblichkeit gewiß sein, so wahr wir ja alle nur um unserer Liebe willen einst Errettung vom Tod und die Heimkehr ins Leben erhoffen.

Wir begruben ihn unter einer Polyantharose. Es war vor Weihnachten, aber die Erde noch offen und weich, als hätte sie auf ihn gewartet. Jedes Jahr, wenn die Polyantha ihre unzähligen Knospen auftut, reden wir von ihm, und immer wieder fällt uns eine andere der vielen Freuden ein, die er mit seinen Liedern, seiner Heiterkeit, seinem ganzen kleinen Dasein uns täglich bescherte. Und es überkommt uns manchmal ein bängliches Ahnen mitten in solchen Gedanken, daß uns vielleicht nicht viele mehr begegnen werden, die soviel Glanz in unsere Armut bringen und so wenig Schatten.

Johann Peter Hebel

Der Star von Segringen

Selbst einem Staren kann es nützlich sein, wenn er etwas gelernt hat, wieviel mehr einem Menschen. – In einem respektablen Dorf, ich will sagen, in Segringen, hatte der Barbier einen Star, und der Lehrjunge gab ihm Unterricht im Sprechen. Der Star lernte nicht nur alle Wörter, die ihm sein Sprachmeister aufgab, sondern er ahmte zuletzt auch selber nach, was er von seinem Herrn hörte, zum Beispiel: »Ich bin der Barbier von Segringen.« Sein Herr hatte sonst noch allerlei Redensarten an sich, die er bei jeder Gelegenheit wiederholte, so zum Beispiel: »Par compagnie«, was soviel heißt wie: in Gesellschaft mit andern; oder: »Wie Gott will«; oder: »Du Dolpatsch.« So titulierte er nämlich insgeheim den Lehrjungen, wenn er das halbe Pflaster auf den Tisch strich, anstatt aufs Tuch, oder wenn er das Schermesser am Rücken abzog, statt an der Schneide, oder wenn er ein Glas zerbrach.

Alle diese Redensarten lernte nach und nach der Star auch. Da nun täglich viel Leute im Haus waren, weil der Barbier auch Branntwein ausschenkte, so gab's manchmal viel zu lachen, wenn die Gäste miteinander ein Gespräch führten, und der Star warf auch eins von seinen Wörtern drein, das sich dazu schickte, als wenn er den Verstand davon hätte, und manchmal, wenn ihm der Lehrjunge zurief: »Hansel, was machst du?« antwortete er: »Du Dolpatsch!«

Alle Leute in der Nachbarschaft wußten von dem Hansel zu erzählen. Eines Tages aber, als ihm die beschnittenen Flügel wieder gewachsen waren, und das Fenster war offen und das Wetter schön, da dachte der Star: Ich hab' jetzt schon so viel gelernt, daß ich in der Welt kann fortkommen, und husch zum Fenster hinaus! Weg war er. Sein erster Flug ging ins Feld, wo er sich unter eine Gesellschaft anderer Vögel mischte, und als sie aufflogen, flog er mit ihnen, denn er dachte: Sie wissen die Gelegenheit hierzuland besser als ich. Aber sie flogen unglücklicherweise alle miteinander in ein Garn. Der Star sagte: »Wie Gott will.« Als der Vogelsteller kam und sah, was er für einen großen Fang getan hatte, nahm er einen Vogel nach dem andern behutsam heraus, drehte ihm den Hals um und warf ihn auf den Boden. Als er aber die mörderischen Finger wieder nach einem Gefangenen ausstreckte und dachte an nichts, schrie der Gefangene: »Ich bin der Barbier von Segringen«, als wenn er wüßte, was ihn retten muß. Der Vogelsteller erschrak anfänglich, als wenn es hier nicht mit rechten Dingen zuginge, nachher aber, als er sich erholt hatte, konnte er kaum vor Lachen zu Atem kommen, und als er sagte: »Ei, Hansel, hier hätt' ich dich nicht gesucht, wie kommst du in meine Schlinge?« Da antwortete der Hansel: »Par compagnie.«

Also brachte der Vogelsteller den Star seinem Herrn wieder und bekam ein gutes Fanggeld. Der Barbier aber erwarb sich damit einen guten Zuspruch, denn jeder wollte den merkwürdigen Hansel sehen, und wer jetzt noch weit und breit in der Gegend will zur Ader lassen, geht zum Barbier von Segringen.

Thomas E. Gaddis

Ein Lebenslänglicher wird zum Vogelforscher

Früh am Nachmittag eines Junitages im Jahre 1920 warf Stroud seinen Pinsel fort, erhob sich von seinem Bett und dem Zeichentisch, reckte sich und rieb sich die Augen. Eine drückende, feuchte Hitze hatte den ganzen Tag über eine Totenstille in dem Gefängnis ausgelöst. Ungeduldig wartete er auf seinen Aufenthalt im Freien.

Neben den Zellen lag ein abgesonderter, mit Zement gepflasterter »Pferch«, der ungefähr dreizehn Meter breit und vierzig Meter lang war. Er war von Mauern eingeschlossen, und zwar an der einen Seite von der hohen Gefängnismauer von Leavenworth, an zwei Seiten von einer fünf Meter hohen Ziegelmauer und an der restlichen Seite von dem Isolierblock. Die Gefangenen hatten die Erlaubnis zu laufen, zu turnen und Handball zu spielen.

Schließlich öffnete der Wärter seine Zelle und brachte den Gefangenen zum offenen Pferch. Von dort aus konnte Stroud eine Baumkrone, den Dachfirst und einen kleinen Ausschnitt des Himmels sehen.

Der Himmel hatte sich verdunkelt, und ein leichter Wind pfiff durch den Pferch, als der Wärter ihn schließlich hineinführte.

Mit banger Sorge blickte er zu den immer tiefer herabkommenden Wolken hinauf. Ein Gewitter war im Anzuge, und er fing an schnell zu laufen, um sich möglichst viel körperlich auszuarbeiten. Er spielte ein Handballspiel, und wenn es auch ein Spiel von Stroud gegen Stroud war, so wurde daraus doch eine recht lebhafte Angelegenheit.

Ein leichter Regen setzte ein, und dann spürte er, wie plötzlich eines der für Kansas typischen Gewitter losbrach. Die ungeheuer großen steinernen Gebäude von Leavenworth gaben den Donner wie eine Riesentrommel wieder,

der ohrenbetäubend in den Mauern des kleinen Pferchs widerhallte.

Stroud nahm seinen Ball auf und trottete in eine Ecke des Hofes, von wo aus er fasziniert mit ansah, wie das hereinbrechende Gewitter immer mehr an Stärke zunahm.

Zeitungspapier und abgebrochene Zweige flogen über die Mauer herüber. Der Gefangene sah einen großen Sperling herunterschießen und umherflattern, bis ihn ein Windstoß fortblies, worauf er immer in die gleiche Ecke des Hofes zurückkehrte. Stroud knöpfte seinen grauen Drillichrock fest zu und drückte sich hinüber zu der Stelle.

Neben einem abgebrochenen Zweig sah er etwas sich bewegen. In der Ecke lagen die Überreste eines zerstörten Vogelnestes. Darin erblickte er vier kleine Spatzen, die offensichtlich eben flügge geworden waren. Sie sahen mehr wie Mäuse als wie Vögel aus. Einer von ihnen lag ganz still, die anderen drei bewegten sich. Der Sträfling beugte sich nach vorn und starrte auf sie herunter. Ein plötzlicher Windstoß riß ihn um, er glitt aus und fiel hin. Der kalte, nasse Zement kühlte seine Kniescheiben. Er sah die Sperlinge an, nahm die drei Lebenden schnell auf und legte sie in sein Taschentuch.

Mit den winzigen Vögeln in beiden Händen rannte er durch den herniederprasselnden Regen in den Schutz des Toreingangs. Dann sprang er erschreckt zurück. Ein großer, wütend zwitschernder Sperling schoß flügelschlagend auf ihn zu.

»Ist schon recht, Spatzenmutter«, schrie er. »Deine Babys sind adoptiert.«

Als er wieder in seiner Zelle war, zog er einen Socken über die elektrische Birne, um ihn anzuwärmen, und tastete im Dunkeln nach einem weiteren Strumpf, um die hilflosen Vogelkinder abzutrocknen. Dann legte er sie in den warmen Strumpf und brachte sie hinüber zu seinem Bett.

Als er die kleinen Vögel mit leichtem Widerwillen betrachtete, fragte er sich, was ihn eigentlich veranlaßt habe, sie mitzunehmen. Er hatte in den langen Jahren mehrmals Vögel aufgehoben, die sich in dem engen Pferch wie in einer Falle verirrt hatten, doch dazu hatte ihn nur der Wunsch gedrängt, sie wieder freizulassen, und er hatte sie jeweils über die niedrigste der Mauern hinübergeworfen.

Das Gefühl der kalten Nässe, das ihn überkommen hatte, als er auf Händen und Knien auf dem regennassen Zementboden des Hofes hockte, mußte wohl der Anlaß gewesen sein. Er erinnerte sich dunkel, daß er als Kind verirrte Hunde mit nach Hause gebracht hatte.

Der Sturm ging in einen Dauerregen über. Stroud beugte sich über sein Bett, um die Nestlinge zu beobachten. Sie sahen starr und tot wie gefangene Mäuse aus.

Als ihm sein Abendessen gebracht wurde, fiel Stroud hungrig darüber her. Als er einen schrägen Blick zur Seite warf, sah er, wie sich etwas neben seinem Arm leise regte. Alle drei kleinen Sperlinge bewegten sich auf und ab, reckten die Hälse und rissen die Schnäbel in ihrem warmen Strumpfnest auf. Stroud tauchte Brotkrumen in seine lauwarme Gemüsesuppe und ließ feuchte Klümpchen in die Schnäbel der kleinen Piepmätze fallen.

Er verstand nichts von Vögeln, aber als er sie beobachtete, spürte er, daß sie augenblicklich und schnell etwas verlangten. Sooft sie ihre Schnäbel aufrissen, füllte er sie. Dies geschah weit öfter, als er vorausgesehen hatte. Spät am Abend stellte er zu seiner Verwunderung fest, daß das Brot, das er sich zurückgelegt hatte, fast aufgebraucht war. Jeder, der in diesem Augenblick in die Zelle gestarrt hätte, wäre überrascht gewesen, hätte er den Sträfling in einer Ecke am Boden mit einem Lumpen in der Hand kauern sehen, wo er mit gespannten Augen auf einen Spalt in der Zementwand neben dem Waschbecken starrte. Plötzlich schlug er mit der Hand auf den Boden hinunter, und eine große Küchenschabe wurde in dem Lumpen zu kleinen Stücken zermahlen, die dann auf ein Stück Toilettenpapier gelegt wurden. Innerhalb einer halben Stunde hatte Stroud fünf oder sechs Küchenschaben und einen Käfer gefangen. Er mischte sie mit dem übriggebliebenen nassen Brot zu einem Futterbrei, den er mit seinem Schuhabsatz zurechtstampfte. Die Spatzen aßen ihn mit Appetit. Später sollte Stroud über den reichen Vitamingehalt der Insekten beim Vogelfutter Artikel schreiben.

Stroud wußte damals noch nicht, daß ein Vogel tagtäglich die Hälfte seines eigenen Gewichts essen muß, um am Leben zu bleiben. Aber am nächsten Morgen wußte er, daß die Vögel einen übermäßigen Anteil von seinem Frühstück beanspruchten. Aus Pappe, Toilettenpapier und Stoff machte er ein Nest und fütterte sie mit einem Zahnstocher. Er fing an, sie mit wachsendem Interesse zu beobachten.

Zwei der Sperlinge hüpften munter umher, doch der kleinste krallte sich hilflos mit einem Fuß fest. Stroud untersuchte ihn sorgfältig. Sein Bein war gebrochen. Mit Hilfe eines Streichholzes und eines Fadens schiente er das Bein. Der kleine Vogel erholte sich erstaunlich schnell. Aber sein gebrochenes Bein blieb kürzer und verkrümmt. Er wurde der Liebling des Gefangenen.

»Was zum Teufel machst du denn da drinnen, Bob?« kam es unterdrückt und brummend aus einer Zelle, die vier Meter weiter unten auf dem Korridor lag. Es war ein Sträfling, der in diesem Buch Feto Gomez heißen mag.

Der Zellenblock war nicht einmal zur Hälfte belegt, und zwei der Insassen waren im Dunkelarrest, das heißt, die Holztüren vor ihren Gittern waren geschlossen. Ein weiterer Insasse war stumpfsinnig geworden und wieder ein anderer haßte Stroud und weigerte sich, mit ihm zu reden.

»He, Bob, was machst du denn da drinnen? Ich habe dich die ganze Nacht rumoren hören. Was machst du eigentlich?«

Stroud dachte eine Weile nach. Er wußte, daß Gomez liebend gern ein Tier bei sich haben wollte. Er hatte es vor mehreren Jahren mit einer Katze versucht.

Stroud ging an die Zellentür.

»Ich habe eine Überraschung für dich, Feto«, sagte Stroud. »Wenn du herunterkommst in den Hof, dann sieh dich gründlich um. Du bist auf dem Wege, Vater zu werden.«

»Hör mal, Kumpel«, polterte Gomez los, »warum wirst du denn gleich so keß? Wärter! Wärter!«

Der ältliche Wärter verließ seinen Stuhl am Ende des Korridors und ging hinunter zu Fetos Zelle.

»Was ist denn mit Stroud passiert?« fragte Feto.

»Ich weiß nicht«, sagte der Wärter und reckte sich träge. »War denn der überhaupt schon mal normal?« Der Wärter ging zu Strouds Zelle hinüber und starrte hinein. »Alles in Ordnung da drinnen bei dir?«

»Aber sicher«, sagte Stroud.

»Feto macht sich Sorgen um dich.«

»Machen Sie sich keine Sorgen um mich. Allerdings wäre ich für eine Kleinigkeit sehr dankbar.«

Der Wärter sah ihn mißtrauisch an.

»Heben Sie doch alle Essenreste vom Mittagessen für mich und Feto auf. Wir werden sie brauchen.«

Der Wärter sah zu ihm hinein. »Wofür denn?«

Stroud war an das äußerste Ende seiner Zelle gegangen.

»Wofür denn?« fragte der Wärter wieder.

»Für diese hier«, sagte Stroud und hielt ein Nest aus Pappe gegen das Drahtnetz. Die Pappe war wie bei einer Kleiderschachtel am Ende zusammengefaltet. Daraus hervor ragten drei weit offene Schnäbel.

Der Wärter war sprachlos. Dann lächelte er.

»Okay, ich werde das Zeugs aufheben.«

»Dieser hier ist für Gomez«, setzte Stroud hinzu. »Aber er soll selber dahinterkommen.« Der Wärter nickte.

Wieder meldete sich Feto aus seiner Zelle.

»Stroud, was hast du da gesagt?«

»Du kommst doch nach mir in den Hof herunter, nicht wahr?« rief Stroud. »Dann sieh dich nur genau um. Es wird noch da sein, wenn du herunterkommst.«

Während seiner Hofzeit sammelte Stroud Gras und Blätter auf, die nach dem Sturm noch herumlagen.

Als Gomez an der Reihe war und in den Hof kam, fand er dort eine kleine weiße Schachtel, aus der zwei schwarze Augen und ein enormer Schnabel hervorragte, der sich sofort öffnete, als er sich bemerkbar machte.

Später hörte Stroud, daß Feto nach ihm rief.

»Stroud, warum reißt der Vogel die ganze Zeit den Schnabel auf? Ist er krank oder was ist sonst los?«

»Nein, er ist hungrig, du Dussel. Du mußt ihn dauernd füttern. Stampfe etwas Brot und ein paar Käfer zu einem Brei zusammen.«

Bald machten Strouds Spatzen ihre ersten Versuchsflüge vom Bett auf den Boden. Nach sechs Wochen konnten sie richtig fliegen. Mit wachsendem Staunen beobachtete er sie und war nur gelegentlich verärgert, wenn sie seine Malarbeiten beschmutzten.

Feto wurde langsam ärgerlich, daß Stroud vor ihm Gelegenheit hatte, in den Hof hinunter zu kommen. Sobald er an der Reihe war, suchte er vergeblich nach den dort gelegentlich zu findenden Heuschrecken, Grillen und Schmetterlingen.

Stroud nannte seinen besten Sperling Percy nach einem Wachkapitän, für den er große Achtung empfand. Der andere war der zähe kleine Krüppel, den er Runt nannte. Der Bibliothekar des Gefängnisses war eines Tages überrascht, als von dem Isolierblock Bücher über Vögel verlangt wurden. Stroud las alles, was er über Vögel zu lesen bekam.

Percy und Runt entwickelten eine Vorliebe für die Käfer, die sich in den Mauerritzen des Isolierblocks vermehrten. Stroud mischte Fliegen mit Stückchen von Käfern in einem Glas. Stundenlang arbeitete er angestrengt, um seinen Sperlingen gewisse Tricks beizubringen, wobei er ihnen zur Belohnung Käferstückchen reichte. Nach den ermüdenden Stunden, in denen er Postkarten illustriert hatte, bedeutete dies für ihn eine angenehme Abwechslung. Im September unterhielt sich Stroud eines Tages mit einem ehemaligen Farmer, der später Wärter geworden war. Die beiden Sträflinge mit ihren Sperlingen interessierten ihn brennend. Sie erinnerten ihn an bessere Tage, als er selber Lebewesen gezüchtet hatte.

»Sagen Sie doch dem stellvertretenden Direktor, daß ich ihn gern gesprochen hätte, wenn er mal vorbeikommt«, sagte Stroud.

Der Wärter bohrte unschlüssig in seinen Stummelzähnen und sah Stroud an.

»Na schön«, sagte er, »Mr. Fletcher ist ein Vogelliebhaber.«

»Ich weiß«, sagte Stroud.

Nach zwei Tagen besuchte ihn der stellvertretende Direktor, ein hochgewachsener, schlanker Mann mit betont gerader Haltung. Er trug seine Würde mit natürlicher Ungezwungenheit und fand Entspannung in seinem Hobby, das darin bestand, Vögel zu züchten. Er hielt zwei Kanarienroller.

»Hallo, Stroud!« sagte Fletcher und beobachtete ihn durch das Drahtnetz an der Tür. »Was gibt es?«

»Ich möchte Ihnen nur etwas zeigen, Herr Direktor«, sagte der Gefangene. »Wollen Sie nicht hereinkommen?«

Der stellvertretende Direktor kannte seinen Mann recht

gut. Er betrachtete ihn mit Zurückhaltung, denn er erinnerte sich an viele Vorfälle.

»Na schön, schließen Sie auf«, sagte er zu dem Wärter.

Strouds Zellentür öffnete sich, und der Gefängnisleiter trat ein und betrachtete Stroud angespannt.

Der Sträfling schnalzte mit den Fingern. Darauf hörte man ein leises Flügelrauschen, und von irgendwoher kamen zwei Sperlinge angeflogen und setzten sich auf Strouds Hand. Sie hielten sich gut fest und fuhren mit ihren kleinen Köpfen hin und her. Der kleinere der beiden wirkte mit seiner gekrümmten Haltung ungemein komisch.

Dem Beamten blieb die Luft weg. »Tja, sagen Sie«, meinte er lächelnd, »wo haben Sie denn diese beiden her?«

»Ich habe sie drunten im Hof während eines Gewittersturmes gefunden«, sagte Stroud, »sie waren aus dem Nest gefallen.«

Stroud wandte den Kopf zur Seite und piff. Darauf schossen beide Spatzen auf die Tasche in seinem Hemd los. Sie klammerten sich daran fest, schlugen mit den Flügeln und pickten in das Innere, um dann mit kleinen schwarzen Stückchen in den Schnäbeln davonzufliegen.

»Also das... das ist einfach großartig«, rief der Gefängnisleiter aus und blickte starr in die halbdunkle Zelle. »Was haben sie denn da aus Ihrer Tasche geholt?«

»Käfer«, sagte Stroud beiläufig.

»Aber wo sind die Vögel jetzt?«

»In ihrem Nest dort oben.« Stroud wies auf ein Gebilde hin, das hoch in der Ecke seiner Zelle aufgehängt war. Wieder schnalzte er mit den Fingern, worauf die Spatzen zurückkamen. Er legte die Finger zusammen, und sie hockten sich auf sein Handgelenk. Als Stroud seinen nächsten und schwersten Trick ausprobierte, war er leicht nervös. Zweimal schnalzte er ganz schnell mit den Fingern beider Hände.

Der kleine Spatz flatterte augenblicklich auf Strouds Bett. Der größere schien noch zu zögern, folgte aber dem andern nach. Mitten auf dem Bett, auf dem Stroud ein weißes Handtuch der besseren Sicht wegen ausgebreitet hatte, lagen beide Spatzen still auf dem Rücken und streckten die Krallen in die Luft.

Der Direktor brach in ein wildes Gelächter aus.

»Wie zum Teufel haben Sie es fertiggebracht, daß die beiden sich tot stellen?« fragte er.

»Tja, Herr Direktor, das hat ziemlich viel Zeit gekostet«, sagte Stroud, der erleichtert war, daß seine Vögel ihre Rolle so gut gespielt hatten und daß sie dem Direktor gefielen.

»Na, an Zeit fehlt's Ihnen ja wohl nicht?« sagte Fletcher. Er grinste. »Also diesen Trick möchte ich ja liebend gern meinen Kanarienvögeln beibringen. Ich habe jetzt keine Zeit, aber später möchte ich doch in allen Einzelheiten erfahren, wie Sie das geschafft haben. Aber jetzt nehme ich an«, fuhr er freundlich fort, »möchten Sie gerne wissen, ob Sie die Vögel behalten dürfen. Also, ich persönlich habe nichts dagegen, machen Sie nur so weiter.« Er wandte sich zum Gehen.

»Danke Ihnen, Herr Direktor«, sagte Stroud und setzte schnell hinzu: »Aber mir macht der Gesundheitszustand der Spatzen Sorge. Sie brauchen mehr zu fressen, als was ich von dem Gefängnisessen erübrigen kann. Für mich selber würde ich nicht darum bitten, aber diese Gefängnisvögel brauchen Vogelfutter, Samenkörner.«

»Tja«, lachte Fletcher, »eigentlich verdienten sie das auch. Sie könnten es bekommen, wenn ich nur welches hätte.« Damit schickte er sich an, die Zelle zu verlassen.

»Ich danke Ihnen«, sagte Stroud. »Ich war fest überzeugt, daß Sie das sagen würden, deswegen habe ich bereits etwas Vogelfutter hierher schicken lassen. Es liegt jetzt beschlagnahmt im Lagerraum, und ich hätte gerne, Sie möchten anordnen, daß man es mir aushändigt.«

Fletcher blieb stehen, und sein Gesicht lief rot an.

»Da soll doch gleich der Teufel dreinschlagen«, rief er aus, stolzierte aus der Zelle und wandte sich dann um. Er warf Stroud einen wütenden Blick zu, aber der lächelte. Auf seinen Schultern saßen jetzt die Spatzen, die Fletcher mit seitlich gewandten Köpfen fragend ansahen. Dem Gefängnisbeamten kam es vor, als blickten ihn drei Personen an.

»Sie wissen noch nicht einmal, ob Sie überhaupt einen Vogel halten dürfen«, brummte er verärgert, »und dennoch bestellen Sie schon im voraus Vogelfutter... Aber schön, nun hab' ich mal mein Wort gegeben. Ich werde dafür sorgen, daß Sie es bekommen.«

Wieder in seinem Büro, kritzelte Fletcher eine Anweisung auf ein Stück Papier, steckte es in einen Umschlag und gab ihn seinem Kalfaktor mit den Worten: »Erledigen Sie das sofort.«

Kurze Zeit danach erschien ein kleiner, nervöser Lagerverwalter bei Fletcher.

»Herr Direktor, hier ist eine Bewilligung für den Gefangenen 17431. Ich kann sie aber nicht lesen. Es sieht aus wie ›Samenkörner‹.«

»Es sind auch Samenkörner.«

»Samenkörner?«

Fletcher bekam ein rotes Gesicht.

»Verdammt noch mal – Vogelfutter! Sie haben es doch beschlagnahmt. Stecken Sie nur die Nase richtig in Ihr Lager, dann werden Sie es schon finden.«

»Ja, aber... Vogelfutter?« Der Lagerverwalter stand mit offenem Munde da. Aber nach einem Blick auf das Gesicht des Direktors stürzte er eilig davon.

Es dauerte nicht lange, da verschaffte sich auch Feto Gomez die Erlaubnis, Vogelfutter zu empfangen. Er begründete sein Gesuch mit dem durch Stroud geschaffenen Präzedenzfall. Während der Winter in Kansas immer strenger wurde, hatten die beiden Sträflinge alle Hände voll zu tun, um ihre kleinen Schutzbefohlenen bei guter Gesundheit zu halten.

Gomez nannte seinen Vogel Pancho und hatte stundenlang Spaß daran, seinem Sperling zuzuschauen und ihn zu dressieren.

Die übrigen Gefangenen in dem Isolierblock hörten sich belustigt mit an, was für Schwierigkeiten die beiden Männer mit ihren Vögeln hatten. Manche ihrer Neckereien brachten Gomez in Wut. Stroud schien das nichts auszumachen.

Ende Januar erhielt Stroud von seiner Mutter die ermutigende Nachricht, daß sie eines seiner Bilder verkauft habe. Sie hatte während der Weihnachtszeit durch den Verkauf der Postkarten ein paar Dollar nebenbei verdient. Es sah so aus, als wollten einige Kunden auch Ostern wieder Karten kaufen. Stroud verdoppelte seine Anstrengungen und saß tief gebückt unter dem trüben Licht der 25-Watt-Lampe.

Eines Nachmittags, als Percy und Runt auf seinem leeren Essentablett herumpickten, kam der Wärter Smith vorbei, blieb stehen und sah in die Zelle. »Na, wie geht's den Vögeln?«

»Ganz gut«, sagte Stroud, »aber je näher der Frühling kommt, desto unruhiger werden sie. Nach dem zu schließen, wie sie heute herumhüpfen, muß ein Gewitter im Anzug sein. Dunkel genug ist es ja auch dafür.«

»Was meinst du denn mit dunkel?« fragte der Wärter.

Stroud zwinkerte mit den Augen.

»Wie kommst du denn auf die Idee, daß es dunkel wäre? Es ist schönes Wetter heute«, sagte Smith.

»Sie meinen, es wäre nicht so dunkel wie vor einem Gewitter?« fragte Stroud.

Der Wärter schüttelte den Kopf. »Unsinn.«

Stroud wandte sich ab und starrte lange auf den Zeichentisch. Er legte seine Hand über die Augen, öffnete sie dann und blickte starr zu der altmodischen elektrischen Birne hinauf. Die brennenden Glühdrähte wirkten so klein wie Stecknadelköpfe. Als er den Kopf abwandte, blieb dieser Eindruck in seinen Augen, und er sah immer nur die glühenden Punkte, gleichviel wohin er blickte. Sonst war es dunkel um ihn.

Am nächsten Morgen verlangte Stroud den Gefängnisarzt zu sprechen. Der Arzt war ein müder, alter Mann, der seit vielen Jahren Gefängnisarzt war.

»Ihre Augen sind sehr schlecht«, sagte der Arzt nach einer sorgfältigen Untersuchung. »Was haben Sie denn damit gemacht?«

»Ich habe Glückwunschkarten und Kopien gemalt, und das muß ich auch noch weiter machen.«

Stroud war tief bedrückt, als er sah, wie der Doktor den Kopf schüttelte. »Für solche Arbeit reichen Ihre Augen nicht mehr aus. Die Beleuchtung in den Zellen ist sehr kümmerlich.«

»Können Sie mir denn nicht eine Anweisung für eine hellere Birne schreiben? Zum Beispiel eine 50-Watt-Birne?«

»Dazu bin ich nicht berechtigt. Sie müssen eine andere Möglichkeit finden, sich zu beschäftigen.«

Der Sträfling blickte starr auf den abgetragenen Augenschirm, den man ihm gegeben hatte. Der Doktor zuckte mit den Schultern und führte den Gefangenen wieder in den verschlossenen Warteraum zurück.

»Vielleicht ändern sich auch die Verhältnisse hier«, sagte er nicht unfreundlich. »Es sind einige neue Zuwendungen unterwegs. Später wollen wir sehen, Ihnen eine neue Brille zu beschaffen.«

Bei ihrem nächsten Besuch stellte Elizabeth fest, daß sie inzwischen nicht so viele Karte bekommen hatte. Ihr Sohn ging auf das Thema nicht ein, aber er sagte ihr auch nichts von seinen Augen.

Langsam meldete sich der Frühling nach all diesen kalten Wochen, und der Frost schwand allmählich von den mit Rauhreif bedeckten Gefängnishofwänden. Der Frühling und das bessere Licht gaben Stroud neue Hoffnung, und auch Feto Gomez lebte wieder auf.

Gomez, der vor Jahren einen Wärter ermordet hatte, litt unter Depressionsanfällen, die manchmal tagelang dauerten. Doch die Verantwortung für seinen kleinen Spatzen Pancho hatte ihn verändert. Mit Genugtuung betrachtete er stundenlang die schnellen Bewegungen seines Vogels. Er wurde freundlich, besonders Stroud gegenüber, und verließ sich ganz auf dessen Ratschläge. Gefangene, die mit diesem Zellenblock nicht vertraut waren, hätten kaum sagen können, ob Feto mit seinem Vogel, mit sich selber oder mit Stroud sprach. Dauernd hörte man seine rauhe Stimme brummen.

Feto hatte die Erlaubnis, am Gottesdienst teilzunehmen – eine Vergünstigung, die Stroud abgelehnt hatte. Jetzt bezeugte Feto erhöhtes Interesse für diese sonntägliche Erholung.

Er bat den Priester, zu ihm zu kommen und seinen Vogel zu segnen. Schon lange war ihm aufgefallen, daß sich der Spatz lieber an den wärmeren Stellen seiner Zelle aufhielt.

»He, Bob«, rief er eines Morgens, »mein Vogel friert die ganze Zeit. Was kann denn mit ihm los sein?«

»Weiß ich nicht, Feto«, erwiderte Stroud nachdenklich. »Was macht er denn sonst noch?«

»Tja, daß er nicht krank ist, weiß ich, denn er frißt mehr als je zuvor. Er hat sich jetzt angewöhnt, sich an dem Lichtkabel über der Lampe festzuklammern.«

»Ich weiß auch nicht. Ich wünschte, ich wüßte mehr über Vögel. Aber wenn es ihm da gefällt, warum machst du nicht eine Schlinge oder bringst sonst etwas an, damit er dort leicht sitzen kann? Mach doch einen Stock als Sitzstange fest, wenn du einen bekommen kannst. Oder häng doch eine Schachtel unter die Lampe.«

Mehrere Tage später rief Gomez zu Stroud hinüber: »Bob, jetzt schläft er die ganze Zeit über mit gesträubten Federn. Er schläft nur noch.«

»Es hört sich so an, als wäre er krank, Feto. Ich weiß nicht, was man für einen kranken Sperling tut.«

Am nächsten Sonntag erfüllte der Geistliche Fetos Bitte. Er suchte den Sträfling für eine kurze Zeit in der Zelle auf, und um dem hartnäckigen Gefangenen einen Gefallen zu tun, segnete er den Vogel.

Ob es an Fetos Phantasie lag oder an einer himmlischen Intervention, war nicht klar, aber ein bis zwei Tage lang schien es Pancho besser zu gehen.

Ein neuer Sträfling auf der anderen Seite des Korridors hörte Feto in traurigem Singsang mit seinem Vogel sprechen.

»Von diesem lausigen Fraß kann auch kein Vogel leben«, sagte der Neuling. »Warum besorgst du ihm nicht ein paar Würmer?«

Feto warf sich mit seinem ganzen kräftigen Körper gegen das Gitter.

»Woher soll ich denn Würmer bekommen, du faules Stück?« sagte er.

»Du mußt sie aus dem Zement herausbuddeln«, antwortete der Gefangene.

Ein Strom von Flüchen dröhnte durch den Zellenblock, als Feto ihm antwortete. Aber dennoch überredete er den Wärter, ihm ein paar Würmer mitzubringen.

Als der Wärter am nächsten Morgen wegen des Frühstücks an seine Zelle kam, regte sich darin nichts. Er sah den Häftling mit benommenem Blick auf dem Fußboden sitzen und in seinen Händen den Sperling hin- und herwiegen. Pancho war tot.

»Ich habe die Würmer für dich«, sagte der Wärter.

Feto gab keine Antwort.

Der Wärter gab Stroud die Würmer. Im Zellenblock wurde es stumm, als man von Fetos Verlust hörte.

Der muskulöse zweimalige Mörder war völlig gebrochen. Tagelang waren die schwarzen Bartstoppeln in seinem entstellten Gesicht naß von Tränen. Nicht einmal mit Stroud wollte er über seinen Verlust reden.

Mehrere Wochen später schrieb Gomez einen Brief an seine Freundin, eine Stenotypistin in Washington, mit der ihm eine Korrespondenz gestattet war. Er schrieb ihr von dem toten Sperling, und sie schrieb an den Gefängnisdirektor und bat um die Erlaubnis, dem Sträfling einen Kanarienvogel schicken zu dürfen. Dies wurde barsch abgelehnt.

Die Frau in Washington wandte sich an ihren dortigen Freund, den Sekretär eines Senators, der dem Gefängnisdirektor einen groben Brief schrieb.

In der Zwischenzeit war wieder ein Wechsel in der Verwaltung vor sich gegangen. Als der Brief im Gefängnis eintraf, öffnete ihn ein neuer Gefängnisleiter, der ihn mit Überraschung las.

In dem Brief hatte der Senator dem Direktor geschrieben, daß seine Haltung einem Mann gegenüber, der eine lebenslängliche Strafe in Einzelhaft zu verbringen hätte, grausam und barbarisch wäre, wenn er ihm den einzigen Trost, nämlich einen Kanarienvogel, nicht gestatten würde.

William Biddle, der neue Gefängnisdirektor, ließ sich schnell die Korrespondenz geben und untersuchte, was sein Vorgänger in der Sache getan hatte. Es lag ihm gar nichts daran, sich unnötigen Ärger zu verschaffen.

Er schrieb an den aufgeregten Senator und versicherte ihm, daß der »Lebenslängliche« so viel Kanarienvögel haben dürfe, wie er wolle. Er, der Gefängnisdirektor, bedauere diese ärgerliche Situation, aber er sei eben neu ernannt worden, und er wäre nicht daran schuld.

Auf diese Weise hatte niemand sein Gesicht verloren, und Gomez kam zu einem Kanarienvogel. Diesmal nutzte Stroud den Präzedenzfall. Er beschaffte sich ein Kanarienmännchen, später noch ein Weibchen. Er hatte Glück, die beiden paarten sich, und es kamen Junge. So wurde der Lebenslängliche zum Vogelzüchter, zum Kenner und Fachmann und schließlich sogar zum Vogelforscher.

Yukio Togawa

Schneesturm

Es war März, in den Bergen schneite es.

Frühmorgens schleppte sich der Schnellzug, der vom Bahnhof Shinjo gekommen war, wankend über die schneebedeckten Schienen der Ou-Linie, schob sich über den Okachi-Paß und erreichte den Bezirk Akita. Nachdem die Falten der Schneeberge das dröhnende Keuchen des Zuges eingesogen hatten, schlief das Gebirge wieder ein. Schnee und Wind rüttelten die Bäume und sangen den Bergen das gewohnte Wiegenlied der Natur.

Die Ou-Linie entlang floß der Mamuro, in den die Flüsse Osawa, Kanayama, Sashikubi und Masugata mündeten, die mit ihm zusammen den Sake bildeten. Dieser wieder mündete in den noch größeren Mogami und schließlich in die japanische See. Die Quellen des Mamuro entsprangen in den Bergen. In ihrem Schoß umarmten sie Urwälder aus Eichen, Kastanien, Tannen, Roßkastanien und Buchen, die unter dem seit drei Tagen währenden Schneesturm zu ersticken drohten.

Antilopen mit dicken, wolligen Fellen standen unbeweglich an geschützten Stellen, Bären schliefen in ihren Höhlen auf der mit tiefem Schnee bedeckten Nordseite der Berge, ihre Jungen, die während der Winterschlafzeit geboren waren, in den Armen; Dachse hockten in ihren Löchern unter dem Schnee. Ein weißer Hase sprang aus einem Baumfuß und kündigte mit einem leisen Fiepen an, daß die Schneezeit bald enden würde. Ein Adlerpaar spielte dabei gleichfalls eine Rolle. Ihr Instinkt mahnte sie, daß ihnen die Zeit nahte, die sie nicht versäumen durften.

Vom Kamimuroberg führte der Bergsattel zum Tenguwald. Dort schlossen sich steile Felsenhänge an. Tief unten befand sich eine dunkle Bergschlucht. Die Felsschroffen waren dort sehr gefährlich, und außer Antilopen wagte sich nichts in die Nähe. Auf der Mitte des Hanges stand ein vereinzelter Baum. Sein Stamm war sehr dick und hatte einen Umfang von vielleicht drei Metern. Der Wipfel ragte in die Lüfte, als wollte er nach dem nassen, grauen Himmel greifen. In der Höhe von etwa zwanzig Metern verzweigte sich der Stamm nach drei Richtungen, und an dieser Stelle begann auch dieses Jahr ein Paar großer, dunkelbrauner Vögel seinen Horst zu bauen.

Seit mehr als zehn Jahren bewohnte das Paar schon diesen Ort, wohin die Menschen noch nicht vorgedrungen waren, und da es jedes Jahr den alten Horst von neuem weitergebaut hatte, war er bereits ungeheuer groß. Jahr für Jahr brachten die beiden einen Haufen Reisig dahin, und er hatte nun eine Fläche von vier Quadratmetern und eine Tiefe von sechzig Zentimetern. Der untere Teil dieser Festung war bereits verwittert und mit Moos bewachsen. Blaues Moos bedeckte auch die drei großen Zweige, die es stützten, und verlieh dem Bau Festigkeit wie Mörtel. Obwohl der Horst bereits so massig war, holten die beiden Vögel dennoch unermüdlich neues Reisig.

Der männliche Adler segelte wie ein Zirkumflex in der Luft, die beiden Flügelenden nach unten gesenkt. Das war ein Zeichen, daß er bald das hohe Alter von dreißig Jahren erreichen würde. Da das Weibchen etwa um zehn Jahre jünger als sein Gefährte war, spreizte es seine Schwingen beim Flug stets waagerecht. Kopf, Rücken und Bauch der beiden Raubvögel waren dunkelbraun. Die Schnäbel waren schwarz, ihre Augen glänzten golden. Die Klauen des weiblichen Vogels waren groß und stark. In ihren Fangklauen waren kleine Nagelfalze. Der männliche Adler war viel kleiner. Bei Raubvögeln wie Adlern oder Falken ist dies stets der Fall. Dafür war dem Männchen ein stattliches Federbüschel auf der Stirn beschert, als ob die beiden langen, schönen Fahnenfedern ihm Würde verleihen sollten.

Im Laufe der Zeit wurde das Sonnenlicht, das jetzt hin und wieder den grauen Himmel durchdrang, allmählich milder. Auf den Wipfeln und in den Bergschluchten blieb der Schnee zwar noch ziemlich fest, aber der Schnee, der nun vom Himmel fiel, war mit Regen vermischt. Jetzt flog das Weibchen nicht mehr umher, denn seine Zeit nahte.

Als in den Dörfern die Pfirsichbäume blühten, legte es ein Ei. Das runde, leicht rötliche Ei war noch einmal so groß wie

ein Hühnerei. Das im vergangenen Jahr ausgekrochene Junge war männlich gewesen. Daher mußte in diesem Jahr das Ei unbedingt weiblich sein. Der Adler legt nur einmal im Jahr ein Ei, und nach dem männlichen Jungen kommt ausnahmslos ein weibliches. Dieser regelmäßige Wechsel scheint eine Vorsichtsmaßnahme zu sein, ein Privileg, das die große Natur dem Adler eingeräumt hat. Der Mensch kann dieses Phänomen nur »Wunder« nennen.

Von nun an hegte die Adlermutter das Ei. Tag für Tag bebrütete sie es still im großen Nest, während der Adlervater eilig umherflog und Beute suchte. War er nicht auf der Jagd, so saß er auf einem Zweig über dem Nest und hielt aufmerksam Wache. Der herabfallende Schnee wurde immer schmutziger und grauer. Die der Sonne zugewandten Bergabhänge zeigten stellenweise rötlich-gelbe, lehmige Erde. Zu dieser Zeit fand sich unter dem Buchenbaum ein Haufen von Überbleibseln gefressener Beute; Knochen und Gewölle lagen in Mengen verstreut umher. Auch ein Haufen von weißem, versteinertem Schmelz war da, den sie geschickt aus dem Horst geschissen hatten.

Ein Monat verging. Die Berge kleideten sich in frisches Grün. Mitten im Horst regte sich ein kleines, neues Leben, bedeckt mit gelbem, weichem Flaum. Das Paar erzog es in guter Zusammenarbeit, denn der Adler lebt auch außer der Brutzeit immer in Einehe. Leicht und ruhig wie ein Segelflugzeug schwebten die Eltern oben am Himmel, übersahen dabei aber mit ihren scharfen Blicken kein einziges Anzeichen einer Beute. Bewegte sich in einer Entfernung von zwei Kilometern leise ein Bambusgestrüpp, entging das nie ihren goldenen Augen. Diese Augen versäumten aber auch niemals die gleichzeitige Bewachung ihres Jungen.

Nun vertauschten die Eltern untereinander ihre Pflichten. Jetzt ging die Mutter auf die Jagd und suchte Beute, während der Vater die Obhut des Kindes übernahm. In der Morgendämmerung flogen die Eltern fort, kehrten aber bis zum Abend mehrere Male zum Nest zurück. Während der ersten Woche nach der Brut fütterte die Mutter das Junge mit Halbverdautem, das sie aus dem eigenen Kropf hervorwürgte.

In den folgenden zwei Wochen zerriß sie die Beute und reichte sie ihm in Stücken von Schnabel zu Schnabel.

Das Junge wuchs Tag für Tag sichtlich. Es atzte tüchtig. Kaum hörte es die Flügelschläge seiner Eltern, so riß es sein Schnäbelchen auf, so weit es konnte, und verlangte Atzung von ihnen. So mußten die Eltern ohne Unterlaß Beute fangen – Schlangen, Ratten, Fasane, Hasen, Biber und anderes.

Von Zeit zu Zeit regnete es. Kälte drang dann heimlich unter den Flaum des Jungen und stach unaufhörlich seinen Körper. Es rief klagend nach seiner Mutter. Die Gerufene flog daraufhin schnell zurück und umschloß das nasse Junge mit ihren Flügeln. Von ihren dicken Schwingen troffen schwere Tropfen. Wie eine Statue blieb sie sitzen. Erst wenn die grauen Wolken verschwunden waren und die leuchtende Sonne in der Bergschlucht einen Regenbogen malte, flog sie endlich mit nassen Flügeln empor. Und da hörte man schon unten vom Bach herauf Krammetsvögel und Meisen zwitschern.

Wieder gingen vierzig Tage vorüber. Alle Berge waren jetzt mit dunklem Grün bedeckt. Über dem Gipfel des Suishyowaldes stand die glühende Julisonne am azurnen Himmel. Wie durch ein Sieb drangen ihre starken Strahlen durch das Buchenlaub und zeichneten auf dem Adlerhorst kringelartige Muster. Das Junge fing bereits an, im flirrenden Lichtkreis eifrig mit seinen Flügeln zu schlagen. Noch war es ganz hellbraun. Besonders sein Bauch zeigte einen hellen Ton. Die Augen waren noch himmelblau, ein Beweis seiner Unmündigkeit. An den Fangklauen jedoch waren bereits deutlich erkennbare Falze zu sehen. In diesem Alter zeigte sich schon die Dreistigkeit des weiblichen Adlers.

Sobald es flügge geworden war, begannen die Eltern mit ihrer strengen Erziehung. Sie flogen, ihr Junges in der Mitte, hinauf in die Lüfte. Oben am Himmel pfiffen sie grell. Sobald die Fasane auf der Erde diesen Pfiff hörten, schlüpften sie hastig in die Büsche. Die Hasen und die fliegenden Eichhörnchen retteten sich in ihre Höhlen. Sie alle waren aber voreilig, denn wenn der Adler am Himmel pfeift, hat er keinen Hunger. Will er sich auf eine Beute stürzen, darf er nicht pfeifen. Beim Angriff ist er kein Segelflugzeug mehr, sondern verwandelt sich in einen Düsenjäger und stürzt auf die Beute. Im Nu schlägt er seine sensenförmigen Klauen in die empfindlichste Stelle der Beute, in den Halswirbel, in die Kehle oder die Flügel. All dies lehrten die Eltern das Junge. Sie lehrten es auch, daß Bären und Antilopen weder Beute noch Feind seien, sondern bloß harmlose Nachbarn in den Bergen. Vor Füchsen, Dachsen und Nattern müsse der Adler sich in acht nehmen, denn sie sind mit starken Waffen bewehrt. Mit solchen gefährlichen Tieren sollte sich das Adlerjunge lieber nicht zu schaffen machen. Am Himmel gebe es einen riesengroßen Feind, die noch größeren Adlerarten, obwohl sie gewissermaßen Verwandte waren. All dies lernte das Junge von seinen Eltern.

An einem frühen Abend nahm das Junge wahr, wie ein Kupferfasan von einem nahen Sumpf aufflog. Natürlich hatten das auch die Eltern bemerkt, aber sie wollten sich ganz und gar nicht anschicken, auf ihn loszufliegen. Es war, als forderten sie das Junge auf: »Versuch es einmal allein!« Das Junge flog ab. Es stürzte sich mit gesträubtem Federschopf auf die Beute. Aber der Fasan bemerkte den anstürmenden Jungadler im letzten Augenblick. Im Nu faltete er seine Flügel zusammen und sauste wie eine Kugel in ein Dorngebüsch. Seine mächtigen Federn flogen zerfetzt nach allen Seiten, aber er konnte sich – am ganzen Körper verwundet – retten. Nur der Wille, jenem tödlichen Fangschlag zu entkommen, trieb ihn immer tiefer ins Gebüsch. Das Junge aber flog geradlinig folgend hinter ihm drein. Dem Adler ist jedoch nicht die Kunst gegeben, auf der Erde zu laufen oder ins Gebüsch hineinzukriechen, wie es die Fasane können.

Dem Jungadler wurden von dem Gebüsch einige Federn der Schwingen gebrochen. Traurig rief er nach seinen Eltern. Als die Mutter seine Verletzungen sah, zupfte sie die gebrochenen Federn entschlossen mit ihrem Schnabel aus. Auf diese Weise brachte sie aber auch dem Jungen bei, daß neue Federn nach dem Auszupfen rascher nachwachsen. Das Junge begriff nun, daß ein Adler keine Beute angreifen darf, die sich im Gestrüpp oder in Höhlen versteckt. In einem solchen Fall mußte man, von einem Baum in der Nähe gedeckt, lauern – eine Stunde, einen halben oder gar einen ganzen Tag – bis die Beute endlich wieder aus dem Versteck hervorkroch. Und erst wenn die Beute auf einen offenen Platz kam, wo es für sie keine Fluchtmöglichkeit gab, konnte man sie wie ein Blitz angreifen. Sogar die Ente wird schließlich schwach und taucht wieder auf, wenn der Adler ruhig über dem Wasser kreist und hartnäckig wartet. All dies waren Lehren der teuren Mutter. Jeden Tag wurde das Junge kräftiger und klüger...

Schon war der Herbst gekommen. Die Urwälder, die erst kürzlich noch einen feuchten, grünen Geruch ausgeatmet hatten, dörrten nach und nach aus, das Kleid der Gipfel, das unlängst noch golden gewesen war, wurde jetzt rot. Wenn sich am klaren Himmel die grauen Wolken mehrten, sank plötzlich die Temperatur der Luft.

Dann kam der Schnee. Für das Junge war der Winter die erste Zeit der Bewährung. Die Bäume auf den Gipfeln wurden kahl und erstarrten im Frost. Die meisten Vögel und Tiere blieben in Höhlen und Löchern versteckt. Die Adler fanden immer weniger Beute. Die harte Jahreszeit war auch die des Hungers. Während des Winters lernte das Junge auch den Hunger kennen. Adler sind glücklicherweise fähig, eine Fastenzeit von zwei Wochen zu ertragen. Die Beute, die sie im Winter fangen, muß bis zum letzten Blutstropfen geatzt werden. Das war die letzte Lehre, die die Eltern dem Jungen erteilten.

Nun erfaßte eine unsichtbare Macht die beiden Riesenvögel. Hatten sie bis dahin nur Flüge gemacht, die Beute getötet und geatzt und geschrien, so erwachte nun in ihnen ein anderer Instinkt als der zur Erhaltung ihres Daseins. Eines Tages befanden sich die Eltern auf dem Flug nach ihrem Horst auf der Klippe, gefolgt von dem Jungen. Als aber das Junge im Horst seine Flügel faltete, versetzte ihm seine Mutter einen starken Schlag. Das Junge zuckte zurück. Es begriff nicht, warum die Mutter sich plötzlich so verhielt. Schonungslos verfolgte sie ihr Kind. Es floh auf einen höheren Zweig und blickte sie bestürzt an, doch sie verfolgte ihr Kind weiter. Der Vater sah schweigend zu.

Das Junge krächzte klagend; es wollte zu seinem Vater

und zu seiner Mutter. Aber die Eltern schlugen ihm diese Bitte ab. Ihr Instinkt verbot ihnen, das Junge wieder aufzunehmen. So wurde es verjagt. Es flog fort, um sich seine eigene Welt zu suchen. Mit nach oben gerichteten Schwingenspitzen flog es in die Ferne. Aus seinem Flug konnte man schließen, daß es sich von nun an allein werde durchschlagen können.

Zwei Jahre sind vergangen.

Die Augenfarbe des Adlers hat sich inzwischen verändert und ist jetzt hellgelb. Der Rücken ist dunkelbraun, und auf der grauweißen Brust sind bis zum Bauch zahlreiche braune Flecken zu sehen.

Nun wagt das weibliche Junge nicht mehr, sich dem Tengu-Wald zu nähern, wo seine Eltern leben. Das junge Adlerfräulein wohnt jetzt im Maruno-Wald beim Onesaka-Paß, von wo aus man Ausblick auf die gewundenen Linien des Mamuro hat. Das Adlerfräulein schlägt nun seine Beute selbst.

Der Onesaka-Paß ist viel tiefer gelegen als der Tengu-Wald. Auch ist er nicht weit von einer menschlichen Niederlassung entfernt. Es wohnt sich daher hier nicht so angenehm, aber in den nahen Zypressenwäldern leben viele Hasen und Rohrhühner, und so mangelt es nicht an Beute.

Eines Spätsommerabends verfolgte ein alter Mann in sonderbarer Kleidung von der Mitte des Waldes her eifrig das oben kreisende Adlerjunge. Über seine Bauernjacke hatte er einen Hundepelz gezogen, und er trug eine Wadenbekleidung aus Binsen und Fellschuhe. Er hatte eine ruderardige Stange in der Hand, und in seinem Gürtel stak ein Beil. Ein breiter Binsenhut saß ihm auf dem Kopf. Er schien schon über sechzig zu sein. Tiefe Furchen zeigten sich auf seiner Stirn, doch sein verwittertes Gesicht war glatt und gesund. Bemerkenswert waren vor allem seine scharfen Augen, die jetzt unter seinem Binsenhut mit feurigem Glanz auf den fernen Himmel gerichtet waren.

»Hm, ein wunderschöner Adler«, entschlüpfte es dem Mund des Alten. Er war Falkenmeister und wohnte unten am Mamuro. Von Jugend an hatte er mit seinen Falken und Adlern gelebt und bis in sein jetziges Alter die ehrenvolle

Tradition seiner Familie gewahrt, die die Falknerei von Generation zu Generation betrieben hatte. Nun war er der letzte Meister. Sein letzter Wunsch, den zu erfüllen er jetzt im Begriffe war, bestand lediglich darin, während der ihm noch zur Verfügung stehenden Jahre mit allem Eifer einen »Meisteradler« zu erziehen. Ein Adler lebt etwa dreißig Jahre. Wenn ihm jetzt ein begabter junger Adler in die Hände fiele, könnte er sich ihm für den Rest seines Lebens widmen. Dazu hatte er sich entschlossen, und nun streifte er überall umher, um einen Adler zu suchen.

»Diesen oder keinen!« rief er. Dabei funkelten die Augen des alten Falkenmeisters lebhaft wie die eines Jünglings.

Ein paar Tage später kam er mit einem Burschen, der auf seinem Rücken Netze trug, zurück. Der Bursche war sein Neffe und half ihm nun die Netze in einer breiten Lichtung mitten im Wald aufzuspannen. Noch vor der Morgendämmerung trieb der Alte seinen Neffen zum Adlerfang. Alle Vorbereitungen mußten getroffen sein, ehe der Adler morgens abflog, um seine Beute zu jagen.

Nachdem der Alte das Netz aufgespannt hatte, band er einen weißen Hahn vor dem Netz an. An ein Bein des Lockvogels war ein langer, dünner Hanfstrick geknüpft, der zu einem etwa sechzig Meter entfernten Loch führte, in dem die beiden saßen. Das Loch war geschickt mit Süßkleegebüsch getarnt und vor den scharfen Blicken des Adlers geschützt.

Ein schwarzer Punkt tauchte auf. Der Punkt segelte unter dem blauen, lichterfüllten Himmel, glitt von Gipfel zu Gipfel und nahm dann allmählich die Form eines Vogels an. Der Alte riß nun an dem Strick.

»Kiki... Keri... Kiki!« schrie der Hahn plötzlich und zappelte, als ihm ein Fuß fortgerissen wurde. Obwohl der Adler gute zwei Kilometer davon entfernt war, blieb der weiße Schimmer seinem Blick nicht verborgen. Kaum waren ein paar Sekunden vergangen, als er wie ein Feuerpfeil auf die Erde stürzte. Mit einem Schlag vernichteten seine Fänge das Leben des Hahns. In diesem Augenblick bedeckte das Netz den Körper des Raubvogels. Der Adler wehrte sich nicht, er schloß nur die Schwingen und wartete auf eine Gelegenheit zum Gegenangriff. Aber die sechzigjährige Erfahrung des Falkenmeisters war der dreijährigen des Vogels überlegen.

Das Heim des Alten befand sich unter einer einzelnen Kiefer, dort wo der Mamuro kurz vor der Mündung in den Sake gestaut wird. Als der Falkenmeister nach Hause kam, umwickelte er den Bauch und die Flügel des Adlerjungen mit einem Tuch und beschnitt die viel zu scharfen Spitzen der Atzklauen, der Mittelklauen, der Außenklauen und der Fangklauen. Dann umkleidete er die Füße des Vogels mit einem mit Schnüren versehenen Lederband. Schließlich reichte er dem Adler ein Stück Taubenfleisch, das er vorher in Wasser getaucht hatte. Der Alte wollte es ihm in den Schnabel schieben, aber der stolze Raubvogel weigerte sich mit gesträubtem Federbüschel, es zu nehmen.

Der alte Falkenmeister brachte das junge Adlerweib in einen für die Falkenhaltung bestimmten Raum, der hinter dem Hauptgebäude des Hofes lag, und setzte es auf ein Reck. Die Wasserschüssel war zugedeckt. Da das Fensterchen geschlossen war, war es drin stockfinster. Drei Tage verbrachte der Adler dort in drückender Dunkelheit. Obwohl er seine hellgelben Augen mit aller Kraft aufriß, vermochte er nicht zu sehen.

Um Mitternacht des dritten Tages versuchte der Meister den gefangenen Vogel mit der Hand zu füttern. Es sollte der erste Kontakt des Adlers mit dem Menschen sein, aber wieder verweigerte das Junge Wasser und Fleisch.

Das wiederholte sich auch in der nächsten Nacht. In der folgenden Nacht war es gleichfalls dasselbe. Eine Woche war vorüber. Zwei Wochen vergingen so. Jetzt nahte schon das Ende der dritten Woche. Nun litt der Adler Hunger. Galle stieg in seinem Schlund hoch. Er litt an Schmerzen, als wäre sein Magen zusammengeschnürt worden. Der Geruch von Fleisch und Wasser, der durch die Finsternis an seine Nase wehte, regte ihn auf. Trotzdem wollte er nichts davon wissen, weil der Geruch von Menschen mit jenem Duft vermischt zu ihm kam und seinen Stolz verletzte. Das machte ihn nur noch feindseliger. Der Adler wollte nur seine Freiheit, und deswegen mochte er sich auch nicht füttern lassen. Auch trinken wollte er nicht. Der einst so kräftige Körper veränderte sich nun sehr. Die fette Brust wurde flach, die Augen hatten sich immer tiefer in die Augenhöhlen gesenkt. Sein Kot, der sonst weiß war, wurde grün und klebrig. Schon stand der Tod vor der Tür und wollte zugreifen.

»Onkel, sein Kot ist jetzt grün geworden. Wird er nicht bald sterben?« fragte der Junge angstvoll den Alten. Der schwieg, weil auch er die gleiche Furcht wie sein Neffe hatte. Trotz seiner sechzigjährigen Erfahrung war er noch keinem Adler begegnet, der ein solches Maß von Widerstand an den Tag legte.

Dieser Adler will sein Leben aufs Spiel setzen, um seine Ehre zu bewahren, dachte der Alte. Soll ich ihn freilassen? Der Stolz des sechzigjährigen Falkenmeisters verbot ihm dies. Für den Meister gab es nur eine Entscheidung: Der Stolz des Menschen mußte mit dem Stolz des Vogels kämpfen.

Drei Wochen waren vergangen. Bewegungslos saß nun der Adler, als wäre er eine geschnitzte Figur. In solchen Fällen sitzt der stolze Raubvogel bis zum letzten Augenblick auf der Stange, und wenn der Tod ihn heimsucht, fällt er plötzlich herab und stirbt.

Der Meister wußte nun, daß dieser Augenblick für seinen Vogel immer näher kam. Schließlich faßte er den Gedanken, mit ihm um die Herrschaft zu kämpfen. Am Abend wartete er, bis seine Familie fest eingeschlafen war. In dieser Nacht trug er keinen Schutzhandschuh an der Linken, wie solche die Falkenmeister wegen der scharfen Klauen des Vogels anzulegen pflegen. In seiner Rechten hielt er abgehäutetes Taubenfleisch, und so trat er nun ins Falkenzimmer ein. Rasch schloß er die Tür hinter sich. Der Adler machte im Dunkel nicht die geringste Bewegung. Sachte näherte sich der Meister der Sitzstange.

Zuerst zwickte er mit der schutzlosen Hand herausfordernd die Klauen des Adlers. Beinahe wäre der Adler von der Stange gefallen, dann aber begann er heftig mit den Flügeln zu schlagen und versetzte dem Herausforderer mit seinen Klauen einen starken Schlag auf den Arm. Des Alten Arm blutete heftig. Durch den Geruch von Blut wurde nun in dem vor dem Tod stehenden Raubvogel ein Instinkt wach, und im nächsten Augenblick hackte er mit dem Schnabel nach dem sich bewegenden Fleisch, das er nicht mit seinen Klauen erfaßt hatte. Der Meister schützte mühevoll die linke Hand mit dem Taubenfleisch. Der Schnabel riß ein Stück der Taubenbrust ab, und unwillkürlich verschluckte der Adler ein paar Fleischstücke.

Die Klaue stak noch immer fest im Arm des Falkenmeisters. Die Wunde reichte fast bis zum Knochen. Nur mit dem Aufgebot aller Kräfte ertrug der Alte den Schmerz. Kalte Schweißperlen standen ihm auf der Stirn. Nach einer Weile rief er den Adler mit tiefer Stimme an: »Hooo!« Der stille, ruhige Klang dieses Rufes ließ den Vogel mit einemmal sein Schicksal verstehen.

Ihm kann ich ebensowenig widerstehen, dachte er, wie der leuchtenden Sonne oder der harten Jahreszeit. Diesem Riesen im Dunkel, der meinen verzweifelten Angriff so ruhig ertragen hat, darf ich nicht trotzen. Ich bin nicht würdig, ihm Widerstand zu leisten.

Von diesem Augenblick an begriff der Adler. Er mußte sich von nun an unterwerfen.

Der Falkenmeister nannte das Adlerjunge »Schneesturm«. Die Taufe bedeutete den Abschied von seinem wilden Dasein. Er gehörte nun zur Familie des Meisters, und ein neues Leben fing an. Schon in der folgenden Nacht begann die strenge Erziehung zur Beizjagd. Um Mitternacht betrat der Meister, einen Wasserbecher mit Fleischstücken in der Hand, das Falkenhaus. Nachdem er die Tür fest geschlossen hatte, rief er »hooo!«. Die ruhige Stimme erinnerte den Adler an Gehorsamkeit und Hunger. Der Meister nahm ein Stück Fleisch und hielt es nahe an den Schnabel. Gehorsam nahm es der Vogel zu sich. Das von Wasser triefende Fleisch ließ ihn immer stärker den Durst empfinden. Dann hielt der Meister ihm den Becher vor den Schnabel. Der Adler überlegte im Dunkeln ein Weilchen, erkannte den Geruch von Fleisch und tauchte seinen Schnabel in den Becher. Jetzt erst merkte er, daß Wasser darin war. Zum erstenmal in seinem Leben schöpfte er nun aus einem Becher. Nachdem er sich sattgetrunken hatte, schüttelte er ein paarmal seine Flügel. Diesen Augenblick benützte der Meister, um mit seiner rechten Hand die Brust des Adlers zu berühren. Sie war so mager geworden, daß man die Rippen fühlen konnte.

Nächste Mitternacht machte der Meister absichtlich viel Lärm; er schlug auf den Rand des Futterkastens und stampfte auf den Boden, aber Schneesturm blieb völlig ruhig.

»Der ist überhaupt nicht nervös. Aus dem wird etwas werden!«

In der nächsten Nacht ließ er Schneesturm auf seiner Faust sitzen. Da saß nun der Adler, sich ihm ganz überlassend, auf dem Arm des Meisters. Obwohl er so lange Widerstand geleistet hatte, schenkte er nun seinem Herrn volles Vertrauen. Nachdem er sich einmal an ihn gewöhnt hatte, gab er sein Mißtrauen vollends auf. Seine Unsicherheit war restlos verschwunden.

Meist dauert die Übung – Sitzen auf dem Arm – mindestens vier bis acht Nächte. Schneesturm brauchte dazu nur zwei Nächte. »Du bist ein hervorragender Adler, Schneesturm! Laß uns gute Feunde sein!« murmelte der Meister und schmiegte seine Wange an die Brust des Tieres. Die Brust des Adlers war übrigens etwas stärker geworden.

Nun folgten Übungen verschiedener Stufen: aus dem Falkenhaus ins Freie, Gewöhnung an Licht, Gewöhnung an die Geräusche des Verkehrs... Schneesturm brachte all diese Übungen so schnell hinter sich, wie man es nicht erwartet hätte.

Als der Mond voll und die Nacht hell wurde, nahm der Meister den Adler, der auf seiner Faust saß, in die Stadt mit. Diese neue Stufe der Dressur verlangte, daß er an alle Schrecken der Stadt – plötzlich auf der Straße auftauchende menschliche Gestalten, von hinten heranrasende Wagen – gewöhnt wurde. Nach kurzer Zeit lebte sich Schneesturm in all dies ein. Er sträubte sein Federbüschel nicht mehr, wenn der Lärm der Stadt ihn umbrauste.

Die Nachtübungen dauerten immer länger: manchmal von Mitternacht bis zum Morgen, bis der Himmel im Osten immer heller zu dämmern begann. Der Atem des Meisters dunstete dann weiß in der klaren Luft. Der Winter hatte den Mamuro-Fluß bereits heimgesucht. Der Winter ist die eigentliche Erntezeit des Falkenmeisters. In diesem Winter verzichtete er aber auf alles und verwendete alle seine Kräfte für die Erziehung Schneesturms.

Während dieser Zeit erlernte Schneesturm von der Faust abzufliegen und wieder auf die Faust zurückzukehren. Da er kein in der Gefangenschaft aufgezogener Vogel war, erübrigte es sich, ihm das Jagen beizubringen. Der Meister gab dem Tiere jedoch eine noch wichtigere Lehre: wie ein Adler sich in die menschliche Zivilisation einfügen kann, ohne seine Natur zu verlieren. Für die beiden, den Meister und den Adler, war diese Zeit das Jahr der Geduld. Dem letzteren war es verboten, seinen natürlichen Freuden nachzugehen, während der erstere die Lust unterdrücken mußte, die Beize zu betreiben.

Schneesturm zeigte ein ausgezeichnetes Gedächtnis und einen klaren Verstand. Der Meister verbot allen seinen Angehörigen den Umgang mit Schneesturm. Das war während der Dressurzeit besonders wichtig. All seine Liebe, die eigentlich seinen Kindern und Enkeln gehören sollte, schenkte er ausschließlich dem Adler.

Es kam der Frühling. Die Sonne schien. Ein sanfter Wind wehte über die Felder. Rapsblüten färbten das Ufer des Mamuro golden. Der erste Teil der Dressur war inzwischen beendet. Der Meister hatte Schneesturm aus der Falkenkammer ins Falkenhaus im Freien gebracht. Eine Wand des Falkenhauses wurde von einer Klippe gebildet. Sie war etwa acht Quadratmeter groß. Aus der Felswand sickerte frisches Wasser und ergoß sich in den Steintrog. Farngebüsch am Rande des natürlichen Troges bot einen erfrischenden Anblick. Wenn auch mit Einschränkungen, war das Falkenhaus ein Stück Natur. Außerdem hatte es volles Licht.

Bis zur Jagdzeit im kommenden Winter war dem Adler in diesem Haus Ruhe vergönnt. Er wurde nicht mehr dressiert. Was Schneesturm aber bekam, war viel Fleisch und blutwarme Atzung, um seinen Körper zu stärken. Unermüdlich brachten der Alte und die Kinder Schlangen, Ratten und Vögel in das Falkenhaus.

Im Oktober wurde Schneesturm unruhig. Die Jahreszeit hatte seinen Instinkt wieder erregt. Die Bergluft rief ihm zu: »Schlag deine Flügel! Schärfe deine Klauen! Greif deine Beute! Bald kommt der Winter!«

Schneesturm wurde wieder in die alte finstere Falkenkammer gebracht. Man zwang ihn, zwanzig Tage lang zu fasten. Die Kraft, die Schneesturm während des Sommers im Übermaß angesammelt hatte, als sie zum Wachsen nötig gewesen war, wurde durch dieses Fasten fast verbraucht. Nach dem zwanzigtägigen Fasten gab ihm der Meister ein Pfund nasses Fleisch. Er atzte gierig und schüttelte seine Flügel. Am anderen Tag begann wieder ein nunmehr achttägiges Fasten. Dann bekam er wieder ein Pfund Fleisch. Darauf folgte ein Fasten von fünf Tagen. Das wiederholte Fasten entfernte von seinem Körper Fett und überflüssige Leibesfülle. Schneesturm wurde immer kühner und kampfsicherer.

Immer wohnte er mit Hunger zusammen. Seine Flugkraft wurde zwar durch das Fasten schwächer, aber der Mut und die Kampfkraft stärker als vorher. Manchmal rief die Natur ihm noch zu: »Zurück auf die Berge!« Aber der Hunger hinderte ihn, diesem Ruf zu folgen. Beim Füttern gab der Meister ein Zeichen, indem er auf den Rand des Futterkastens klopfte. Dieses Klopfzeichen band Schneesturm an den Meister.

Doch zwischen unserem Falkenmeister und Schneesturm bestand noch etwas Höheres – Freundschaft. Der Meister liebte den Adler und trank aus einem Becher mit ihm. Er hatte mehr Sorge um sein Futter als für sein eigenes Essen, wandte mehr Aufmerksamkeit auf die Gesundheit des Adlers als auf die der Seinen. Schneesturm wußte dies. Deshalb schenkte er ihm sein ganzes Vertrauen und war ihm als seinem Herrn ganz untertan. In diesem Winter erbeutete Schneesturm vierhundert Hasen, mehr als hundert Vögel, vier Dachse und Biber, Flug-Eichhörnchen und Wiesel.

»Schneesturm ist viel klüger als wir, Onkel«, wunderte sich der Neffe immer, wenn er mit der Beute in der Hand seinem alten Onkel folgte; der Angesprochene nickte dann mit großer Zufriedenheit, weil die Tatsachen seine Hoffnung nicht betrogen hatten. Schneesturm war bereits vier Jahre alt. Die Farbe der Flügel war schon ziemlich dunkel, die der Augen dunkelgelb.

Eines Tages – es war fast am Ende der Jagdzeit – besuchte der Schultheiß des Dorfes Araki den Meister und erzählte:

»Westlich vom Dorf Araki haust ein großer roter Fuchs. Er ist sehr schlau. Alle Siedlungen erleiden jeden Winter Schaden durch ihn. Fast in jedem Bauernhof plündert er die Hühnerställe, tötet er Enten. Er ist hinterlistig und flink. Wenn sich Dorfbewohner mit Flinten ihm nähern, läßt er sie niemals bis auf Schußweite herankommen. Niemals gerät er in ein Fangeisen. Auch fürchtet er sich nicht vor Hunden. Heute plündert er diese Siedlung, morgen eine weit davon entfernte.«

»Mein Adler hat allerdings bis jetzt noch keine Gelegenheit gehabt, mit einem Fuchs zu kämpfen. Na ja, gut! Ich werde es versuchen!« versetzte der alte Meister, und am anderen Morgen brach er mit dem Schultheiß auf, seinen Adler auf der Faust.

Am Abend des dritten Tages kam der Meister verstört nach Hause. Auf seiner Faust fehlte Schneesturm. Trauer und Alter prägten das Aussehen des Alten.

»Was ist mit Schneesturm, Onkel?« fragte der Neffe bestürzt.

»Ist er weggeflogen?«

»Das wäre viel besser... Er ist getötet worden...«

Diese Worte stieß er heftig hervor.

»Was! Getötet, Onkel? Getötet, hast du gesagt?«

»Er ist spurlos verschwunden, ich weiß nicht genau...«, sagte der Alte tonlos. Da versetzte der Neffe: »Dann weißt du auch nicht, ob er wirklich tot ist?«

Endlich nun erzählte der Alte die Geschichte:

An jenem Abend, als er in Araki angekommen war, hatte die Siedlung Nishigoori durch jenen Fuchs Schaden erlitten. Am folgenden Morgen bestieg der Alte mit Schneesturm den Uodome-Bergwald. Ein Adler, der einmal wild in Freiheit gelebt hat, jagt am liebsten allein. Darum hatte der Meister die Hilfe der Dorfleute abgelehnt.

Den ganzen Tag durchwanderte er die Schneeberge, um die Spur des Fuchses zu finden. In seinem Alter war der steile Weg sehr anstrengend. Der Tag war fast zu Ende. Die rötlich gefärbten Wolken am westlichen Himmel breiteten sich aus wie ein Regenbogen. Nach und nach nahmen die Schneeberge eine violette Farbe an. Gerade zu diesem Zeitpunkt fand endlich der Meister Fährten, die vom Rand des Waldes zum Inohana-Gipfel führten. Schneesturm wurde plötzlich aufgeregt. Er sträubte seine Nackenfedern, spreizte die Flügel und senkte den Kopf. Auf diese Weise zeigte er, daß er zum Angriff bereit sei.

Obwohl der Fuchs für die Augen des Meisters nicht sichtbar war, bestand kein Zweifel, daß der Feind irgendwo in der Nähe steckte. Der Meister nahm sein Fernrohr hervor und verfolgte die Fährte. Und siehe da! Auf dem Bergsattel des gegenüberliegenden Inohana, von wo man gute Ausicht hatte, verhoffte ein großer Fuchs. Er hatte seine Beute, die er in der Nishigoori-Siedlung geraubt hatte, ein angefressenes Huhn, vor sich liegen und äugte in die Richtung, wo der Alte stehengeblieben war.

Zwischen dem Fuchs und dem Jäger lag eine dunkle Bergschlucht. Der Fuchs befand sich außer Schußweite. Außerdem hatte der Jäger gar kein Gewehr. Der kluge Fuchs erkannte die Situation, und mit der ihm eigenen Unverschämtheit fing er an, wieder von seiner Beute zu fressen. Schon nahte der Zeitpunkt, da die Sehfähigkeit des Vogels schwächer, die des Fuchses hingegen stärker wird. Der Meister zögerte ein Weilchen, aber die Kampflust seines Lieblingsvogels ließ ihn zu einem Entschluß kommen. »Los!«

Schneesturm schoß wie ein Pfeil in die Luft. Er flog in gerader Linie und griff den Fuchs von hinten an. Kaum hatte der Fuchs die Flügelschläge gehört, da ließ er die Beute fallen und bot dem Feind die Stirn. Sein Gesicht war vor Wut häßlich und entstellt. Er zeigte seine langen Fangzähne, die Bohrern glichen. Seine Spitzohren waren kampfbereit flach nach hinten gepreßt. Die Seher waren blutunterlaufen.

Schneesturm merkte, daß sein erster Angriff mißglückt war. Er streifte den Rücken des Feindes und flog wieder in den Himmel empor. Dann kreiste er oben und wartete auf einen günstigen Augenblick, während der Fuchs seinen Körper zu Boden drückte, sein Fell sträubte und gegen den Himmel drohte.

Ein paarmal versuchte der Adler es mit Sturzflügen. Jeder dieser Angriffe wurde aber durch die weißen Fangzähne vereitelt. Jedesmal flog er wieder in den Himmel. Der Fuchs war für Schneesturm zu stark. »Ein ungünstiger Fall...«, dachte der Meister. Daher wollte er ihn zurückrufen. So laut wie möglich schrie er nun: »Hoo...!« Aber Schneesturm mißverstand diesen Ruf. Er dachte, es wäre ein Angriffssignal. Wenngleich sich keine Gelegenheit für einen Angriff auf den Fuchs fand, stürzte er sich wie eine Kugel mit gefalteten Flügeln auf den Nacken des Feindes herab. Es war ein tollkühner Versuch. Wie ein Blitz packte der kampfbereite Fuchs die ihn bedrohenden Fänge des Vogels. Dann zerrte er den mit seinen Flügeln schlagenden Schneesturm gewaltsam und schonungslos im Schnee herum und schmetterte ihn wieder und wieder zu Boden.

Schon schritt der Tod auf den Adler zu. Als der stäubende Schnee niedersank, sah man einen Triumphierenden und einen fast Besiegten. Mit gespreizten Flügeln stöhnte der Adler auf dem Schnee, ihm gegenüber stand gelassen der Fuchs und beobachtete seinen Feind. Schneesturm waren die so wichtigen Pennenfedern gebrochen. Der Fuchs erkannte sofort die elende Situation des Feindes und fing ohne Verzug an, den Adler anzugreifen.

Schneesturm fiel um und konnte dabei mit seinen Klauen bloß das Gesicht seines Feindes zerkratzen. Aber das war kein wilder Schlag, sondern nur schwache Gegenwehr. Der rote Fuchs schnappte wieder mit seinem scharfen Gebiß nach einem Fuß des Vogels und beutelte ihn hin und her. Federn, Blutstropfen und Schneeflocken wirbelten auf, zwei Tiere rollten im Kampf über den Schnee, stürzten den Bergsattel hinten hinab und verschwanden...

»Um Gottes willen!« rief der Meister bestürzt, eilte den Hang hinab und durchquerte die Schlucht. Infolge seines Alters konnte er aber nicht so schnell laufen, wie er wollte. Er kam außer Atem, seine Augen wurden geblendet. Als er endlich den Bergsattel des Inohana erreichte, war die vorhin violette Dämmerung bereits zur dunkelblauen Nacht geworden. Auf der Kampfstätte waren noch gebrochene fleckige Federn, ausgekratzte rote Fellstücke und Blutstropfen zurückgeblieben, als wollten sie von dem grausamen Kampf erzählen. Vom Sattel bis ins Tal zog sich eine Linie, der Schnee war aufgewühlt; auch das war eine Spur des harten Zweikampfes.

Nun stieg der Alte den Sattel hinab und trat ins Tal. Er schlug auf seinen Futterkasten und rief den Adler. Keine Antwort. Nur das Echo seiner Rufe erklang traurig in den Bergen, über deren Gipfeln schon die Sterne blinkten.

Am folgenden Morgen erklomm der Meister wieder den Berg, er vermochte noch nicht auf die Suche zu verzichten. Einige Dorfleute begleiteten ihn, um ihm zu helfen, aber es war überhaupt keine Spur von dem Adler oder dem Fuchs zu finden.

Nachdem der Neffe die Geschichte vernommen hatte, sagte er vor sich hin: »Dann ist es fast aussichtslos!«

Für den Alten folgten nun trübe Tage. Niemand wagte, darüber zu sprechen. Alle wußten, daß es für ihn keinen Trost gab. Die Verzweiflung des Alten würde so lange dauern, bis er einen besseren, jüngeren Adler in seine Hände bekäme. Aber alle wußten, daß ein Adler wie Schneesturm nicht so leicht zu finden war. Ein Tag ging vorüber, zwei Tage, drei Tage... Die Trauer des Alten wurde immer tiefer.

Am Abend des vierten Tages versammelte sich die Familie zum Abendessen bei Tisch. Wie gewöhnlich saß der Falkenmeister mitten im Familienkreis. Bei einer alten, guten Familie ist es Sitte, daß der Hausherr sich beim Essen als erster bedient. Eben wollte er mit seinen Stäbchen zu essen anfangen, da hielt er plötzlich in der Bewegung inne und lauschte. Alle sahen ihn forschend an.

»Schneesturm!?« murmelte er leise.

Alle spitzten die Ohren. »Schneesturm?« Nichts war zu hören.

»Es war eine Täuschung, nicht wahr? Du denkst ja zu viel an Schneesturm...« unterbrach die alte Frau die Stille und nahm ihre Stäbchen wieder auf.

»Kein Zweifel, es ist Schneesturm! Er kreist über uns!«

Mit diesen Worten wandte er seinen Kopf der Zimmerdecke zu. Aber niemand im Zimmer außer ihm hörte das Geräusch. Die Anwesenden sahen einander an. War der Meister vor Schmerz wahnsinnig geworden? Aber im nächsten Augenblick hörten sie, wie die Papiertür raschelte. Etwas prallte daran. Man erkannte Flügelschläge. Eilig wandten alle ihre Blicke hinaus, wo es schon dunkelte, und da sahen sie, wie der Alte in wilder Hast die Papiertür aufriß.

Schneesturm sah todelend aus. Sein rechter Flügel hing matt an der Schulter. Die Federkiele waren gebrochen. Die

Zehen waren so angeschwollen, daß er sich nicht mehr auf der Sitzstange zu halten vermochte. Aber seine glühenden Blicke sagten eindringlich, daß er zwar diesmal einen Fehlschlag erlitten habe, daß er aber nicht besiegt worden sei.

Der Meister füllte den Becher mit Wasser und reichte ihn seinem schwerverletzten Freund. Schneesturm trank nur wenig. Nun schnitt der Meister die gebrochenen Federn ab, drückte die Blasen zwischen der Haut und dem Fleisch aus und bestrich dann die Wunde mit einer Flüssigkeit aus Essig, in dem er geriebene Heilkräuter aufgelöst hatte.

Ohne zu schlafen, pflegte der Meister das verwundete Tier. Trotz seiner schweren Wunden war Schneesturm nicht in die freie Natur, sondern zu seinem Herrn zurückgekehrt. Um so mehr liebte der Meister seinen Lieblingsadler.

Die Behandlung wirkte sehr gut. Die Wunden heilten ab. Als der Frühling wieder kam, war die Geschwulst an den Zehen schon fast verschwunden. Nun wurde Schneesturm aus dem Falkenhaus ins Freie versetzt. Er hatte auch wieder zugenommen. Der Meister fragte sich jedoch, ob Schneesturms Kampflust im Augenblick seiner Verwundung nicht geschwunden war. Man kann zwar die Wunden des Körpers heilen, aber gegen die der Seele gibt es keine Behandlung. Einem furchtsamen Adler kann nicht mehr geholfen werden. Der Falkenmeister befürchtete, Schneesturm könnte Angst vor jenem Fuchs haben.

Er war nun sechzig Jahre alt, doch Schneesturm war der allerbeste Adler, den er je gehabt hatte. Ihm wollte er den Rest seines Lebens widmen. Wenn dieser Meisteradler, seine letzte Hoffnung, vor dem roten Fuchs zurückschreckte, waren all seine Hoffnungen vergebens. Er verbrachte nun seine Tage und Nächte in Qual und Kummer. Am Ende faßte er einen Entschluß: »Ehre oder Tod!« Entweder würde sein Stolz sich bewähren oder er würde seinen Liebling verlieren: alles oder nichts. So entschloß er sich, Schneesturm noch einmal mit jenem roten Fuchs kämpfen zu lassen. Diesmal mußte er damit rechnen, daß, wenn der Fuchs Sieger blieb, alles aus sein würde...

Im Winter, der Jagdzeit, gestattete es der Meister seinem Adler nicht mehr, Hasen und Fasane zu jagen. Er gab ihm

Gelegenheit, wilde Hunde und Katzen anzugreifen. Er kaufte auch Zuchtfüchse, damit sein Adler Übungskämpfe austragen konnte. Auch Eulen, Käuze und kleinere Raubvögel wurden Opfer solcher Übungen. Alle mit Krallen oder Fangzähnen bewaffneten Tiere dienten ihm als Partner im Kampf. Schneesturms Schnabel und Krallen wurden auf diese Weise immer schärfer. So verbrachten der Mensch und sein Lieblingsvogel die folgenden drei Jahre.

Dann reifte der Plan zur Ausführung. Er behandelte den Adler beim Fasten mit aller Vorsicht. In der Regel läßt man einen Beizvogel ziemlich streng fasten, denn seine Körperkraft darf nicht so stark werden, daß er wieder in die Freiheit des wilden Lebens zurückkehren könnte. Diesmal beachtete der Meister jedoch diese Regel nicht. Er ließ seinen Adler nicht so lange fasten. Er gestattete ihm, möglichst viel Kraft zurückzugewinnen, damit er seinen wichtigsten Kampf zu bestehen vermochte. Alle Maßnahmen galten dem kommenden Kampf.

Damals war Schneesturm sieben Jahre alt. Seine Federn wurden dunkelbraun. Kampflust und Energie erfüllten seinen ganzen Körper.

Bald darauf begab sich der Meister mit Schneesturm nach Araki. Dort erforschte er sorgfältig das Verhalten und die Gewohnheiten des Fuchses. Am folgenden Morgen eilte er zeitig auf den Benkei-Berg. Schneesturm saß selbstverständlich auf seiner Faust. Der Benkei-Berg schließt sich an den Inohana-Gipfel an, ist aber um rund hundertzwanzig Meter höher als dieser. Der Gewohnheit des Adlers entsprechend, der seinen Feind von oben her angreift, lagerte der Meister auf dem Gipfel des Benkei. Dort warteten der Falkenmeister und der Adler. Die Zeit verging. Die Sonne ging zwar noch immer nicht auf, aber die Umgebung erschien immer heller. Der Widerschein des Schnees erweiterte dabei das Gesichtsfeld. Plötzlich konnte man erkennen, wie ein schwarzer Punkt die Aizawa-Schlucht, die zwischen dem Uodome-Wald und dem Inohana-Berg liegt, rasch durchquerte. Die Augen des Adlers begannen scharf zu glänzen. Der Meister holte sein Fernglas heraus und hielt es vor seine Augen. Der schwarze Punkt war zweifellos jener listige Fuchs. Während dieser drei Jahre war auch er kräftiger denn zuvor geworden. Auch heute hatte er seine Beute im Maul.

Seine Gestalt verschwand auf einmal im Wald des Flußufers, tauchte aber dann wieder aus dem Walde auf und machte sich daran, den Sattel hinaufzusteigen. Noch hielt der Meister seinen Adler in der Hand. Er wandte sich um, um die Haltung seines Vogels beobachten zu können. Falls Schneesturm seine Federn sträubte, dann bedeutete es, daß er sich vor dem Fuchs fürchtete. Schneesturm aber wartete ruhig auf den rechten Augenblick. Er ließ überhaupt kein Zeichen wilder Aufgeregtheit erkennen, wie er solche einst vor dem Kampf gezeigt hatte.

Durch diese Haltung gewann der Meister festes Vertrauen; jetzt durfte er Schneesturm beruhigt in den Kampf schicken. Der Rotfuchs strebte eilig auf den dichten Wald zu, der unter dem Inohana-Gipfel lag. Dort mochte er seinen Bau haben. Der Meister band nun das Geschüh des Adlers los; das bedeutet, daß er Schneesturm die uneingeschränkte Freiheit einräumte. Wenn Schneesturm nur wollte, konnte er in die Natur zurück. Doch der Meister wollte dadurch alles beseitigen, was bei dem Kampf die Bewegungsfreiheit des Adlers behindert hätte.

In den Linsen des Fernglases vergrößerte sich die Gestalt des häßlichen Fuchses und nahm schließlich das ganze Gesichtsfeld ein. Auf seinem Gesicht war noch eine schwarze Narbe zurückgeblieben, jene alte Wunde, die Schneesturm ihm beim letzten Kampf geschlagen hatte. Nun zog der Meister ruhig seine Faust zurück. Schneesturm sträubte sein Federbüschel und duckte sich.

»Los!« Sobald der Meister seine Faust mit allen Kräften von sich gestoßen hatte, flog der Adler steil empor. Er spreizte seine großen, starken Flügel, die sich weit spannten und segelte herrlich, als durchschnitte er die gefrorene Luft.

Diesmal hatte Schneesturm nicht die Absicht, seinen Feind unverzüglich anzugreifen. Zuerst flog er an dem Rotfuchs vorüber und machte über dem Wald, in den sich der Fuchs zu flüchten versuchte, eine jähe Wendung. Solcherart bot er dem Feind die Stirn. Es war ein makelloser Angriff.

Der Fuchs zögerte einen Augenblick. Er ließ seine Beute aus dem Maul fallen und blickte nun zu dem Angreifenden empor. Er hatte Schneesturm noch in seinem Gedächtnis behalten. Im ersten Augenblick zeigte seine Miene Verachtung: Ach, du schwacher Kerl! Aber im nächsten Augenblick erkannte sein Instinkt, daß er jetzt einen mächtigeren, stärkeren Feind vor sich hatte, als er gedacht hatte.

Im Gesicht des Fuchses spiegelten sich Furcht und Schrecken. Vor Wut und Angst zog er seine Nase zusammen, wollte nun flink in den Wald springen und drohte dabei mit seinen langen, scharfen Fangzähnen. Sofort erkannte Schneesturm die Absicht des Feindes. Mit Leichtigkeit flog er empor und beherrschte so den Raum zwischen dem Fuchs und dem Wald.

»Ei, eine mustergültige Kampfweise!« sagte der Meister unbewußt vor sich hin. Er hatte schon die Gewißheit, daß er überhaupt keine Hilfe werde leisten müssen. Schneesturm konnte den Feind allein erledigen. Erleichtert saß der Meister im Schnee und beobachtete den Kampf genau, sein Fernglas vor den Augen.

Der Fuchs faßte nun auch einen Entschluß. Er hockte sich auf dem Schnee nieder und machte auf der Erde kreisartige Bewegungen, die der Flugbahn des Adlers oben entsprachen. Am Himmel wie auf der Erde vollführten zwei Tiere kreisförmige Bewegungen. Aber dieses Gegenüber dauerte nicht lange.

Der Fuchs, von der Überlegenheit des Feindes beeindruckt, versuchte nun in den Wald zu fliehen, um sich eine günstigere Lage zu schaffen.

In diesem Augenblick sah der Falkenmeister, wie Schneesturm wie ein Feuerpfeil mit gefalteten Flügeln vom Himmel hinabstürzte und seine scharfen sichelähnlichen Klauen in den langgestreckten Lendenwirbel des Fuchses schlug. Schneesturm wußte instinktiv, daß der Fuchs, ja jedes vierbeinige Tier überhaupt, nicht mehr stehen kann, wenn sein Lendenwirbel zerbrochen wird. Durch lange Übung ausgebildet, konnte Schneesturm nun nach dreijährigen Erfahrungen in diesem Augenblick alles so ausführen, wie er es wollte.

Der Fuchs taumelte hin und her und setzte sich. Aber auch er hatte eine dreijährige Erfahrung hinter sich und hatte inzwischen gleichfalls viele Kämpfe mitgemacht. Schnell drehte er sich um, zugleich stießen seine scharfen Fangzähne zu. Die Bewegung war blitzschnell. Aber die Gegenwehr des Adlers mit seinen Krallen war um eine Zehntel- oder Hundertstelsekunde schneller. Indem er sich mit dem linken Fang in die Hüfte des Fuchses krallte, näherte er sich mit dem rechten dem noch nicht ganz geöffneten Rachen des Fuchses. Der Fuchs befand sich nun in äußerster Gefahr. Um ihr zu entrinnen, warf er sich jäh zu Boden. Er wollte seinen Feind, um sich von ihm zu befreien, zu Boden schmettern. Doch Schneesturm faltete seine Flügel eng an seinen Körper und stürzte zusammen mit dem Fuchs. Schneebedeckt wälzten sich die beiden Tiere auf dem Boden.

Schneesturm jedoch hielt seinen Feind zäh mit den Krallen fest. Stück um Stück drangen seine Klauen in den Körper des Fuchses ein. Obwohl dieser mit seinen Krallen das Gefieder des Vogels zerfetzte, klammerte sich Schneesturm dicht an ihn. Endlich wollte der Fuchs sich mit letzter Kraft aufrichten. In diesem Augenblick versetzte der Vogel einem Auge des Fuchses den tödlichen Stoß. Blut spritzte rot auf den weißen Schnee, und der Fuchs sank um. Es war ein grausamer Todeskampf. Aber es wurde nun offenbar, wer der Sieger war. Langsam erlosch das Lebenslicht des Rotfuchses, teils durch die in der Kehle sitzenden und teils durch die vom Lendenwirbel her zum Darm klemmenden Klauen.

Endlich erhob sich der Falkenmeister. Er steckte sein Fernglas wieder ein und stieg hinab. Als er zu Schneesturm kam, sah dieser mit keuchendem Atem zu ihm auf und wartete stolz auf dem Rücken des besiegten Tieres.

»Großartig, du mein Schneesturm, tadellos hast du alles gemacht!« rief der Herr ihm zu.

Dann hieß der Meister ihn, die tief eingedrungenen Fänge von der Leiche des Fuchses zu lösen. Seine Stimme zitterte vor Begeisterung, in seinen Augen standen Tränen der Liebe zu seinem Liebling.

Nun ist alles gut, alles gut, dachte der Meister. Er ließ den Adler wieder auf seiner Faust sitzen und strich den Schnee von ihm ab. Er wollte ihn vor Liebe fest an seine Brust drükken, aber er beherrschte sich und gab ihm das Wasser aus dem Fläschchen.

Inzwischen begann auf den Bergen die Morgensonne zu scheinen, hinter dem Bergsattel glänzte silbern der Chyokai-Berg.

Der Meister bemerkte nun, daß im Sonnenlicht die Augen des Adlers golden schimmerten. Das war das erste Zeichen dafür, daß Schneesturm mannbar geworden war.

Der junge Adler wurde nun der König dieser Gegend um den Fluß Mamuro.

Francis Didelot

N'Diagabar, der Pelikan

In langsamem, weichem Wogenschlag wälzte sich das Meer über den Strand; von weither wehte der Wind in tiefen Stößen auf die schlafende Stadt, und sein Hauch schien die erblassenden Sterne einen nach dem anderen zu verlöschen. Am Himmel, dessen Schwärze nach und nach zu wasserglänzender Malvenfarbe wurde, zogen Goldammern die seidigen Kreise ihres wirren Flugs; manchmal ließen sie sich niederstürzen, strichen mit einem Schrei des Schreckens knapp über die Erde dahin, doch mit einem gewandten, samtigen Flügelschlag spotteten sie wieder ihres Gewichtes. Die Morgendämmerung war nahe.

Am Himmel zeichnete sich ein Purpurstreif ab, dann ein zweiter, und wieder einer; in diesen glühenden Raum platzte die gelbrötlich schimmernde Tönung der aufsteigenden Sonne, und das war das Erwachen. Aufrecht, starren Halses über angespanntem Körper, den Schopf gesträubt vor Freude, schmetterte Damba, der Trompetenvogel, seinen dreifach wiederholten Gruß. Die hellen Augen, mit Klappen rosafarbenen Fleisches umgeben, musterten den Wirtschaftshof und entrüsteten sich über das Nichtstun seiner Bewohner.

Doch nur langsam kehrte das Leben wieder, das nachtsüber geschlafen hatte. Kével, die Gazelle, die melancholisch an einem allzu trockenen Strohhalm kaute, begann ihre trübsinnige Promenade den Gitterzaun entlang; es war ein weites Gehege, wo sich Haustiere und Tiere aus dem Busch in einer trügerischen Freiheit tummelten. Aus den strohgedeckten Nachtquartieren kamen jetzt die Hühner, schwatzend wie alte Weiber; blöde und ungeschickt lud der Hahn seine Favoritinnen ein, sich einen verwundeten Grashüpfer zu teilen; in einer plappernden Schar erhoben Nat, das Perlhuhn, und seine Schwestern großen Radau; m'Bam, der kleine Eber, wühlte mit angestemmten Beinen den Boden auf; Enten schnatterten auf dem zementgefaßten Tümpel, und Liroy, die Knäkente, badete wollüstig die Flügel mit den gestutzten Schwungfedern.

Doch mitten in diesem von Damba entfesselten regen Treiben bildete ein Wesen einen Fremdkörper, eine weiße Masse am Rande des Wassers. »Wenn eine schöne Stimme die Königswürde verleihen könnte, wäre Damba König«, sagt der Neger; doch auf das regungslose Geschöpf hier hatte der Schrei des Trompetenvogels keinerlei Wirkung gehabt. Ein riesiger Pack von Federn, ein runder Kopf, der sich kaum zeigte, um sich dann wieder abzuwenden; das Auge bedeckt von Albinolidern, der Schnabel im Schutze des Flügels versteckt – so hätte man ihn für einen schlafenden Schwan halten können. Plötzlich quoll eine piepsende Brut Küchlein, von der Mutter unablässig zur Ordnung gerufen, aus einer hölzernen Hütte. Eines von ihnen, verwegen bis zum äußersten, näherte sich dem weißen Tier und strolchte sogar unter dessen Bauch umher. Das geschlossene Auge zuckte und öffnete sich ein wenig; es war ein sonderbarer goldflimmernder Blick, der eine naive Güte widerspiegelte. Nun entschloß sich n'Diagabar, der Pelikan, machte den Schnabel frei, richtete sich auf den kurzen Beinen auf und schüttelte seine Erstarrung ab. Nachdenklich tat er einige Schritte; er ging schwerfällig und drückte die rosafarbenen Flächen der großen Pfoten in den sandigen Boden; die Schnabeltasche aus gelber Haut mit Ledernarbe drückte sich schlaff gegen den starken, mächtigen Hals; das glanzlose Gefieder war mit Schlamm beschmutzt; jetzt stand er neben dem schmalen Wasserbecken und beobachtete gelassen das Treiben der Enten. N'Diagabar war sich seiner Gefangenschaft und der nutzlosen Kraft seines Schnabels mit den scharfen Kanten bewußt. Aber als lebendiges Bildnis ruhiger Resignation gab er seine düstere Passivität erst zu der Stunde der einzigen täglichen Mahlzeit auf.

Dreist erklomm die Sonne die Stufen des Himmels und nahm die gewohnte Unbarmherzigheit wieder an; ihre rötlichglühende Masse wurde aus Gold zu metallischen, gnadenlosen Strahlen. Noch härter schlug die Hitze von Augenblick zu Augenblick die Erde, die unter dieser stürmischen Liebkosung erschlaffte, ehe sie darunter litt. N'Diagabar prustete; er breitete die Flügel halb aus und wartete in dieser phantastischen Stellung eines gekreuzigten Vogels auf den Menschen, der ihm das Futter bringen sollte.

Manchmal strich eine Brise frischer Luft dicht über den Boden hin und bürstete die Federn n'Diagabars zurück, der sich dann umdrehte und dem mit Düften beladenen Wind die Brust darbot. Die Augen blinzelten und schlossen sich sanft. In seinem runden, mit einem winzigen, zitternden Helm gekrönten Kopf folgten einander Traumbilder, die sich unverzüglich verflüchtigten oder ohne Zusammenhang miteinander vermischten. So wie der Mensch sich seiner Jugend in Form bestimmter Bilder, ungereimter Augenblicke entsinnt, hatte der Vogel aus der Kindheit nichts anderes bewahrt als die Erinnerungen an schöne oder grausame Minuten, kurze Skizzen einer so nahen und dennoch so fernen Vergangenheit...

Plötzlich klang in dem Gehege barbarische Musik dem schlaftrunkenen Hirn n'Diagabars als liebliche Harmonie. Ein Neger, der einen Blecheimer trug, näherte sich dem Gitter und schlug gedämpft auf dem Behälter den Takt zu seinem Wege: Es war die Stunde der Mahlzeit. Der Pelikan stürzte sich dem Neuangekommenen so rasch entgegen, wie es ihm die kurzen Beine nur erlaubten; so ahmte er den Gang eines alten Seebären nach, der mit den Schultern wakkelt; und sogar sein Jubelschrei schien nur das Räuspern eines Matrosen zu sein, der inbrünstig nach Kautabak verlangt. Und sobald der Schwarze in den Hof kam, begann n'Diagabar, einen verblüffenden Tanz vor ihm aufzuführen. Wie ein schlingernder Frachtkahn balancierte er von einer Seite zur anderen, wackelte mit dem Kopf und öffnete weit den Schnabel; der Eingeborene hatte einen mit jauchiger Erde beschmierten steifen Fisch aus dem Eimer gezogen und bewegte ihn vor den Augen des Vogels hin und her; n'Diagabar überstürzte seinen Tanz, keuchend vor Gier; der Fisch flog durch die Luft und fiel in die Schnabeltasche; der Vogel deutete nicht einmal die Gebärde an, den Schnabel wieder zu schließen und den Fisch zu verschlingen. Er wartete weiter; er wartete unermüdlich. Der Mann mußte erst weggehen und der Eimer leer sein, damit der Pelikan sich damit abfand, daß der Schmaus zu Ende war.

Doch heute zog sich der Neger rascher zurück. Am Gitter war ein Weißer erschienen und wechselte mit dem Eingeborenen ein paar Worte, ein Geräusch, das in den Ohren der Tiere immer erschreckend klingt. Der Pelikan, der seinen gewohnten Eindruck der Sattheit vermißte, hatte sich dem Gitter genähert; mit fragendem Blick, die Schnabeltasche kaum angeschwollen, betrachtete er seinen Herrn, dessen Dazwischentreten die Mahlzeit unterbrochen hatte. Nun dauerte die Besprechung weiter; der Neger schien sich mit großen Gebärden gegen die Wünsche des Weißen zu stellen. N'Diagabar konnte nicht ahnen, daß es sich um sein Schicksal handelte; der Herr wollte sich des Tieres entledigen; nach monatelangem Zögern gedachte er angesichts der Leiden des Pelikans, der des Wassers und der Freiheit beraubt war, n'Diagabar dem heimischen Busch wiederzugeben. Und der Neger entrüstete sich: warum den Vogel nicht lieber essen? Doch der Weiße schnitt ihm mit einer Handbewegung das Wort ab.

»Defal la ma la santa – tu, was ich dir befehle!« rief er, wandte sich ab und trat dann in das Gehege. Er war es, der beschlossen hatte, n'Diagabar nicht mehr zu füttern; er, der dem Pelikan die Fische reichen konnte, ohne einen Schnabelhieb befürchten zu müssen. Manchmal unterbrach er die Verteilung und strich mit der Hand über den Schädel des Vogels. Dann stieß er einen Seufzer aus, dem das Tier keinerlei Bedeutung beimessen konnte, und ging.

Mit gefüllter Tasche genoß n'Diagabar am Rand des Tümpels seine langsame Verdauung und sah an dem allmählichen Kürzerwerden seines Schattens auf dem Boden die Stunden abrollen. Die Sonne, die die Haustiere in ihre Strohunterkünfte gejagt hatte, machte den Staub erbeben; der erhitzte Sand war die Platte eines gigantischen Ofens. Der Tag strich dahin, und sein Abschluß sollte im Schicksalsbuch des Pelikans eine neue Seite beginnen.

Die Nacht sinkt mit einem Schlag herab, ein schwarzer

Mantel, der mit seiner erfrischenden Umhüllung das Land bedeckt. Ein Licht blinzelt am Rand des Wassers. Stimmengelärm: Menschen sind es, die eine Herde hüten. Von Zeit zu Zeit durchschneidet ein lebhafter weißer Strich das Dunkel; mit Donnergeroll kommt ein Wesen vorbei, das den Wasserlauf auf einer Holzbrücke mit lockeren Planken überquert. N'Diagabar schauert im Dunkel zusammen, dann nimmt er seine erstaunte Wache wieder auf.

Den Kopf in übelriechende Lappen gehüllt, mit gefesselten Beinen wurde er an der Neige des Tages hierhergebracht. Auf die Flanke gelegt, spürte er, wie Hände seine Fesseln lösten, gewahrte er mit einemmal das Gesicht seines Herrn, der sich über ihn neigte. In einem Reflex der Verteidigung gegen drohende Gefahr schlug er aufs Geratewohl mit dem Schnabel zu und stürzte jählings ins Leere. Ein Aufspritzen; entsetzte Flucht der Fische – gewandter, fetter Körper mit wogenden Flossen. Und nun schwamm der Pelikan mit dem Instinkt, den ihm das Tun der Vorfahren diktiert, auf die Wasserfläche.

Tollheit des Wiederfindens! Reine Freude, ohne Hemmnis zu schwimmen, mit weiten Ruderschlägen der fächerförmig geöffneten Pfoten oder dahingleitend, die Zehen dicht beisammen und die Füße nachschleppend; das seidige Reiben der treibenden Algen – ein vager und aus dem Unbekannten wiederentdeckter Kurs – so hat n'Diagabar herrliche Stunden verbracht. Er ist sich der wiedergewonnenen Freiheit nicht einmal bewußt; er kann sich den plötzlichen Wechsel, der da eingetreten ist, nicht erklären; es ist so; wozu dieses verwirrende Ereignis analysieren?

Doch mit dem Anbruch des Abends sieht der Vogel ganz allmählich den verblüffenden Wandel. Die Gewohnheiten verwirren seine Entschlüsse: Was soll er beginnen? Wo wird er diese Nacht ausruhen? Wo sind die gewohnten Gefährten, die allabendlich je nach Rasse und Freundschaft und Feindschaft in schnatterndem Gezeter ihre Unterkünfte bezogen? N'Diagabar findet wieder festen Boden unter den Füßen; einige Schritte, und er macht halt; ein winziger Strand, gegürtet mit einem Streif hoher grüner Gräser. Schlafen; vielleicht träumt er nur; vielleicht ist es nichts als eine Erinnerung an vergangene Tage, und morgen wird er mit der Helle des Tages wieder das vergitterte Gehege vor sich sehen? N'Diagabar steckt den Kopf unter den mächtigen Flügel und enflieht der Wirklichkeit; er vergißt seine Abenteuer; er hört nicht mehr das geheimnisvolle Flüstern des Wasserlaufs; er sieht nicht mehr, wie sich am Himmel der Reihe nach die Sterne entzünden. Einige Schritte von der Brücke entfernt hüten Hirten ihre Rinder, deren Gebrüll in der dünnen Nachtluft weithin hallt. Manchmal machen Gerüche der Wildnis die Tiere unruhig; ein fernes Brüllen, und sie schrecken zusammen. Der Pelikan jedoch schläft ohne Sorgen, ohne Furcht: Dieser naive Philosoph wartet den Tag ab, um verstehen zu können.

Und bald bricht der Morgen an; über dem Fluß schwebend, bildet die Feuchtigkeit einen dichten Nebel, der sich an den Spitzen des Grases festhält; knapp über der Wasserfläche huscht manchmal der Schatten eines Vogels dahin, der den Ruf seiner Rasse ausstößt; oder hoch oben am weißlich werdenden Himmel ertönt die bittere Klage der Pfeifenten. Schon lange Zeit ist n'Diagabar wach; seine überraschten Sinne können sich nur mühsam in der verwirrenden Situation zurechtfinden. Aber dennoch drängt sich ihm die Wirklichkeit auf: Er ist allein, am Rande des Wasserlaufs; das Schweigen der Dämmerung wird nur dann und wann vom Sprung eines gefräßigen Fisches unterbrochen, vom Rauschen des von der Flut geschwellten Wassers an den Brückenpfeilern oder vom Ruf der Zugvögel, die sich sammeln. Der Pelikan findet die gewohnte Ruhe des Geheges nicht mehr; er vernimmt nicht den glorreichen Gruß Dambas, des Trompetenvogels, an den neuen Tag.

Doch was sind diese Silhouetten, die sich im Nebel bewegen? Wo gestern abend ein rußiger, schwankender Lichtschein schimmerte, zeichnet sich eine Behausung ab; die Hirten bedrängen ihre Tiere mit dornigen Zweigen und setzen ihnen mit ungeschickten Schlägen zu. N'Diagabar entschließt sich. Der Mensch – die Mahlzeit. Das Tier erfaßt nicht mehr die Freiheit und geht zu seinem Herrn zurück, um gefüttert zu werden.

Der Pelikan hat mit hastigen Ruderschlägen die Strecke hinter sich gebracht, die ihn von den menschlichen Wesen trennt. Er nimmt Richtung auf sie, geht an Land, und da jetzt ein Kind auf einer Blechbüchse trommelt, beginnt der Vogel, dem diese Erfahrung wiederaufgestiegen ist, zu tanzen; er begleitet mit freudigem Gekrächze sein lächerliches Gewackel. Aber n'Diagabar ist gesehen worden, und nun heulen Schreie auf. In einer kreischenden Horde springen mehrere Negerkinder auf ihn zu. Stöcke, Steine; die Projektile sausen. Bestürzt starrt der Pelikan sie zuerst an, dann erkennt er zwar vielleicht nicht seinen Irrtum, sieht jedoch die Gefahr und überläßt sich dem Instinkt: Er flieht. Die Furcht vor dem Menschen keimt wieder im Herzen des gezähmten Tieres auf.

Die Kinder, kleine Bronzekörper, die um die Lenden schmierige Lumpen tragen, sind ärgerlich am Ufer zurückgeblieben; n'Diagabar ist jetzt außer Gefahr. Aber der Hunger peinigt ihn; er möchte zu seinem Herr zurück und um das tägliche Futter betteln. Und so schleicht er dahin, im Zwiespalt zwischen Furcht und Hunger; er wandert den Rand des Wassers entlang; er nähert sich der Hütte; doch kaum verrät ihn im Schilf sein weißes Gefieder, als die Schwarzen ihn wieder steinigen wollen. Von Augenblick zu Augenblick ergreift die Gier nach Nahrung herrischen Besitz von ihm und umnebelt seine Fähigkeit, zu denken.

Plötzlich macht er halt. Vâs, der Karpfen, gleitet vorbei und streift an den weißen Körper des Pelikans, den er für einen Felsen hält. Ein kurzes Tauchen; die Schwanzfedern recken sich gerade auf, während der Kopf im Wasser verschwindet; und sobald das Gleichgewicht wieder hergestellt ist, zappelt das verzweifelte Leben des Karpfens, der so im Vorbeischwimmen gefischt wurde, in der Schnabeltasche. Mechanisch, mit einer aus uralten Zeiten wiedergefundenen Bewegung, hat n'Diagabar seinen ersten Fisch gefangen.

Und die Tage strichen dahin, eintönig und gleichförmig. Der friedfertige Vogel hatte der neuen Freiheit den Rhythmus seines alten Kerkers angepaßt. Statt daran zu denken, daß er fliehe, daß er auf der Suche nach den Gattungsbrüdern die fernen Seen erreiche, lebte er als behaglicher Rentner dahin. Seiner Domäne hatte er Grenzen gesetzt. Er hätte dem Wasserlauf folgen und den großen See erreichen können, dessen Ufer vom buntem Vogelleben wimmelt; er hätte vielleicht auch den Strom entdecken können, der seinen Schlamm dahinwälzt, Treibgut mitführt und mit seiner Kraft Gélar, den Tümmler, mitreißt. Nein, n'Diagabar hatte das Gehege und das Dasein als Gefangener geliebt; durch den Willen seines Herrn war er daraus verstoßen worden; er bemühte sich, die teuren Gewohnheiten zu bewahren und verbrachte den größten Teil seiner Zeit in der Nähe der Brücke, die ihn an eine Vergangenheit voll des Zaubers gemahnte.

Manchmal gewahrte er Menschen: Feinde oder Freunde? In dieser Ungewißheit wagte er nicht, näher zu kommen, sondern kreuzte in der Ferne und lavierte, und dieses Hin und Her schützte ihn vor den Steinen, die manche auf ihn warfen. Der Weiße, der es einst verstanden hatte, ihn zu liebkosen, war von Zeit zu Zeit wiedergekommen; aber der Vogel hatte gezögert, ihn zu begrüßen; er war jetzt nach seiner ersten Begegnung mit den Hirten gewitzt und mißtraute dem Zweibeiner Mensch. Wie ein schwimmendes Schiff auf der Fläche des meergrünen Wassers irrte er den ganzen Tag mit den Strömungen, wie seine beschränkte Phantasie es ihm eingab. Und allmählich gewöhnten sich die Eingeborenen an seine Anwesenheit und begannen ihn zu respektieren. Tan bi u n'Diagabar, das Wasser des Pelikans, so tauften sie die neue Domäne des Vogels.

Da begriff das Tier auf Grund seiner Erfahrung, daß der Mensch die Waffen niedergelegt hatte; frei streifte es umher, und dieser sich bewegende weiße Fleck wurde zu einem Anziehungspunkt. Tarah, der Reiher, fürchtete nun nicht mehr, an den Ufern zu landen und auf ihnen dahinzustelzen – mit geneigtem Hals, nachdenklichen Blicks, die Unvorsichtigkeit der winzigen Fische belauernd. Liroy, die furchtsame Knäkente, tat es ihm nach, dann Oda, der schwarze Silberreiher. Jeden Morgen fand n'Diagabar in seinem immer mehr bevölkerten Wasser deutlicher die Erinnerung an die angenehme, träge Gefangenschaft.

Manchmal zog über seinem Kopf in langer Reihe ein gemächlicher Schwarm dahin. Mit ausgebreiteten, riesenhaften Segeln, mit vorgestrecktem Schnabel, rosigweiß vor dem tiefblauen Himmel flogen Pelikane einem fernen Landeplatz zu. Doch niemals fühlte sich n'Diagabar versucht, selbst zu fliegen, seine Brüder zu begleiten; er fühlte sich wohl innerhalb der engen Grenzen, die er sich gesetzt hatte, und dachte nicht daran, sie zu verlassen.

Doch die Pelikanschwärme wurden immer zahlreicher; wenn sie über dem Fluß waren, verlangsamte sich ihr Flug; die ruhige Anwesenheit n'Diagabars überraschte sie und lud sie ein, sich an seiner Seite niederzulassen. Dann zogen sie Kreise, aber der Anblick eines Menschen, der Lärm eines Wagens verjagte sie rasch wieder. Es mußte ein ruhiger, drückender Mittag kommen, dessen Hitze alle Geschöpfe zermalmte und die Menschen in den spärlichen Schatten einiger Baumgruppen niederwarf, damit mit einem Rauschen der eingezogenen Flügel eine lange Kohorte der mächtigen weißen Vögel auf einem der sandigen Ufer des Tan bi u n'Diagabar landete.

Zuerst erschrak der Gefangene über dieses Eindringen in sein Reich. Er wollte fliehen; seine Brüder ließen ihm nicht Zeit dazu; in geschlossener Reihe hatten sie sich auf dem Strand niedergelassen und stürzten sich jetzt in die Verfolgung des Flüchtlings; dieser einsame Pelikan erschien ihnen als ein Anführer. Mit gebogenem Hals und ernst zogen sie in einer Schwimmparade dahin, erreichten n'Diagabar und umringten ihn; n'Diagabar kapitulierte, und unter seiner Führung erforschten die Neugekommenen in voller Ordnung den Flußlauf.

Im Hirn des friedfertigen Tieres vermischten sich jetzt die Bilder; die ferne, undeutliche Erinnerung an seine Jugend vermengte sich immer mehr mit der Gegenwart; die Ankunft dieses Schwarmes verwischte langsam die letzten Tage. Der Instinkt bewog ihn, um die Autorität des Ältesten zu werben, der seine Brüder anführte. Jetzt war die Kristallisierung schon nahe; die Rückkehr in die Wildheit hing nur noch an einem Faden.

Plötzlich zitterte der wackelige Brückenbelag beim Darüberfahren eines Wagens. Laute Rufe, Anhalten, Männer, die abstiegen. Furcht packte die Pelikane; ihre weiße Gruppe schloß sich zu einer festen Masse zusammen, aus der nur die riesenhaften, scheinbar ungeschickten Schnäbel hervorragten. Das Geschwader floh, doch da traf wie ein Peitschenhieb eine Kugel das Wasser und gellte ab, während der Knall widerhallte. Jetzt flogen sie auf; sich vom Wasser abstoßend, flohen die Tiere, eines nach dem anderen. Sich drehend und wendend, Kreise ziehend, luden die ersten, die jetzt außer Gefahr waren, die zögernden ein, es ihnen nachzutun. Bald blieb n'Diagabar allein; über ihm beschrieb der Schwarm gewaltige Kreise; rings um ihn markierten die Kugeln das Wasser mit tödlichen Spuren; die Schüsse überstürzten sich; der Vogel entdeckte die Gefahr. Kaum daß sich sein naiver, erstaunter Blick ein letztes Mal auf die

Brücke richtete, von der aus die Jäger schossen, dann vertraute n'Diagabar dem Instinkt und breitete die Flügel aus. Seine Bemühungen schienen vergeblich zu sein. Jetzt stieg er in einem ererbten Rhythmus, der unter dem Ungestüm der Gefahr wieder erwacht war, auf; seine Füße strichen noch über das Wasser und liebkosten zum letztenmal die Stätte seiner selbstgewollten Abgeschlossenheit, aber die Kugeln, die ihn ängstigten, trieben ihn in die Höhe. Unter der klugen Führung des Ältesten entfernten sich die Pelikane an dem vor Hitze und zitterndem Licht blendenden Himmel und nahmen ihren wiedergefundenen Bruder mit.

N'Diagabar flog in den wilden Frieden des Busches, fern von den Menschen. Als jungen Vogel hatten sie ihn gefangen; nachdem er sich an die Gefangenschaft gewöhnt hatte, entledigten sie sich seiner wie eines lästigen Pakets; heute waren sie gekommen, ihn zu jagen und ihn der Natur wiederzugeben. Der Pelikan nahm sein Schicksal entgegen; er wußte nichts von Haß und entrüstete sich nicht über den menschlichen Wankelmut. Die Luft war süß, die seinen Körper trug und seine des Fliegens entwöhnten Flügel stützte.

Statt eines Nachwortes

Adalbert Stifter

Vom göttlichen Wert der Vögel

Einen eigentümlichen Gedanken hat das Walten der Vögel in mir erweckt oder vielmehr bestärkt; denn ich hatte ihn schon längst. Allen Tatsachen, die wichtig sind, hat Gott außer unserem Bewußtsein ihres Wertes auch noch einen Reiz für uns beigesellt, der sie uns angenehm macht. Den Vögeln, die so nützlich sind, hat er, ich möchte sagen, Schönheit und eine goldene Stimme mitgegeben, gegen die der verhärtetste Mensch nicht verhärtet genug ist. Ich habe in unserem Garten mehr Vergnügen gehabt, als manchmal in Sälen, in denen die kunstreichste Musik aufgeführt wurde. Zwar singt ein Vogel in einem Käfig auch, denn der Vogel erschrickt zwar heftig, er fürchtet sich, aber bald sind Schrecken und Furcht vergessen, er hüpft auf einen Halt für seine Füße und trällert dort das Lied, das er gelernt hat und das er immer wiederholt. Wenn er jung gefangen wird, vergißt er sein Leid, wird ein Hin- und Wiederhüpfer in kleinem Raume, da er sonst einen großen brauchte, und singt seine Weise; aber dieser Gesang ist ein Gesang der Gewohnheit, nicht der Lust. Wir haben in unseren Gärten ungeheure Käfige ohne Draht, Stangen und Vogeltürchen, in welchen der Vogel von außerordentlicher Freude, der er sich so leicht hingibt, singt, in welchem wir das Zusammentönen vieler

Stimmen hören können, das in einem Zimmer beisammen nur ein Geschrei wäre, und in welchem wir endlich die häusliche Wirtschaft der Vögel und ihre Verhaltensweise sehen können, die so verschieden sind und oft dem tiefsten Ernste ein Lächeln abgewinnen können.

Die Leute sind nicht verhärtet gegen die Schönheit des Vogels und gegen seinen Gesang, ja diese beiden Eigenschaften sind das Unglück des Vogels. Sie wollen dieselben genießen, sie wollen sie recht nahe genießen, und da nicht jeder einen Käfig mit unsichtbaren Drähten und Stangen haben kann, in dem er das eigentliche Wesen des Vogels wahrnehmen könnte, so machen sie einen mit sichtbaren, in welchem der Vogel eingesperrt ist und seinem zu frühen Tode entgegensingt. Sie sind auf diese Weise nicht unfühlsam für die Stimme des Vogels, aber sie sind unfühlsam für sein Leiden. Dazu kommt noch, daß es der Schwäche und Eitelkeit des Menschen, besonders der Kinder, angenehm ist, eines Vogels, der durch sein Schwingen und seine Schnelligkeit gleichsam aus dem Bereiche menschlicher Kraft gezogen ist, Herr zu werden und ihn durch Witz und Geschicklichkeit in seine Gewalt zu bringen. Darum ist seit alten Zeiten der Vogelfang ein Vergnügen gewesen, besonders für junge Leute, aber wir müssen sagen, daß es ein sehr rohes Vergnügen ist, das man eigentlich verachen sollte. Freilich ist es noch schlechter und muß ohne weiteres verabscheut werden, wenn man Singvögel nicht des Gesanges wegen fängt, sondern sie fängt und tötet, um sie zu essen. Die unschuldigsten und mitunter schönsten Tiere, die durch ihren einschmeichelnden Gesang und ihr liebliches Benehmen ohnehin unser Vergnügen sind, die uns nichts anderes tun als lauter Wohltaten, werden wie Verbrecher verfolgt, werden meistens, wenn sie ihrem Triebe der Geselligkeit folgen, erschossen oder, wenn sie ihren nagenden Hunger stillen wollen, erhängt. Und dies geschieht nicht, um ein unabweisliches Bedürfnis zu erfüllen, sondern einer Lust und Laune willen. Es wäre unglaublich, wenn man nicht wüßte, daß es aus Mangel an Nachdenken oder aus Gewohnheit so geschieht. Aber das zeigt eben, wie weit wir noch von wahrer Gesittung entfernt sind. Darum haben weise Menschen bei wilden Völkern und bei solchen, die ihre Gierde nicht zu zähmen wußten oder einen höhern Gebrauch von ihren Kräften noch nicht machen konnten, den Aberglauben angeregt, um einen Vogel seiner Schönheit oder Nützlichkeit willen zu retten. So ist die Schwalbe ein heiliger Vogel geworden, der dem Hause Segen bringt, das er besucht, und

den zu töten Sünde ist. Und selten dürfte es ein Vogel mehr verdienen als die Schwalbe, die so wunderschön ist und so unberechenbaren Nutzen bringt. So ist der Storch unter göttlichen Schutz gestellt, und den Staren hängen wir hölzerne Häuser in unsere Bäume. Ich hoffe, daß, wenn unseren Nachbarn die Augen über den Erfolg und den Nutzen des Hegens von Singvögeln aufgehen, sie vielleicht auch dazu schreiten werden, uns nachzuahmen. Ich glaube aber auch, daß unsere Obrigkeiten die Sache nicht geringachten sollten, daß ein strenges Gesetz gegen das Fangen und Töten der Singvögel zu geben wäre und daß das Gesetz auch mit Umsicht und Strenge aufrechterhalten werden sollte. Dann würde dem menschlichen Geschlechte ein heiliges Vergnügen aufbewahrt bleiben, wir würden durch die Länder wie durch schöne Gärten gehen, und die wirklichen Gärten würden erquickend dastehen, in keinem Jahre leiden und nicht den Anblick gänzlicher Kahlheit und trauriger Verödung zeigen.

Quellennachweis

Bengt Berg: *Låhol, der Regenpfeifer.*
Aus: Bengt Berg, Mein Freund der Regenpfeifer.
Übersetzung aus dem Schwedischen von Edmund Herms.
Verlag Dietrich Reimer/Ernst Vohsen, Berlin 1925.

Alfred Edmund Brehm: *Der Kampf des Mauerseglers.*
Aus: Alfred Edmund Brehm, Brehms Tierleben.

Chinesisches Volksmärchen: *Der Riesengeier und die Störche.*
Deutsche Fassung von Günter Pössiger.

Daphne Du Maurier: *Aufstand der Vögel.*
Aus: Daphne DuMaurier, Plötzlich an jenem Abend.
Für die freundliche Genehmigung zum Abdruck danken wir dem Scherz Verlag, Bern.

Francis Didelot: *N'Diagabar, der Pelikan.*
Übersetzung aus dem Französischen von Richard Hoffmann.
Für die freundliche Genehmigung zum Abdruck danken wir dem Paul Neff Verlag, Wien.

Marie von Ebner-Eschenbach, *Der Fink.*
Aus: Marie von Ebner-Eschenbach, Dorf- und Schloßgeschichten, 1883.

Paul Eipper: *Harzer Roller wandern in alle Welt.*
Aus: Paul Eipper, Die schönsten Tiergeschichten.
Für die freundliche Genehmigung zum Abdruck danken wir dem Verlag R. Piper & Co., München.

Svend Fleuron: *Das Nachtgespenst.*
Aus: Svend Fleuron, Strix, die Geschichte eines Uhus.
Übersetzung aus dem Dänischen von Thyra Dohrenburg.
Für die freundliche Genehmigung zum Abdruck danken wir dem Verlag Eugen Diederichs, Köln.

Thomas E. Gaddis: *Ein Lebenslänglicher wird zum Vogelforscher.*
Aus: Thomas E. Gaddis, Sehet die Vögel unter dem Himmel. Der Gefangene von Alcatraz.
Übersetzung aus dem Amerikanischen von Gottfried Beutel.
Für die freundliche Genehmigung zum Abdruck danken wir dem Bechtle-Verlag, München.

Herta Grandt: *Hiob, der Dompfaff.*
Für die freundliche Genehmigung zum Abdruck danken wir der Autorin.

Johann Peter Hebel: *Nur ein Vogelnest* und *Der Star von Segringen.*
Aus: Johann Peter Hebel, Schatzkästlein des rheinländischen Hausfreundes.

Japanisches Volksmärchen: *Der Dank des Kranichs.*
Deutsche Fassung von Günter Pössiger.

Selma Lagerlöf: *Der Adler Gorgo.*
Aus: Selma Lagerlöf, Wunderbare Reise des kleinen Nils Holgersson mit den Wildgänsen.
Übersetzung aus dem Schwedischen von Pauline Klaiber-Gottschau.
Für die freundliche Genehmigung zum Abdruck danken wir der Nymphenburger Verlagshandlung GmbH., München.

Hedwig Lohß: *Wellensittiche.*
Aus: Hedwig Lohß, Tiere in meinem Leben.
Für die freundliche Genehmigung zum Abdruck danken wir dem Stieglitz-Verlag E. Händle, Mühlacker.

Hermann Löns: *Der Schwarzspecht* und *Der Kolkrabe.*
Beide aus: Hermann Löns, Aus Forst und Flur.

Günter Pössiger: *Der heilige Franziskus predigt den Vögeln.*
Für die freundliche Genehmigung zum Abdruck danken wir dem Verfasser.

Russisches Volksmärchen: *Die Vogelsprache.*
Deutsche Fassung von Günter Pössiger.

Adalbert Stifter: *Vom göttlichen Wert der Vögel.*
Aus: Adalbert Stifter, Nachsommer.

Jonathan Swift: *Gullivers Rettung und glückliche Heimkehr.*
Aus: Jonathan Swift, Gullivers Reisen.
Deutsche Fassung von Günter Pössiger.

Ludwig Tieck: *Der Vogel Phönix.*
Aus: Ludwig Tieck, Die Elfen.
Bearbeitung von Günter Pössiger.

Yukio Togawa: *Schneesturm.*
Übersetzung aus dem Japanischen von Tatsuji Jwabuchi.
Für die freundliche Genehmigung zum Abdruck danken wir dem Verlag Paul Neff, Wien.

Iwan Turgenjew: *Der Sperling.*
Aus: Iwan Turgenjew, Aufzeichnungen eines Jägers.
Deutsche Fassung von Günter Pössiger.

Oscar Wilde: *Die Nachtigall und die Rose.*
Deutsche Fassung von Günter Pössiger.

Sollten in diesem Band Beiträge von noch geschützten Autoren und Übersetzern enthalten sein, deren Quellen hier nicht nachgewiesen sind, so bitten wir die Besitzer dieser Rechte, sich mit dem Verlag in Verbindung zu setzen.

Bildnachweis

Andersen Märchen, Leipzig, 1927. Seite: 34, 38

The Animal Kingdom. Seite: 13, 17, 21, 52, 58, 64, 73, 89, 119, 133, 136, 147, 152, 159, 167, 173, 179, 186, 197, 207, 225, 232, 235

Bettina von Arnim. Seite: 11

Alfred Brehms Tierleben, 1868. Seite: 29, 79, 85, 107, 123

Conrad Gessner, Vogelbuch, 1669. Seite: 77

Franz von Pocci. Seite: 149

Ludwig Richter. Seite: 127

Heinrich Vogeler. Seite: 48